LEVEL ONE

RUSSIAN
Face to Face

A Communicative Program in Contemporary Russian

George W. Morris
St. Louis University High School
St. Louis, Missouri USA

Mark N. Vyatyutnev

AND

Lilia L. Vokhmina
A. S. Pushkin Institute of the Russian Language
Moscow, Russian Federation

Project Director:
Dan E. Davidson
American Council of Teachers of Russian and
Bryn Mawr College

 National Textbook Company
NTC a division of *NTC Publishing Group* • Lincolnwood, Illinois USA

In association with the American Council of Teachers of Russian, USA, and
Russky Yazyk Publishers, Moscow, Russian Federation.

Acknowledgments

The authors and editors are pleased to acknowledge the generous assistance of the Geraldine R. Dodge Foundation and of Scott McVay of the Foundation in supporting the development of this Russian-American collaborative textbook series. We are also grateful to Bryn Mawr College, St. Louis University High School, and the A. S. Pushkin Institute (V. G. Kostomarov, Director) for supporting personnel, co-authors, and evaluation of successive versions of the present textbook.

The project has benefited greatly from the advice of its project consultants, who have commented on the text materials at various stages of their evolution: Jane Barley (New York State Department of Education), Zita Dabars (Friends School, Baltimore), Thomas Garza (University of Texas, Austin), Frederick Johnson (Northfield-Mt. Hermon School, Northfield, Massachusetts), and Nadezhda Troshina (Vladimir Pedagogical Institute, Vladimir, R. F.).

We are particularly grateful to those teachers, students, and colleagues who participated in the field testing of this textbook and whose suggestions have been of great help in improving its quality, in particular to Zita Dabars, Frederick Johnson, Helen Meigs (Alderdice High School, Pittsburgh, Pennsylvania), and Susan Williams (St. Louis, Missouri). It has not been possible to incorporate all the suggestions we have received, and the authors bear exclusive responsibility for this text. We continue to welcome the suggestions of teachers and students for further improvement of these materials.

Phonetics materials provided by M. N. Shutova.

Editors: N. N. Kouznetcova
Design: M. A. Polujan, N. I. Terechov
Artists: J. S. Shabelnic

Contents

ЧАСТЬ ПЕ́РВАЯ

ЧАСТЬ ВТОРА́Я

ЧАСТЬ ТРЕ́ТЬЯ

ЧАСТЬ ЧЕТВЁРТАЯ

Symbols and special indications

Boldface in the text indicates the first appearance of a vocabulary item

* Vocabulary item for active mastery

АБ Reading text for complete understanding, using vocabulary

📖 Reading text for comprehension of most important information

Introduction

When you look at the ocean from the shore or walk across a fresh, green field, or see tall mountains on the far horizon, the earth seems enormous and infinite. But Soviet cosmonauts and American astronauts who saw the Earth from space helped us to understand how small and defenseless it is. This relatively small planet is our common home, in spite of the enormous and numerous differences among the peoples who live here. Although these differences sometimes lead to misunderstandings and lack of cooperation, we realize that life would be much less interesting, perhaps even unbearably boring if we were all alike. This is why we do need to get to know and understand our neighbors. We need to be able to share our appreciation for our common home.

You have chosen to learn the Russian language. We believe you have chosen well. And millions of boys and girls in Russia have chosen to study English. They, too, have made an excellent choice. Because of these wise decisions, you will be able to more fully understand each other when you come face to face.

The study of a foreign language is a first important step toward truly understanding another people and, consequently, towards real peace on this small planet. Your efforts will help determine whether our planet will be a marvelous home for all who live on it.

We hope you will meet with great success in your efforts to learn the language the Russians speak! As the Russians say it, „Желáем успéхов!"

The Authors

A Postscript on Language and Culture

Knowledge of a language presumes a knowledge of the culture of the country, where that language is spoken. Listen to the recording as you examine these pictures of the Soviet Union and Soviet people.

Here, we present a brief concert of Russian classical music. You will hear the sounds of Russian bells and the music of the great Russian composers Glinka, Mussorgsky, Tchaikovsky, and Rakhmaninov.

If you listen carefully, you will sense some of the vastness and beauty of Russia, you will be able to picture the beauty of a sunrise over the Moscow River, hear the rustle of grass on the plains, and feel the freshness and coolness of Russian forests.

And, upon hearing an excerpt from *Aragonese jota* by Glinka, you will begin to know how open the Russian people are to the cultures of other nations.

Pre-Lesson

A The Russian Alphabet Has Thirty-three Letters

Like English letters, the letters of the Russian alphabet have
names, but the letters are sometimes pronounced differently when
used in words. You will learn them step-by-step. Examine the table
below which gives the names of Russian letters and shows examples of their approximate pronunciation in English. Use this table
as a reference only, and do not attempt to memorize the alphabet
at this point.

Cyrillic Letter	Name	Examples of Approximate Pronunciation in English
А а	а	car
Б б	бэ	but
В в	вэ	visa
Г г	гэ	gallery
Д д	дэ	doctor
Е е	е	yet
Ё ё	ё	yolk
Ж ж	жэ	measure
З з	зэ	visa
И и	и	visa
Й й	й (и кра́ткое)	boy
К к	ка	class, kind
Л л	эл (эль)	luck
М м	эм	mother
Н н	эн	contact, name
О о	о	old, note
П п	пэ	pull
Р р	эр	rod
С с	эс	sit
Т т	тэ	talk
У у	у	food
Ф ф	эф	philosopher
Х х	ха	who
Ц ц	це	meets
Ч ч	чэ	chair, match
Ш ш	ша	shop
Щ щ	ща	sheep
Ъ ъ	твёрдый знак	hard sign (silent letter)
Ы ы	ы	charity
Ь ь	мя́гкий знак	soft sign (silent letter)
Э э	э	excuse
Ю ю	ю	use
Я я	я	yard

Reading Practice

The letters а, е, з, к, м, о, с, and т look and sound very much like
the corresponding printed letters in English (although м and т are
not written like the corresponding English letters). Also practice
reading the letters р, ш, д which are not like English letters.

A "cognate" is a word that is almost the same in two languages. There are many cognates in Russian and English. Listen
and repeat these cognate words and guess their meanings.

a. старт   кот   акт   шторм
    сорт   шарм   корт   Марс
    том   тост   шок

b. дáта   мóда   сóда
    рóза   дрáма   атáка

c. áтом   дóктор   оркéстр
    кóсмос   мотóр   томáт

d. метрó   сестрá   секрéт

Russian letters о and а sound alike when they are not accented
or stressed. When the letter е is unaccented or unstressed, it
should be pronounced like "ee" in English.

Everything Is Not What It Seems

You may have seen the Russian letters on the hockey or basketball
jerseys of a Russian sports team that was playing in your town. Or
perhaps you saw CCCP on the side of an airliner or a spacecraft.
Unless someone in your family knows Russian and has helped you,
you probably didn't know that the Russian letter C is pronounced
like the English letter "S" and that P sounds something like the
English "R."

These letters stand for the Russian words Союз Советских
Социалистических Республик, which mean "Union of Soviet
Socialist Republics." Most Russians live in Россия (Russia).

A Russian male is a ру́сский and a Russian female is a ру́сская. The plural form, ру́сские, includes all Russian people.

The Russian abbreviation for "United States of America" is США. U.S. citizens live in США or Аме́рика, and an American male is an америка́нец. An American female is an америка́нка.

Listen and repeat these Russian words, which name countries and nationalities. Learn those that are important to you.

США	америка́нец	америка́нка	америка́нцы
СССР	сове́тский	сове́тская	сове́тские
Росси́я	ру́сский	ру́сская	ру́сские
Кана́да	кана́дец	кана́дка	кана́дцы
Англия	англича́нин	англича́нка	англича́не
Индия	инди́ец	индиа́нка	инди́йцы

The Meeting of Russians and Americans
At the Elbe at the End of World War II

The Crews of Apollo-Soyuz

Why Russian Is Written in the Cyrillic Alphabet

Russian is written with an alphabet known as Cyrillic (кири́лли-ца). The earliest written forms of Russian were devised by Slavonic monks from the Greek Orthodox church. In addition to bringing the Eastern version of Christianity to Russia, they used many Greek letters in the new alphabet that they devised. You have probably encountered the Greek letter "П" in mathematical formulas. If so, you probably already suspect that the Russian letter П is like the English letter "P." One of these Slavonic monks, known today as Saint Cyrill (Кири́лл), was given credit for the new alphabet, a later version of which was named after him.

How the Cyrillic Alphabet Compares

Compare the letters of the Russian alphabet with those of the Greek and Latin (which we use to write English) alphabets. The Glagolytic alphabet (глаголица), an early form of Cyrillic, is also shown.

A α	A a	A a	✝
B β	B b	Б б	ⱋ
Γ γ	C c	В в	ⰲ
Δ δ	D d	Г г	ⰳ
E ε	E e	Д д	ⰴ
Z ζ	F f	E e	ⰵ
H η	G g	Ё ё	ⰶ
Θ θ	H h	Ж ж	ⰷ
Letters of the Greek Alphabet	Letters of the Latin Alphabet	Letters of the Russian Alphabet	Letters of the Glagolytic Alphabet

Review the Materials of This Section

You have learned to recognize new letters and words in this section. Write them out. Pay particular attention to the words in the box below, which contain all the letters you have studied. These words will help you to practice the sounds and letter combinations that you need to learn. Test your skill at pronouncing and writing these words with a classmate.

США	СССР	том	мáма
сестрá	рóза	дóктор	метрó

B Russia Covers Eleven Time Zones

Russia **(Россия)** stretches across both Europe **(Европа)** and Asia **(Азия)**. From east to west it spans almost ten thousand kilometers and contains eleven time zones. Russia would be even larger today if a Russian tsar **(царь)** had not sold Alaska **(Аляска)** to the U.S.A. in 1867 for little more than seven million dollars.

If you think that Russia is a land of cold and snow, you are only partially correct. A large part of the northeastern region of Siberia **(Сибирь)** is covered by permafrost, and life can be very difficult there. But along the shores of the Black Sea **(Чёрное мо́ре)** there are genuine subtropical areas. And when it is thirty degrees below zero in the north, it can be as much as eighty-five degrees in the south on the same day.

Russia Has More Than 140 Million Inhabitants

The population of Russia is more than 140 million. And many ethnic Russians also live in nearby countries. Russia's neighbors include Ukrainians and White Russians, Georgians and Tadzhiks, Uzbeks and Kazakhs, Koreans and Armenians, Germans and Estonians who speak their own native language and have their own grammars and alphabets, some of which are quite ancient.

Example of Georgian Alphabet

Example of Armenian Alphabet

The Role of the Russian Language

Many of Russia's neighbors speak Russian in addition to their native language. It is the Russian language that allows people from various ethnic groups to understand each other and to conduct everyday business.

At the Map of Russia

If you examine the map of Russia, you will see that Siberia (Сибирь) is the name of a region within Russia and is not a separate entity. The capital city of Russia (Россия) is Moscow (Москва́).

Some of the Best Known Natural Features Are Rivers

Most speakers of English have heard of some of the important natural features of the European region of Russia. The Volga (Вóлга), the Don (Дон), the Dnieper (Днепр), the Dvina (Двинá), and the Neva (Невá) are famous European rivers. The Urals (Урáл) and the Caucasus (Кавкáз) are well-known mountain ranges. And most people have also heard of the Caspian Sea (Каспúйское мóре)—which is really a lake, the Black Sea (Чёрное мóре), and Lake Baikal (óзеро Байкáл), which is located in Siberia (Сибúрь).

Reading Practice

Old letters: а, е, з, к, м, о, с, т, р, ш, д.
New letters: в, г, и, л, н.

1. Listen and repeat these Russian words that name important rivers.

Вóлга	Дон	Кáма	Окá
Лéна	Двинá	Днестр	Невá

2. Listen and repeat these Russian words that name important cities.

Москвá	Ленингрáд*	Минск	Ташкéнт
Еревáн	Одéсса	Кúев*	Ростóв*

3. Listen and repeat these cognate words and guess their meanings.

a. класс   газ*   грамм   текст

b. вáза   гол   метáлл   дóллар
    вúза   салáт   артúст   стандáрт
    тéма   визúт

---

* An important aspect of correct Russian pronunciation involves the voicing and devoicing of consonants. Many Russian consonants occur in pairs, as illustrated by this table:

voiced	Б	В	Г	Д	Ж	З
unvoiced	П	Ф	К	Т	Ш	С

The rules for pronunciation of consonants are as follows:

1) at the end of words or phrases, and before unvoiced consonants, voiced consonants are always pronounced as their unvoiced equivalent;

2) before voiced consonants in connected speech, unvoiced consonants become voiced.

There will be numerous occasions to remind students of these rules and practice correct pronunciation.

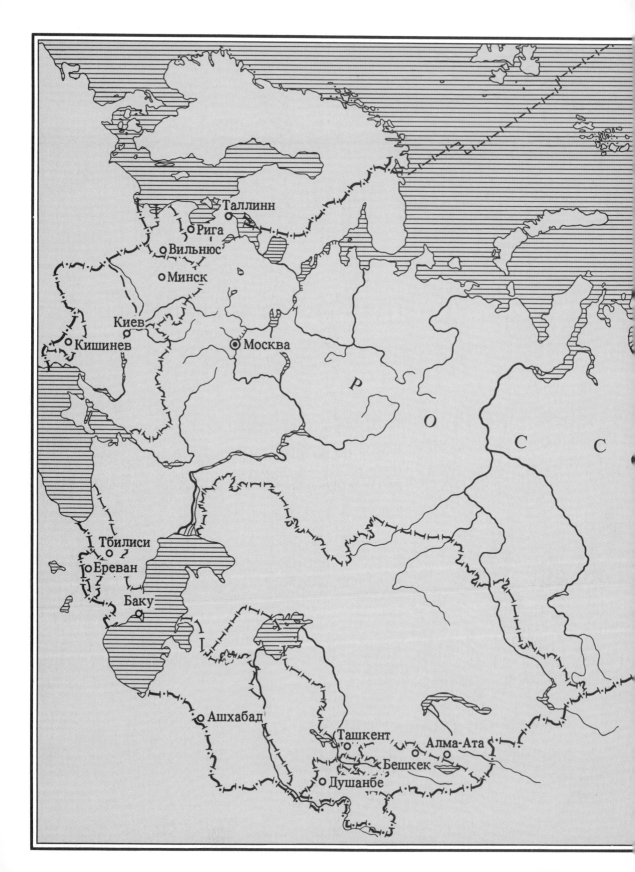

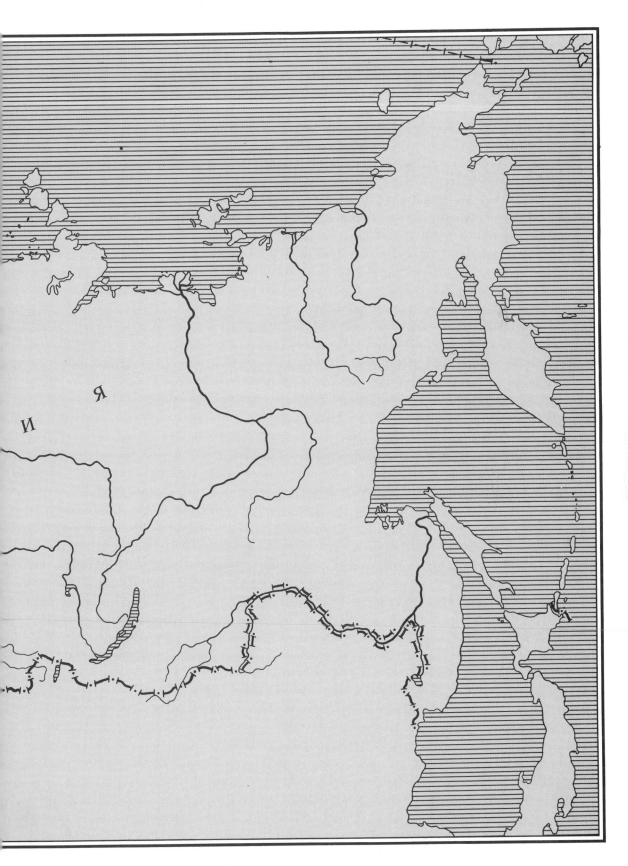

c. система	дире́ктор	агроно́м
аре́на	адвока́т	генера́л
анте́нна	термо́метр	стадио́н
		интере́с
d. телеви́зор	телегра́мма	акаде́мик

Review the Materials in This Section

You have learned to recognize new letters and words in this section. Write them out. Pay particular attention to the words in the box below, which contain all of the letters you have studied. These words will help you to practice the sounds and letter combinations you need to learn. Test your skill at pronouncing and writing these words with a classmate.

Во́лга	ви́за	стадио́н	аре́на
Дон	агроно́м	анте́нна	текст
Москва́	система	гол	

C Russia Begins Its Independent Existence

If you want to understand a people, it is not enough to learn only their language. History also explains a lot about why people behave the way they do. What follows is probably the shortest history of Russia that has ever appeared in print.

In ancient times many Slavic tribes lived in the expansive forests and on the plains of eastern Europe. In the beginning of the ninth century, Kievan Rus (Ки́евская Русь) was a city-state that surrounded the city of Kiev (Ки́ев). In 988, during the reign of the great prince Vladimir (Влади́мир), Kievan Rus adopted Christianity and literacy and culture began to develop. In the eleventh century, during the reign of Yaroslav the Wise (Яросла́в Му́дрый), Kievan Rus flourished and contact with other European countries was established. The royal houses of France and Norway intermarried with those of the Slavic princes. But a struggle for power among Yaroslav's descendants weakened Kiev. In the middle of the thirteenth century the Mongol-Tatar horde (монго́ло-тата́рская орда́) arrived from the southeast and conquered Rus.

I. Glazunov, *The Storm of a City*

The Mongol-Tatars ruled the Russians for more than two hundred years. By the time they were overthrown in about 1500, the center of Russian government had moved north and east of Kiev to Moscow (Москва). Russia was isolated from the influences of western European culture and history, although it had become very strong by the sixteenth century and had spread its borders beyond the Ural Mountains (Урал). Russian tsars had unlimited power over their subjects and many were known for their cruelty. Who hasn't heard of Ivan the Terrible (Иван Грозный)?

Moscow Kremlin Interiors

Russia Under Peter the Great and His Successors

When Peter I **(Пётр I)**, 1672-1725, proclaimed himself emperor in 1721, Russia became an important part of Europe again. As the great genius of Russian literature, Alexander Pushkin **(Алекса́ндр Пу́шкин)**, 1799-1837, expressed it, Peter I "cut through a window onto Europe." He conducted bloody wars with Sweden and Turkey while overcoming the opposition of his own nobles.

Peter I built a new capital on the shores of the Neva River **(Нева́)** in order to bring his government closer to the rest of Europe. St.Petersburg **(Санкт-Петербу́рг)***, founded in 1703, soon became one of the most magnificent cities of Europe.

Russia was a part of the European political scene again, but the effects of the Mongol-Tatar yoke and the backwardness caused by the country's long isolation could not be overcome quickly. Although Russian tsars were wealthy and well educated, they remained the most reactionary rulers in Europe. Even Catherine II **(Екатери́на II)**, 1729-1796, who corresponded with the great French philosophers Voltaire and Diderot, was a very harsh ruler. The tsars had enormous, unlimited power, and they were the largest slaveholders in Russia.

The peasant masses revolted again and again. The best known leaders of peasant revolts were Ivan Bolotnikov **(Ива́н Боло́тников)**, Stepan Razin **(Степа́н Ра́зин)**, and Yemelian Pugachev **(Емелья́н Пуга́чёв)**. Even today their exploits are recalled in Russian folk songs.

Peter I

Catherine II

St.Petersburg.
The Cathedral of Our Lady of Kazan

* from 1924 to 1991, Leningrad (Ленингра́д)

Stepan Razin

Yemelian Pugachev

The early part of the nineteenth century was significant for the struggle against Napoleon, who met defeat in the boundless Russian steppes in 1812.

The Remnants of Napoleon's Army in Flight

After their victorious march through Europe, the glorious descriptions of returning soldiers caused the Russian people to take a new look at society. In December of 1825 some discontented officers organized a revolt of nobles against serfdom. This unsuccessful revolt was an important first step in ending slavery in Russia.

These revolts were suppressed with special cruelty but the autocracy eventually understood that the time had come and serfdom was finally abolished in Russia by Alexander II (Алекса́ндр II) in 1861.

The Beginnings of the Twentieth Century

By the beginning of the twentieth century railroads, factories, and plants were being built. The industrial revolution had reached Russia and along with it new pressures for change and development throughout Russian society. Music and the arts flourished, but the governmental system was less flexible and could not make rapid changes.

In 1914, World War I began and it brought more misfortune and hardship. The Russian revolution erupted in 1917 and ended with the Bolsheviks in power and Lenin (Ленин), 1870-1924, at the helm.

The result of the Communist revolution of 1917 was the formation of the Union of Soviet Socialist Republics (Союз Советских Социалистических Республик) or Soviet Union (Советский Союз), which lasted until late 1991. Since language, culture, and history are inextricably related, you will learn much more about the history and people of Russia as you continue your study of the Russian Language.

The Cruiser *Aurora*

Lenin

Early Efforts at Industrialization

Peasants Learn to Read and Write

Athletes Parade on Red Square on May 1

Your Motherland Calls

Churchill, Roosevelt, and Stalin Met in Yalta. February, 1945

Victory Parade on Red Square. June, 1945

Yuri Gagarin Became the First man in Space on April 12, 1961

Explosion for Peace
(Destruction of Rockets)

Reading Practice

Old letters: а, е, з, к, м, о, с, т, р, ш, д, в, г, и, л, н.
New letters: б, ж, п, у, ь, я.

1. Listen and repeat these names of important persons in Russian history.

Владѝмир	Олѐг	Екатерѝна	Лѐнин
Ярослѐв	Ѝгорь	Алексѐндр	Стѐлин
Ольга	Ивѐн	Степѐн Рѐзин	

2. Listen and repeat these cognate words and try to guess their meanings.

a.

пост	букѐт	журнѐл	гарѐж
спорт	балѐт	контрѐль	мирѐж
бѐза	портрѐт	спектѐкль	студѐнт
бѐмба	протѐст	багѐж	спѐтник

b.

сувенѝр	инститѐт	автѐбус
культѐра	идѐя	аппарѐт
пѐблика	полѝтика	баскетбѐл

c.

бактѐрия	акадѐмия	ассамблѐя

Review the Materials of This Section

You have learned to recognize new letters and words in this section. Write them out. Pay particular attention to the words in the box below, which contain all of the letters you have studied. They will help you to practice the sounds and letter combinations that you need to learn. Test your skill at pronouncing and writing these words with a classmate.

Владѝмир	бѐза	балѐт	портрѐт
Ярослѐв	журнѐл	полѝтика	автѐбус
Ольга	пѐблика	контрѐль	культѐра

D Some Russian Contributions to World Literature and Art

Many people throughout the world study Russian so that they can read Russian literature in its original language. Russian writers and composers of the nineteenth century are the pride not only of Russian but of world literature and art. These illustrations show some of the works of Russian writers that have been published in English.

Some English Influences on Russian Culture

Russians are known for absorbing the culture of other people. The works of Agatha Christie (**Агáта Крúсти**), Mark Twain (**Марк Твен**), Ernest Hemingway (**Эрнéст Хемингуэ́й**), and Jack London (**Джек Лóндон**) are still popular and are published in large quantities. They are some of the most beloved authors of generations of Russian people. Many contemporary novels are also translated from English and published in Russia each year.

Reading Practice

Old letters: а, е, з, к, м, о, с, т, р, ш, д, в, г, и, л, н, б, ж, п, у, ь, я.
New letters: ё, й, х, ц, ч.

1. Listen and repeat these names of important persons in Russian and American literature and music.

a.	Толстóй	Чéхов	Достоéвский	Пýшкин
	Чайкóвский			
b.	Марк Твен	Джек Лóндон	О'Гéнри	Гéршвин

2. Listen and repeat these cognate words and try to guess their meanings.

a. май   чек   цирк
    хор   центр   царь

b. актёр   майóр   партнёр
    боксёр   хоккéй   цемéнт

c. хи́мия   администрáция
    чемпиóн   коммуникáция
    харáктер   цивилизáция
    хулигáн   ассоциáция
    аттракциóн

Review the Materials of This Section

You have learned to recognize new letters and words in this section. Write them out. Pay particular attention to the words in the box below, which contain all of the letters you have studied. These words will help you to practice the sounds and letter combinations you need to learn. Test your skill at pronouncing and writing these words with a classmate.

Толстóй	май	актёр	царь
Чéхов	центр	бокс	хи́мия
Пýшкин	цивилизáция		

E Athletes Perform Well

The Soviet Union was proud of its athletes. Soviet and American athletes frequently competed in international competitions. Both sides won remarkable victories that will be remembered for many years.

Team Sports in Russia

The most popular sport (спорт) in Russia is soccer (футбо́л). The second most popular is hockey (хокке́й). American football and baseball (бейсбо́л) are largely unknown, although some teams are beginning to play baseball in preparation for the time when it becomes an Olympic sport.

Reading Practice

Old letters: а, е, з, к, м, о, с, т, р, ш, д, в, г, и, л, н, б, ж, п, у, ь, я, ё, й, х, ц, ч.

New letters: ф, щ, ъ, ы, э, ю.

1. Listen and repeat these names of popular sports.

футбо́л	баскетбо́л	волейбо́л
хокке́й	бейсбо́л	гандбо́л
те́ннис	ре́гби	пинг-по́нг
гольф	бокс	культури́зм
атле́тика	бадминто́н	

2. There are no cognates with the letter щ, which is used only in spelling words of Slavic derivation. Read these words with the letter щ:

щи	борщ	пи́ща

3. Listen and repeat these cognate words and try to guess their meanings.

a.			
фра́за	ю́мор	субъе́кт	брюне́т
фо́рма	дуэ́т	фонта́н	салю́т
фру́кты	юри́ст	экспе́рт	
э́кспорт	объе́кт	дельфи́н	

b.		
эква́тор	фото́граф	эмигра́нт
экза́мен	проду́кты	музыка́нт
		абсолю́т

c. эконо́мика
   инъе́кция
   проду́кция
   эколо́гия

   фотогра́фия
   атмосфе́ра
   экспериме́нт

Review the Materials of This Section

You have learned to recognize new letters and words in this section. Write them out. Pay particular attention to the words in the box below, which contain all of the letters you have studied. These words will help you to practice the sounds and letter combinations you need to learn. Test your skill at pronouncing and writing these words with a classmate.

футбо́л	щи	дельфи́н	объе́кт
хокке́й	ю́мор	гольф	эколо́гия
баскетбо́л	фру́кты	эконо́мика	музыка́нт

F We Have a Lot in Common

As you study the Russian language, you will become better acquainted with the Russian people and you will see how much Russians have in common with your. Like you, young Russians love to dance and talk with each other and rejoice when classes end and vacations begin. Young Russians want to be independent, but they love their family, their school, their city, and their country. Look at these young people who are involved in their own activities and expressing their own feelings.

ЧАСТЬ ПЕРВАЯ

Урок 1
(Первый урок)

Здравствуйте.
Как вас зовут?

Section	Main Structures	Functions	Grammatical Concepts	Language & Culture
A	Здра́вствуй, Бори́с! До́брое у́тро, Бори́с! Здра́вствуйте, Пётр Ива́нович! До свида́ния, Мари́на!	Greeting people	Familiar/ singular and polite/ plural	Russian first names and patronymics
B	— Как тебя́ зову́т? — Меня́ зову́т Ма́ша.	Asking someone's name	Asking questions	Russian last names The first day of school
C	— Это Анто́н? — Да, э́то Анто́н. — Нет, э́то Ира.	Identifying individuals	Questions that are answered with a yes or no	The "final bell" in school
D	**Phonetics and Reading** Pronunciation and Practice „Здра́вствуйте, Том Со́йер"		**Overview of the Lesson** Vocabulary	

A Greeting People

Здра́вствуй, Бори́с.   Hello, Boris.
До свида́ния, Ни́на.   Goodbye, Nina.

A1 Examine these photographs. Listen and practice the sounds of these brief exchanges.

— **Здра́вствуй, Бори́с!**   — Здра́вствуй, Ни́на!
— Здра́вствуй, Анто́н!   — Здра́вствуй, Анна!

Это Бори́с Во́лков.

Это Ната́ша Но́викова.

Это Ива́н Никола́евич Смирно́в.

Это Анна Петро́вна Зайцева.

Это Ка́тя Крыло́ва и Анто́н Петро́в.

A2 Boys and girls of the same age use only the first name (**и́мя**) when they talk to each other. When they greet each other they use здра́вствуй.

A3 Some common Russian first names and their diminutives.

Boys' Names		Girls' Names	
Full Form	*Diminutive Form*	*Full Form*	*Diminutive Form*
Алекса́ндр	Са́ша	Алекса́ндра	Са́ша
Анто́н	Анто́н*	Анна	Аня
Бори́с	Бо́ря	Валенти́на	Ва́ля
Валенти́н	Ва́ля	Екатери́на	Ка́тя
Ви́ктор	Ви́тя	Еле́на	Ле́на
Влади́мир	Воло́дя	Мари́на	Мари́на*
Никола́й	Ко́ля	Мари́я	Ма́ша
Игорь	Игорь*	Ни́на	Ни́на*
Оле́г	Алик	Светла́на	Све́та
Рома́н	Ро́ма	Татья́на	Та́ня

A4 Practice greeting each other, using different first names and diminutives.

A5 More about how to greet each other.

<u>In the morning.</u>

— **До́брое у́тро**, Бори́с.
— До́брое у́тро, Мари́на.

<u>In the afternoon.</u>

— **До́брый день**, Бори́с.
— До́брый день, Мари́на.

<u>In the evening.</u>

— **До́брый ве́чер**, Бори́с.
— До́брый ве́чер, Мари́на.

---

* This first name does not have a special diminutive form.

Examine the drawings and practice the sounds of these brief dialogs.

— Здра́вствуйте, Пётр Ива́нович!
— Здра́вствуй, Оле́г!

— Здра́вствуйте, Анна Никола́евна!
— Здра́вствуйте, Пётр Ива́нович!

— Здра́вствуйте, Пётр Ива́нович!
— Здра́вствуй, Аня!

— Здра́вствуйте, **ребя́та**!
— Здра́вствуй, Ни́на!

— Здра́вствуйте, **това́рищи**!
— Здра́вствуйте, Пётр Ива́нович!

Ребя́та (fellows) is frequently used to greet a group of friends. Това́рищи (comrades) is frequently encountered in formal situations. It is the equivalent of "Ladies and Gentlemen!" in English and is used at the beginning of a speech, or when calling a meeting to order.

When a young person greets a group of boys and girls or an adult he uses the word здра́вствуйте. If he is addressing a person older than he, then he uses that person's first name and patronymic. Remember that a foreigner addressing a Russian for the first time should use this form, unless greeting a young child.

A man adds the special suffix -ович (-евич) to his father's name to form the patronymic. Women use -овна (-евна). A woman named Анна whose father's name is Анто́н is addressed as Анна Анто́новна. A Михаи́л whose father is Серге́й is known as Михаи́л Серге́евич. You may have heard of Лев Никола́евич Толсто́й or Пётр Ильи́ч Чайко́вский. Толсто́й and Чайко́вский are family names (фами́лия). Russians do not use a patronymic when addressing a foreigner, since most foreign first names would form rather strange-sounding patronymics. Examine these common first names and the patronymics.

Full Form	*Masculine Patronymic*	*Feminine Patronymic*
Алекса́ндр	Алекса́ндрович	Алекса́ндровна
Анто́н	Анто́нович	Анто́новна
Бори́с	Бори́сович	Бори́совна
Валенти́н	Валенти́нович	Валенти́новна
Ви́ктор	Ви́кторович	Ви́кторовна
Влади́мир	Влади́мирович	Влади́мировна
Никола́й	Никола́евич	Никола́евна
И́горь	И́горевич	И́горевна
Оле́г	Оле́гович	Оле́говна
Пётр	Петро́вич	Петро́вна
Рома́н	Рома́нович	Рома́новна

A8 When you visit Russia you will encounter adults as well as persons your own age. The list of first names in part A3 and the patronymics in section A7 will help you. Work in pairs and practice greeting adults the way a Russian would. Don't forget about Доброе у́тро! До́брый день! and До́брый ве́чер! These greetings are the same whether you are greeting adults or people your own age.

A9 Tell how many adults and how many children are involved in each of these three conversations. You may use English.

1. — Здра́вствуйте, Любо́вь Алекса́ндровна!
   — Здра́вствуй, И́горь.

2. — Здра́вствуйте, Андре́й Андре́евич!
   — Здра́вствуй, Ле́на!

3. — Здра́вствуй, Оле́г!
   — Здра́вствуйте, Наде́жда Никола́евна и Пётр Ильи́ч!

A10 Are these people men or women? Answer in English.

1. — Здра́вствуйте, Ива́н Константи́нович!
   — Здра́вствуйте, Ири́на Рома́новна!

2. — Здра́вствуйте, Пётр Ви́кторович!
   — Здра́вствуйте, Ю́рий Бори́сович!

3. — Здра́вствуйте, Мари́я Анто́новна!
   — Здра́вствуйте, Ни́на Миха́йловна!

A11 Look at these Russians. Some day you will meet Russian
people with names like these. How will you greet them?
Demonstrate your knowledge of everyday conversational etiquette.

Николай Иванович
Павлов

Олег Михайлович
Скворцов

Нина Петровна
Михайлова

Сергей Новиков

Лена Быстрова

A12 Listen to the dialogs. Tell as much as you can about the persons involved.

— Здравствуй, Боб.
— Здравствуйте, ребята.

— Доброе утро, Анна Ивановна.
— Доброе утро, Гриша.

— Добрый вечер, Антон Борисович!
— Здравствуй, Иван.

— **До свида́ния**, Мари́на!
— До свида́ния, Игорь!

— До свида́ния, Ната́ша!
— До свида́ния, Анто́н!

— До свида́ния, Ива́н Петро́вич!
— До свида́ния, Оле́г!

— До свида́ния, Анна Ива́новна!
— До свида́ния, Ни́на!

A14 До свида́ния (literally "Until our meeting") is used by both adults and children when saying goodbye to one or more persons.

A15 Now that you know how, practice saying goodbye to the Russians in the photographs in section A11. Learning a language takes a lot of practice.

A16 Greeting close friends.

— Приве́т, Аня!
— Приве́т, Ма́ша. **Как дела́?**
— Спаси́бо. Хорошо́.

— Пока́, Ма́ша!
— Пока́, Аня!

A17 These forms are used only among very good acquaintances. A young person in Russia would never use these forms in speaking to an adult. If you want to avoid mistakes in greeting people or saying goodbye, use the forms that are acceptable in polite or formal relationships:

— Здра́вствуйте!
— До свида́ния.

— Как тебя́/вас зову́т?   "What's your name?"

— Меня́ зову́т Ма́ша.   "My name is Masha."

B1 Examine these drawings and photographs and practice the sounds of these brief dialogs.

— **Как тебя́ зову́т?**
— **Меня́** зову́т Ма́ша.
  А тебя́?
— Игорь.

— Как **вас** зову́т?
— Меня́ зову́т Ири́на
  Алекса́ндровна.

— Как тебя́ зову́т?
— Ната́ша.

— Как тебя́ зову́т?
— Игорь, а тебя́?
— Меня́ зову́т Кири́лл.

— Как вас зову́т?
— Меня́ зову́т Ива́н
  Петро́вич.

B2 When a young man sees a girl he wants to meet, he can approach her and say:

— Меня́ зову́т Джон. А вас как зову́т?

And she will give her name if she is as bold as he, saying:

— Меня́ зову́т Га́ля.

You already know that adults and children are addressed in different ways. You must also ask adults and children for their names differently. A child or a teenager is asked:

— Как тебя́ зову́т?

But an adult hears:

— Как вас зову́т?

Fortunately, the answer has only one form:

— Меня́ зову́т...

B3 Choose a Russian first name from the appendix. It would be best to choose a name that is similar to yours (Nick would be Никола́й or Ко́ля in Russian, Mary would be Мари́я or Ма́ша). But don't tell which name you have chosen. Find out which names others have chosen by asking the question: „Как тебя́ (вас) зову́т?" Answer the question the way a Russian would.

B4 Russian Last Names

You already know several Russian first names (и́мя) and patronymics (о́тчество). Russians also have a distinctive family name or фами́лия. The most common Russian surname is Ивано́в (for males) or Ивано́ва (for women).

This surname is derived from the first name Ива́н, as are many of the most common last names, such as: Петро́в, Си́доров, Па́влов, Ники́тин, Миха́йлов, and others.

Some common last names are derived from professions: Кузнецо́в (Smith), Пло́тников (Carpenter), Пу́шкин (Cannon).

Other names were formed from the names of animals: **Во́лков, За́йцев, Медве́дев, Ко́тов, Воробьёв, Ка́рпов.**

Ми́ша Во́лков

Анто́н За́йцев

Са́ша Медве́дев

Кири́лл Ко́тов

Ва́ля Воробьёва

Ко́стя Ка́рпов

B5 When you ask „Как тебя́ зову́т?" a Russian will usually give only a first name (children) or a first name and patronymic (adults). To learn the last name requires a second question: „Как твоя́ фами́лия?"

— Как тебя́ зову́т?
— Ка́тя.
— А как твоя́ фами́лия?
— Во́лкова.

B6 Dramatize situations with other members of the class. Introduce each other, asking and answering the question „Как вас (тебя) зовут?"

B7 Conduct a short conversation with one of your classmates. Follow these directions.

Student 1: Greet your partner.
Student 2: Answer the greeting and ask his/her name.
Student 1: Give your name and ask his/her name in return.
Student 2: Answer with your name. Say goodbye, using his/her name.
Student 1: Respond.

B8 The First Day of School

The first day of school for Russian youngsters is September 1 (if the first falls on a Sunday, the first day of school is one day later). The school is decorated with banners and posters and everyone wears a neatly pressed school uniform. There are special speeches, music, flowers for the teachers, and chances to find out from friends everything they did over the vacation period.

C Identifying Individuals

— Это Антóн?	"Is that Anton?"
— Да, э́то Антóн.	"Yes, that's Anton."
— Нет, э́то Ира.	"No, that's Ira."

C1 Examine these drawings and practice the sounds of these brief dialogs.

— Это Антóн?
— Да, э́то Антóн.

— Это Натáша?
— **Нет**, э́то Ира.

C2 Никола́й, Рома́н, Мари́на, Светла́на, Игорь, and Ка́тя are shown in both the drawing and the "photograph." Can you identify them? Find out who is who.

C3 The "Final Bell" in School

Most Russian students attend school for ten years, although in many areas it has been increased to eleven years. The last year of school is especially tense and difficult for a student who wants to attend a university or enroll in a major institute. He or she must do very well on oral and written final exams in addition to passing entrance examinations for the university or institute he or she has chosen, where admission standards are very high and competition is fierce.

The last day of classes, called День после́днего звонка́ (day of the final bell), is especially anticipated. After final exams and a graduation ceremony there are numerous parties and new graduates often parade through the streets, singing school songs and enjoying each other's company until morning.

До свида́ния, шко́ла!

D Phonetics and Reading

D1 Pronunciation Practice.

1. Practice the correct pronunciation of these Russian names.

Борис	Николай	Олег	Роман	Владимир
Александр	Валентин	Екатерина	Елена	Светлана
Боря	Валя	Витя	Володя	Коля
Катя	Таня	Аня		

2. Practice this intonation pattern which is used for simple declarative sentences.

Это Саша.   Это Лена.   Это Маша.
Это Володя.   Это Серёжа.

3. Practice this intonation pattern used for simple questions.

Это Саша?   Это Лена?   Это Маша?
Это Володя?   Это Серёжа?

4. Contrast and practice the intonation patterns that were learned above.

Это Саша.   Это Саша?
Это Лена.   Это Лена?
Это Маша.   Это Маша?
Это Володя.   Это Володя?
Это Серёжа.   Это Серёжа?

5. Practice saying these phrases smoothly, without interruptions in the flow of the words.

Это Анна?
Это Анна Ива́новна?
Это Анна Ива́новна Во́лкова?

Это Бори́с?
Это Бори́с Петро́вич?
Это Бори́с Петро́вич Кузнецо́в?

Это Мари́на?
Это Мари́на Влади́мировна?
Это Мари́на Влади́мировна Соколо́ва?

D2 Read the text below.

Это Москва́. Это **проспе́кт Ми́ра.**

Это институ́т.

Это студе́нт Оле́г Никола́ев.

D3 Examine the newspaper clipping from the Russian newspaper «Собесе́дник» and try to answer these questions.

1) What is the name of the play?

2) Who presented the play in Moscow?

ЗДРАВСТВУЙТЕ, ТОМ СОЙЕР!

«Том Сойер» в Москве

На сцене Центрального Детского театра идут репетиции спектакля «Приключения Тома Сойера» по знаменитой книге Марка Твена. Спектакль ставит постановочная группа из Соединённых Штатов Америки: режиссёр Джон Крэнни, композитор Элан Шортер, художник Марджери Келлог. Наш корреспондент встретился с Джоном Кренни.

D4 If you study the following statement and sound out the words carefully, you should be able to understand almost everything. The only word that possibly you cannot guess is Детский (Children's).

Здравствуйте, Том Сойер

В Москве в Центральном Детском театре режиссёр из США Джон Крённи репетирует спектакль „Приключения Тома Сойера".

D5 Read each dialog and explain in English what is wrong with each.

1. — Здравствуйте, Александр Васильевич!
   Как дела?
   — Спасибо, Петя, хорошо.
   — До свидания, Александр Васильевич!
   — До свидания, Петя.

2. — Как тебя зовут?
   — Меня зовут Мария Николаевна.
   — Привет, Мария Николаевна.

3. — Здравствуй, Саша!
   — Здравствуй, Виктор Сергеевич!

Overview of the Lesson

In this lesson, you have learned:

1) what Russians say to each other when they meet and when they say goodbye;
2) about Russian first names, patronymics, and last names;
3) how to answer simple questions in the affirmative and in the negative;
4) how to find out a person's name and give your own when asked;
5) how to read and understand material in a Russian newspaper.

Some Russian guests have come to your school and have been given name tags. Their names are given below as they appear on their name tags. Tell which of them are adults and which are children and how you would greet each of them.

 Tell how would you say goodbye to each of these people.

Vocabulary

а   and, but
А тебя?   And (what about) you?
да   yes
Доброе утро!   Good morning!
Добрый вечер!   Good evening!
Добрый день!   Good afternoon!
До свидания!   Goodbye! (until we see each other)
здравствуй   hello *(to one close friend)*
здравствуйте   hello *(to an older person)*
и   and
имя *(n.)*   first name
Как вас зовут?   What is your name? *(polite)*
Как ваша фамилия?   What is your last name? *(polite)*
Как дела?   How are you? *(very informal)*
Как твоя фамилия?   What is your last name? *(familiar)*

Как тебя зовут?   What is your name? *(familiar)*
меня зовут...   my name is... (they call me...)
нет   no (there is not)
отчество *(n)*   patronymic, a name based upon father's name
пока   bye *(only used with very close friends)*
привет   hi *(only used with very close friends)*
проспект *(m.)*   avenue, prospect
ребята *(pl.)*   guys, kids, lads, gang
спасибо   thanks
товарищи *(pl.)*   comrades
фамилия *(f.)*   last name, family name
хорошо   good, well
школа *(f.)*   school
это   this is, that is

Урок 2
(Второй урок)

Кто это?
Что это?

Section	Main Structures	Functions	Grammatical Concepts	Language & Culture
A	— Кто э́то? — Это америка́нец. — Как его́ зову́т? — Его́ зову́т Билл.	Finding out about people and animals	Interrogative pronoun кто	Names Russians use for animals
B	— Что э́то? Это тетра́дь? — Нет, э́то не тетра́дь. Это дневни́к.	Finding out about things	Interrogative pronoun что Negative answers The particle не	A student diary
C	— Где Анто́н? — Вот он. — Где Билл и Джон? — Вот они́.	Finding out where someone or something is	Gender of nouns Personal pronouns он, она́, оно́, они́ Conjunction и	Grades in Russian schools
D	**Phonetics and Reading** Pronunciation Practice „Ми́кки-Ма́ус в Москве́"		**Overview of the Lesson** Vocabulary	

A Finding out about People and Animals

— Кто э́то? "Who is that?"
— Э́то америка́нец. "That's an American."
— Как его́ зову́т? "What's his name?"
— Его́ зову́т Билл. "His name is Bill."

A1 Аня Моро́зова didn't know that American students would be at her school.

— Ната́ша, кто э́то?
— Э́то америка́нец.
— Америка́нец?
— Да, америка́нец.
— А как его́ зову́т?
— Его́ зову́т Билл.

— Ната́ша, а кто э́то?
— Америка́нка.
— Как её зову́т?
— Джейн.

A2 The two girls approach the American.

— Аня, э́то Билл.

— Здра́вствуй, Аня. Меня́ зову́т Билл.
  Я америка́нец.

— А я ру́сская.

— **Очень прия́тно.**

— Очень прия́тно.

A3 Dramatize, following the pattern of the conversation above: Bill and Mary approach the Russian boy, **Ко́ля**. Mary introduces Bill.

A4 Look at this photograph and try to guess which students are Americans and which are Russians. Follow this pattern:

— Кто э́то?

— Это америка́нец.

— А как его́ зову́т?

— Его́ зову́т Дик.

— Кто э́то?

— Это ру́сская.

— А как её зову́т?

— Её зову́т Ма́ша.

A5 Work in pairs. One student should indicate a photograph and ask: „Кто э́то?" The other responds: „Это . . . ".

A6 Introduce your classmates to each other. Follow the model.

— _____ , э́то _____ .
— Здра́вствуйте, _____ . Очень прия́тно.
— Здра́вствуйте, _____ . Очень прия́тно.

A7 **Аня** and **Ната́ша** are showing their American friends pictures of some of the most popular Russian cartoon characters. They have already been through the stack of pictures once. Now they point to them one at a time and ask: „Кто э́то?" You (their American friends) find it easy, since your sharp eyes have spotted the labels on the pictures.
You can respond with phrases such as:
„Э́то кот Леопо́льд".

Кот Леопо́льд

Крокоди́л Ге́на

Бурати́но

Волк

За́яц

Чебура́шка

A8 When they are talking about animals Russians use the same interrogative words as they do when speaking of humans. How many ways can you translate the Russian phrase „Кто э́то?" into English?

Russian nouns are either animate or inanimate. When you ask about a pet dog or cat or even a fish in Russian, you must refer to it as „Кто э́то?" Choose one of these pictures and (in Russian) ask a classmate what it is.

A9 Names Russians Use for Animals

The most popular names for dogs in Russian are Рекс, Рой, Джек, Дик, Жу́чка, Бо́бик, Ту́зик, Ша́рик, Дружо́к (Little Friend), Пушо́к (Fluffy). Cats are given names like Му́рка, Ва́ська, Пушо́к. A parrot is often called По́пка or Жо́ра. And the first thing a parrot learns to say is „Жо́ра — хоро́ший ма́льчик". (Zhora is a good boy.) or „По́пка — дура́к". (Polly is a fool.)

If you want to chase a dog away in Russian, you say „Фу!" For a cat, the word is „Брысь!"

A rooster is always called Пе́тя and a bear is always called Ми́ша in Russian. And, in many traditional Russian folk tales, the bear even has a patronymic and last name — Михаи́л Пота́пыч Топты́гин.

A10 Ask the names of these pets. Choose any name above and respond. Remember that you would choose **eró** or **eё** in your question (and your answer), depending on the kind of the animal.

Кто это?

B Finding out about Things

— Что э́то? Это
тетра́дь?

— Нет, э́то не тетра́дь.
Это дневни́к.

"What's that? Is that a
notebook?"

"No, it's not a notebook.
It's a diary."

B1 Bill, an American student, asks about a notebook lying on the desk.

— Ната́ша, **что** э́то? Это **тетра́дь**?
— Нет, э́то **не** тетра́дь. Это **дневни́к**.

B2 Examine this student diary and try to discover some of the subjects studied.

A typical student diary
where students keep class
schedules, a record of
assignments, and where
teachers write evaluations
of that student's work.

B3 Learn these Russian words.

1. буфе́т
2. каранда́ш
3. кни́га
4. окно́
5. лаборато́рия
6. ру́чка
7. спортза́л
8. су́мка
9. доска́
10. газе́та
11. класс
12. ла́мпа
13. па́рта
14. слова́рь
15. стол
16. тетра́дь
17. уче́бник
18. столо́вая

B4 Identify the word in each grouping that is out of place.

каранда́ш	спортза́л	слова́рь
ру́чка	газе́та	уче́бник
тетра́дь	буфе́т	кни́га
уче́бник	лаборато́рия	тетра́дь
па́рта	класс	окно́

B5 Practice asking and telling names of classroom objects.

B6 These sentences illustrate how **не** is used to negate portions of Russian sentences.

— Это Ни́на Петро́вна?

— Нет, э́то не Ни́на Петро́вна, э́то
Ни́на Алексе́евна.

— Это Рома́н?

— Нет, э́то не Рома́н, э́то Оле́г.

— Это шко́ла?

— Нет, э́то не шко́ла, э́то институ́т.

— Это кни́га?

— Нет, э́то не кни́га, э́то тетра́дь.

— Это слова́рь?

— Нет, э́то не слова́рь, э́то уче́бник.

— Это каранда́ш?

— Нет, э́то не каранда́ш, э́то ру́чка.

B7 The following objects have been drawn from unusual vantage points. Ask a class-mate: „Что э́то?" or: „Это ... ?" to find out whether he/she can name them.

  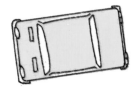

B8 Send one student out of the room. The class then picks one of the new vocabulary words. The student returns and must guess the word using the question: „Это . . . ?" Members of the class take turns and answer: „Нет, э́то не . . . ." or: „Да, э́то . . . ."

C Finding out Where Someone or Something Is

— Где Анто́н?	"Where is Anton?"
— Вот он.	"Here/There he is."
— Где Билл и Джон?	"Where are Bill and John?"
— Вот они́.	"Here/There they are."

C1 The teacher doesn't see Bill.

— **Где** Билл?
— **Вот он!**

— Где Ма́ша?
— Вот она́.

C2 Mike can't find his things.

— Где су́мка?
— Вот она́!

— А где дневни́к?
— Вот он.

— Где письмо́?
— Вот оно́.

C3 Nouns that refer to males (Антóн, Вáня, Джон, Мúша) are always masculine; words that name females (Мáша, Анна, Мэ́ри) are feminine. The gender of other Russian nouns is determined by spelling: nouns that end in -а or -я (Москвá, шкóла, пáрта) are feminine; nouns that end in -о or -е are neuter (письмó, окнó, упражнéние); and nouns that end in a hard consonant (стол, дневнúк, учéбник) are masculine.

Determining the gender of nouns that end in a consonant followed by a soft sign (ь) is more difficult for a nonnative speaker. The gender of such nouns must be memorized. For example, тетрáдь is feminine, but словáрь is masculine.

C4 You must use the correct pronoun when referring to objects and persons. All masculine nouns are replaced by он, feminine nouns by онá, and neuter nouns by онó.

Compare these brief dialogs:

— Где Ромáн?
— Вот он.

— Где Мáша?
— Вот онá.

— Где журнáл?
— Вот он.

— Где рýчка?
— Вот онá.

— Где письмó?
— Вот онó.

C5 Determine the gender of these unfamiliar Russian words. If necessary, check the glossary or a dictionary. The gender of nouns is always shown in dictionaries.

кóмната
самолёт
собáка
ёж
портфéль
лáгерь
дом
мóре

мя́со
дерéвня
кóшка
плóщадь
гóрод
костю́м
странá
кольцó

C6 The same plural pronoun, they (они), is used for all three genders.

— Где Наташа и Маша?

— Вот они.

— Где ручка и карандаш?

— Вот они.

C7 Work in pairs, looking at the photographs and drawings in the textbook. In the time that you are given, ask as many questions as you can using „Где ... ?" and answer using „Вот он", „Вот она", „Вот оно", and „Вот они".

C8 Grades in Russian Schools

The highest grade in Russian schools is a 5 (отлично); the next highest is a 4 (хорошо), followed by 3 (удовлетворительно), and 2 (плохо, неудовлетворительно). In rare cases, when the number of mistakes is high, the teacher may give a grade of 1 (единица). Term grades are given four times a year. In June, after comprehensive oral and written exams, grades are assigned for the entire year's work. A student's grades determinine whether he/she will go on to the next class.

C9 Examine this work by an eighth-grade student, who has been studying English since the second grade. He received a grade of 2. Do you agree with this grade?

September, Wednesday. 14
Test.
At The Seaside
look! The children are running into the water. The water is nice and warm. The boys and girls are hot. They have *just stopped* pleing volley-ball. It is always pleasent to swim in the *see* when it is hot.   / 1. //
  Some of the cheldren are good swimers, but Jane and Kate have *just learnd* to swim. They never swim far aut in the deep water. They always swim with their friends.   / 1 //

2.

D Phonetics and Reading

D1 Pronunciation Practice.

1. Practice the correct pronunciation of т.

вот	нет	кот	зову́т
э́то	Ната́ша	газе́та	Бурати́но
кто	стол	прия́тно	па́рта

2. Practice the correct pronunciation of д.

да	Дик	дом	
крокоди́л	каранда́ш	Дружо́к	дневни́к

3. Practice the correct pronunciation of ль (soft л).

портфе́ль	кольцо́	Леопо́льд	Ле́на

4. Practice the correct pronunciation of рь (soft р).

ла́герь	слова́рь	Ри́та	Мари́я

5. Practice the correct pronunciation of the unstressed vowel о.

соба́ка	портфе́ль	костю́м	кольцо́
доска́	слова́рь	окно́	го́род

6. Practice the correct pronunciation of the unstressed vowel а.

ко́мната	ко́шка	па́рта	Са́ша
Мари́я	Мари́на	Влади́мир	газе́та

7. Practice the intonation of an interrogative sentence with a question word.

Что э́то?   Кто э́то?
Как тебя́ зову́т?   Как его́ зову́т?

8. Practice these sentences, which have contrasting intonation patterns.

— Что э́то? Э́то тетра́дь?   — Что э́то? Э́то портфе́ль?
— Нет, э́то дневни́к.   — Нет, э́то су́мка.

— Кто э́то? Это Дружо́к?

— Нет, э́то кот Леопо́льд.

— Как тебя́ зову́т? А́нна?

— Нет, меня́ зову́т Мари́я.

— Кто э́то? Это Жу́чка?

— Нет, э́то Дог.

— Как его́ зову́т? Ко́ля?

— Нет, его́ зову́т Ри́чард.

9. Learn this Russian tongue-twister.

На дворе́ трава́, на траве́ дрова́, не руби́ дрова́ на траве́ двора́.

D2 Examine this article that appeared in the newspaper «Моско́вский комсомо́лец», and explain which delegation came to Moscow.

Юбиле́й и триу́мф мышо́нка

Он начина́л как худо́жник-карикату-
рист. Нет, не Микки-Маус, а его́ со-
зда́тель, его́ тала́нтливый па́па – Уо́лт
Дисне́й. Мышо́нок оказа́лся хоро́шим
ребёнком и принёс па́пе всеми́рную не-
увяда́ющую сла́ву и мно́гие миллио́ны
до́лларов...
В програ́мме пребыва́ния делега́ции
«Уо́лт Дисне́й компа́ни» в Москве́ съём-
ки видеофи́льма, встре́чи, перегово́ры
– после́дних, пра́вда, не так мно́го,
как э́того хоте́лось бы, но Рой К. Дис-
не́й, ви́це-председа́тель компа́нии, по-
хо́же, дово́лен...

D3 Examine this simplified version of the article. If you carefully sound out the words, you will understand almost everything.

АБ Ми́кки-Ма́ус дал Уо́лту Дисне́ю мно́го миллио́нов
до́лларов. Сейча́с делега́ция «Уо́лт Дисне́й компа́ни»
нахо́дится в Москве́.

А вот Ми́кки-Ма́ус на Кра́сной пло́щади.

Overview of the Lesson

In this lesson, you have learned:

1) how to ask the identity of a person or thing;
2) how to ask and indicate a location;
3) how to introduce yourself;
4) how to use pronouns in referring to animate and inanimate nouns;
5) how to distinguish the gender of most Russian nouns.

Pretend that you are at a party. Both American and Russian young people have been invited. Since you don't know all of them you ask the host (or hostess) who the guests are. Ask quietly, since you don't want to be overheard. Then you go up to a guest and introduce yourself. These sample dialogs may help you.

Dialog 1
(with the host/hostess)

— Ната́ша, кто э́то?

— Это Ира, она́ ру́сская.

— А э́то кто?

— Америка́нец.

— А как его́ зову́т?

— Его́ зову́т Джек.

Dialog 2
(with the unknown guest)

— Здра́вствуйте, меня́ зову́т Билл. Я америка́нец.

— Здра́вствуйте, Билл. Меня́ зову́т Ната́ша.

— Очень прия́тно, Ната́ша.

— Очень прия́тно, Билл.

Vocabulary

Буратино *(m.)* a cartoon character similar to Pinocchio

буфéт *(m.)* snack bar

волк *(m.)* wolf

*вот here (is, are)

*газéта *(f.)* newspaper

*где where, in what location

дневнúк *(m.)* daybook, diary

доскá *(f.)* board, chalkboard

дурáк *(m.)* fool

зáяц *(m.)* hare, rabbit

*Как егó зовýт? What's his name?

*Как её зовýт? What's her name?

*карандáш *(m.)* pencil

*кнúга *(f.)* book

крокодúл *(m.)* crocodile

*кто who

лаборатóрия *(f.)* laboratory

лáмпа *(f.)* lamp, light

мáльчик *(m.)* boy

*не *(negative particle)* not

*окнó *(n.)* window

*он he, it *(referring to a masculine noun)*

*онá she, it *(referring to a feminine noun)*

*онú they *(referring to all plural nouns)*

*онó it *(referring to neuter nouns)*

*óчень very

*Очень прия́тно. Very pleased to meet you.

пáрта *(f.)* school desk

*письмó *(n.)* letter

*рýчка *(f.)* pen

*словáрь *(m.)* dictionary

спортзáл *(m.)* gym, athletic facility

*стол *(m.)* table

столóвая *(f.)* dining room

*сýмка *(f.)* bag

*тетрáдь *(f.)* notebook

упражнéние *(n.)* exercise

туалéт *(m.)* toilet, rest room

учéбник *(m.)* textbook

хорóший good

Чебурáшка *(m.)* a cartoon character

*что what

*я I

Урок 3
(Третий урок)

Наша семья

Section	Main Structures	Functions	Grammatical Concepts	Language & Culture
A	— Это наша семья: мой папа, моя мама и я.	Talking about the family	Possessive adjectives мой, твой, наш, ваш	The Russian family
B	— Где твой брат? — Он в институте.	Asking and telling about locations	Nouns in prepositional case with в and на to tell location	The age at which young people marry in Russia
C	— Ты не знаешь, где папа? — Нет, я не знаю, где он.	Asking whether someone knows something	Present tense of Conjugation I Adverb тоже Combining sentences with что, кто, где	Women at work outside the home
D	Phonetics and Reading Pronunciation Practice „Наша семья"		Проект „Саманта" Overview of the Lesson Словарь	

A Talking about Family

— Это нáша семья́:
  мой пáпа, моя́ мáма и я.

"This is our family:
  my father, my mother, and I."

A1 Игорь and Натáша are showing each other family photographs.

— Это нáша семья́: мáма, пáпа и я.

— А э́то нáша семья́. Это мой пáпа, э́то моя́ мáма, э́то мой брат, моя́ сестрá, э́то мой дéдушка и бáбушка.

— А вот э́то я.

A2 Russian usually omits the verb "is/are."

A3 The Russian Family

Russian families are usually small. And almost all women work in jobs outside of the home. Many children go to nursery schools (я́сли) or kindergarten (де́тский сад). The job of caring for a child often falls to a grandmother (ба́бушка).

Ба́бушка и внук

Де́тский сад

Семья́

A4 The Russian possessive adjectives мой and наш have three corresponding nominative singular forms in Russian. But there is only one Russian nominative plural form.

Masculine	Feminine	Neuter	Plural
мой наш па́па брат де́душка	моя́ на́ша ма́ма сестра́ ба́бушка	моё на́ше	мои́ на́ши де́душка и ба́бушка
журна́л слова́рь дом	шко́ла тетра́дь	письмо́ окно́	

A5 Никита drew a picture of the members of his family and showed his picture to Алёша. Алёша asked: „Кто это?" about each person. Никита answered in this way: „Это мой брат. Его зовут Ваня". One classmate should pretend to be Никита and answer other students' questions about the drawing on the next page.

A6 Bring snapshots of your family to school and show them to the class. Describe who is in each photograph (give the person's name and relationship to you). If you prefer, you may make your own humorous drawings of family members instead of bringing snapshots. You can also work in pairs, using this model:

— Кто это?

— Это мой брат.

— Как его зовут?

— Его зовут Джон.

A7 Ната́ша is showing Ира photographs of a young man and a young woman.

— Кто э́то?
— Это мой брат.
— Это **твой** брат? А как его́ зову́т?
— Его́ зову́т Алик. Он **спортсме́н.**

— А э́то **твоя́** сестра́?
— Нет, э́то на́ша **учи́тельница.**
— **Ва́ша** учи́тельница?
— Да, на́ша учи́тельница.

A8 The form of the possessive adjective твой (like мой and наш) depends upon the gender of the noun it is used with. Since you have already learned the forms of the possessive adjective мой these forms (твой, твоя́, твоё, твой) will be simple to remember.

— Это твой брат?
— Да, э́то мой брат.

— Это твоя́ сестра́?
— Да, э́то моя́ сестра́.

— Это твой брат и сестра́?
— Да, э́то мой брат и сестра́.

— Это **ваш** дом?
— Да, э́то наш дом.

A9 Examine this family tree, which shows some important vocabulary.

A10 How would these people introduce each other?

Ви́ктор Ива́нович и Ма́ша — оте́ц и дочь.

— Э́то мой па́па, Ви́ктор Ива́нович.
— Э́то моя́ дочь Ма́ша.

1. Оле́г и Ка́тя — брат и сестра́.

2. Алекса́ндр Петро́вич и Оля — де́душка и вну́чка.

3. Ольга Никола́евна и Ва́ня — мать и сын.

4. Никола́й Фёдорович и Ко́стя — оте́ц и сын.

5. Бори́с Ю́рьевич и Ни́на Ива́новна — муж и жена́.

6. Джон и Ге́нри Джонс — де́душка и внук.

A11 Examine these photographs with a classmate. Find out who the people are and ask about names and relationships. Your questions will be similar to these.

— Кто э́то?
— Это твой брат?
— Это твоя́ сестра́?
— Это твой брат и сестра́?

or
— Это твой ба́бушка и де́душка?
— Это твой па́па?
— Это твоя́ ма́ма?

Your answers may be like these:

— Да, э́то мой брат/па́па/де́душка.
— Да, э́то моя́ сестра́/ма́ма/ба́бушка.

Ольга Никола́евна Ивано́ва

Марк Ива́нович Во́лков

Татья́на Оле́говна Уткина

Ни́на Алекса́ндровна Но́викова

A12 There are many borrowed words in Russian, especially
among young people, and many of them are so new that
many older Russians don't understand them. If you sound out the
words carefully, you will probably understand the cartoon without
looking up any words.

A13 Don't forget that the words **мой, моя, моё, мой,** and **твой,**
твоя, твоё, твой can be used with all nouns. Practice
naming things around you using words you have already learned.
You might begin with „Это мой класс" or „Это моя па́рта". See
who can make the most possessive statements.

A14 Look at the pictures and indicate who says:

„Это наш дом". „Это моя́ сестра́". „Это моя́ семья́". „Это мой брат".

B Telling about Locations

— Где твой брат?   "Where is your brother?"

— Он в институ́те.   "He's at the institute."

B1   Ира calls Ната́ша on the telephone.

— Алло́!

— Алло́! Это Ната́ша?

— Да, э́то я.

— Здра́вствуй, Ната́ша. Это Ира.

— Приве́т, Ира.

— **Скажи́**, а твой брат до́ма?

— Нет, он в институ́те.

— Хорошо́, спаси́бо. До свида́ния.

— До свида́ния.

When Russians answer the phone, the first thing they say is usually „Алло́" or „Да", without naming themselves.

B2   A Russian noun is always in one of six cases, depending upon how it is used in a particular sentence. You already know the nominative case. This case is used to name the person or object that is the subject of the sentence: Это Анто́н. Это шко́ла. A dictionary lists nouns in the nominative form. A noun that answers the question где? with a preposition to name a place or location must be given in a **prepositional case** form. Some people call this case **locative**, since it is often used in giving locations. Why do most people call it the prepositional case?

Two prepositions are used in naming locations: в (in) and на (on).

— Где твой брат?   — Где твоя́ тетра́дь?   — Где твои́ кни́ги?

— Он в институ́те.   — В столе́.   — На столе́.

Nominative Case (что?)	Prepositional Case (где?)
шко́ла	в шко́ле
класс	в кла́ссе

Noun Case Forms

	Masculine	Feminine	Neuter
Nominative (кто? что?)	институ́т	шко́ла	письмо́
Genitive	-	-	-
Accusative	-	-	-
Dative	-	-	-
Instrumental	-	-	-
Prepositional (где?)	(в) институ́те (на) столе́	(в) шко́ле	(в) письме́

You should remember, however, that the phrase "at home" is expressed in Russian without using any preposition.

— Где твоя́ ма́ма?

— Она́ до́ма.

B3 Examine the pictures, then answer the following questions.

1. Где газе́та?   4. Где волк?
2. Где су́мка?   5. Где за́яц?
3. Где каранда́ш?   6. Где тетра́дь?

B4 Some nouns are always used with в and others are always used with на. Memorize the words below.

Nominative	Prepositional	Nominative	Prepositional
магазин	в магазине	завод	на заводе
аптека	в аптеке	почта	на почте
поликлиника	в поликлинике	улица	на улице
клуб	в клубе	фабрика	на фабрике
театр	в театре	фирма	на фирме
офис	в офисе		
больница	в больнице		

Two English prepositions can be used to translate the prepositions в and на. Which? (Hint: "on" is not one of those meanings.)

B5 There are historical reasons for using в and на in certain cases. Russian schoolchildren are no less troubled by the English prepositions "in" and "at." They are never sure whether to say something happened "in school" or "at school." Exercises like the one that follows (from a Russian textbook of English) are difficult for them.

Fill in the prepositions where necessary: at, in, with, of, for, on, after.
1. Pete wants me to help him ... mathematics. 2. Are you going to take part ... the competition? 3. We all know that the boy is good ... literature. 4. Lots ... our boys and girls go ... ... sport. 5. ... rainy weather we stayed ... home. 6. She was ... duty and had to stay ... the classroom ... school.

B6 Make some signs with names of places such as театр, школа, клуб, офис, больница (as many as you wish) and tape them to the classroom seats. These seats then become the places named.

Use those place names and explain where the students in those chairs are located.

Remember that скажи is only used in situations when you are addressing a close friend. When addressing a group or when the polite form is appropriate use скажите. The polite word пожалуйста is frequently used as part of this formula.

Follow the example:

— Скажи, где Иван?   or — Скажите, пожалуйста, где Иван?
— Он в поликлинике.

B7 Look at the drawings and answer the questions:
Где Антóн? Где Сáша? Где Мáша? Где Натáша?

B8 About Marriage

Young people in Russia usually marry between the ages of twenty-two and twenty-six. Women marry a little younger than men. Some marry at eighteen.

Some marriages end in divorce when the young people were not ready for marriage, when there were difficulties with housing, or when parents interfered in the marriage. Sometimes the divorce is caused by alcoholism.

A wedding day is a big day of celebration, and there are many happy marriages that last for a lifetime.

C Asking Whether Someone Knows Something

— Ты не зна́ешь, где па́па?   "Do you know where papa is?"

— Нет, я не зна́ю, где он.   "No, I don't know where he is."

C1 Mother is surprised to see **Ви́тя** home so early.

— А, Ви́тя! **Ты** до́ма?

— Да. Приве́т, ма́ма.

— А па́па **то́же** до́ма?

— Нет.

— А ты не **зна́ешь**, где он?

— Нет, не зна́ю.

— А, Ви́тя! Ты до́ма?

— Приве́т, ма́ма. Я до́ма.

— А па́па то́же до́ма?

— Нет, не до́ма.

— А ты не зна́ешь, где он?

— Нет, я не зна́ю.

C2 Listen and repeat these dialogs.

— Ты не зна́ешь, где па́па?   — Ты зна́ешь, где ма́ма?

— Зна́ю. Он на заво́де.   — Нет, не зна́ю.

— Ты зна́ешь, где па́па?   — Ты зна́ешь, где ма́ма?

— Да, зна́ю, он на заво́де.   — Зна́ю, она́ в о́фисе.

C3 The question "Do you know..." may be asked in either the affirmative or the negative (using не before the verb). The meaning in either case is the same. The negative version is more conversational, a little less formal.

When you know the answer to a question, you can simply say: „Я знáю...". When you do not know, then you must say: „Я не знáю". You could say in a more complete way:

— Я (не) знáю, кто э́то.

— Я (не) знáю, что э́то.

— Я (не) знáю, где твоя́ кни́га.

— Я (не) знáю, где Антóн.

C4 You probably know the song "Frère Jacques." There is also a Russian version that can help you to remember the verb знать (to know) and the word ничегó (nothing). After you learn it in class, sing it for your family to show them how much Russian you have learned.

Я не знáю ничегó!

Я не зна́-ю, я не зна́-ю ни-че-гó ни-че-гó! Ни-че-гó не зна́-ю, ни-че-гó не зна́-ю хо-ро-шó хо-ро-шó!

C5 Russian verbs change their endings, depending upon the subject that is performing the action. You have already encountered two forms of the verb знать (to know):

Я знáю.   Ты знáешь.

When you address your teacher or other adults (or anytime you are speaking to more than one person), you should always use the polite (second person plural) form of the verb:

— Вы не знáете, где мой словáрь?

— Вот он.

— Спаси́бо.

C6 Study this conversation; then act it out. How many characters have speaking parts? Which ones are they? What does Wolf want the others to call him?

— Вы зна́ете, кто я?

— Ты Волк.

— Вы не зна́ете, кто я. Скажи́, За́яц, кто я?

— Ты чемпио́н, Волк.

— Не „ты“, а „вы“!

— Волк, вы чемпио́н!

— Спаси́бо, За́яц.

C7 Work in pairs to practice using the verb знать. Follow this model.

— Ты (не) зна́ешь, где Ива́н?

— Он в магази́не.

— А где Андре́й?

— Он то́же в магази́не.

Other locations to use:

магази́н	заво́д	апте́ка
по́чта	у́лица	поликли́ника
фа́брика	клуб	теа́тр
фи́рма	о́фис	больни́ца

Make this drill more interesting by changing names and locations as much as you can.

C8 Most Russian women work outside of the home. Examine these photographs, and try to understand the caption.

Же́нщины на рабо́те.

D Phonetics and Reading

D1 Pronunciation Practice.

1. Practice the correct pronunciation of the preposition в in combination with vowels and with other voiced consonants.

в апте́ке	в институ́те	в о́фисе	в газе́те
в больни́це	в магази́не	в Петербу́рге	в Москве́

2. Practice the correct pronunciation of the preposition в in combination with unvoiced consonants.

в клу́бе	в теа́тре	в поликли́нике	в словаре́
в су́мке	в портфе́ле	в ко́мнате	

3. Practice the correct pronunciation of the preposition на in combination with the word that it precedes.

на по́чте	на у́лице	на фи́рме	на фа́брике
на заво́де	на па́рте	на уро́ке	на столе́

4. Practice the correct intonation with these questions.

— Вы не зна́ете, где апте́ка?

— Ты не зна́ешь, где поликли́ника?

— Ма́ша, ты не зна́ешь, где моя́ су́мка?

— Ко́ля, ты не зна́ешь, где мой карандаши́?

D2 Study this short text; then answer the questions. Since you have not studied Russian numbers, you should work in pairs and check each other's understanding of the text by asking and answering the questions in English.

Наша семья

Вот наша семья. Это мой папа, моя мама, дедушка, бабушка, мой брат Ваня, моя сестра Лена и я, Антон.

Мой папа — инженер на заводе. Моя мама — врач в больнице. Мой брат — студент. Моя сестра — студентка. Мой дедушка — мастер на фирме. А моя бабушка дома. И это хорошо.

1) How many people are there in the family?
2) How many sons are there?
3) How many persons work?
4) How many persons don't have jobs?
5) Where do some of these people work?

Remember that Russian usually omits the verb "is/are." Sometimes, however, a dash "—" is written to show where the linking idea falls.

D3 Read this dialog.

На заводе

— Здравствуйте.

— Здравствуйте. Как ваша фамилия?

— Кротова.

— А ваша?

— Кротов.

— Вы брат и сестра?

— Нет, муж и жена.

— Муж и жена? Это хорошо.

Маша и Олег Кротовы.
Они муж и жена.

D4 There has been a lot of talk about family in this lesson. We should also remember that we are part of an extended global family, in which we are all related in our desire for a good, peaceful life for everyone. One young person who did what she could to help was Samantha Smith. Study this short newspaper article called «Проéкт «Самáнта» and answer the question "Where are the Soviet youngsters going?"

ПРОЕКТ «САМАНТА»

Вот уже полгода в помещении Государственной республиканской детской библиотеки действуют Центр детской дипломатии и пресс-центр проекта.

В эти дни в Центре идет напряженная работа — готовится делегация для поездки на родину Саманты — в штат Мэн, где наши дети будут гостями американского Фонда Саманты Смит. Кто будет включен в группу, решают сами дети. А пока каждый претендент разрабатывает свою программу: ведь дети едут не как простые туристы, а как участники проекта, и у каждого должны быть свои замыслы, идеи, своя цель поездки. А кто на этот раз не поедет за рубеж, готовится к встрече американских гостей, которые по нашему приглашению приезжают в Советский Союз.

Юрий ЯКОВЛЕВ,
писатель, президент проекта «Саманта».

D5 Here is a simplified version of part of the article «Проéкт «Самáнта» for those of you who want to know every word. Try to read and understand this sentence completely without help.

В Москвé нахóдится Центр дéтской дипломáтии и пресс-цéнтр проéкта.

Overview of the Lesson

In this unit you have learned:

1) how to name the members of your family and tell something about them;
2) how to indicate possession using possessive adjectives;
3) how to tell about the locations of people and objects using nouns with prepositions в and на;
4) how to indicate whether someone knows something;
5) how to introduce family members and name their professions;
6) more about scanning texts for information without knowing every word.

Examine this family group. Pretend that this is your own family, and talk about each member. You should be able to name them, explain how they are related to you, say what their professions are, and explain where they work.

Слова́рь

алло́   hello (only for telephone use)
*апте́ка (f.)   drugstore, pharmacy
*ба́бушка (f.)   grandmother
*больни́ца (m.)   hospital
*брат (m.)   brother
*в   in
*ваш, ва́ша, ва́ше, ва́ши   your
    (plural/polite)
внук (m.)   grandson
вну́чка (f.)   granddaughter
врач (m.)   doctor
*вы   you (plural/polite)
*де́душка (m.)   grandfather
*до́ма   at home
*дочь (f.)   daughter
*жена́ (f.)   wife
заво́д (m.)   plant
*знать (зна́ю, зна́ешь, зна́ют)   to
    know
инжене́р (m.)   engineer
клуб (m.)   club
*магази́н (m.)   store, shop
*ма́ма (f.)   mother
ма́стер (m.)   foreman
*мать (f.)   mother
ме́неджер (m.)   manager
*моё, мои́, мой, моя́   my
*муж (m.)   husband

*на   on, in, at
*наш, на́ша, на́ше, на́ши   our
*ничего́   nothing
*оте́ц (m.)   father
о́фис (m.)   office
*па́па (m.)   papa, father
*пожа́луйста   please
покупа́ть (покупа́ю, покупа́ешь, поку-
    па́ют)   to buy
поликли́ника (f.)   clinic
*по́чта (f.)   post office
ро́кер (m.)   motorcycle club member
*семья́ (f.)   family
*скажи́(те)   tell, say (imperative)
спо́нсор (m.)   sponsor
*спортсме́н (m.)   athlete, sportsman
*студе́нтка (f.)   student
*сын (m.)   son
*твой, твоя́, твоё, твои́   your
    (singular/familiar)
теа́тр (m.)   theater
*то́же   also, too
*ты   you (singular/familiar)
*у́лица (f.)   street
*учи́тельница (f.)   teacher
фа́брика (f.)   plant, factory
*фи́рма (f.)   firm, business, company

Урок 4
(Четвёртый урок)

Где что находится?

Section	Main Structures	Functions	Grammatical concepts	Language & Culture
A	— Скажи́те, пожа́луйста, где нахо́дится магази́н «Москви́чка»? — На Но́вом Арба́те.	Asking locations	The verb находи́ться in 3rd person singular	Russian stores and their names
B	сувени́р — сувени́ры кни́га — кни́ги	Expressing plurality	The plural of nouns	Streets and squares in cities
C	— Где ты живёшь? — Я живу́ в Москве́, на у́лице Дру́жбы.	Asking where someone lives	Present tense of the verb жить	Homes and apartments in Russia
D	**Phonetics and Reading** Pronunciation Practice „Москва́. Кра́сная пло́щадь“		„Джи́нсы "Levis" всегда́ в мо́де“ **Overview of the Lesson** Слова́рь	

A Asking Locations

— Скажи́те, пожа́луйста,   "Tell me where
где нахо́дится магази́н   the 'Moscovite' store is
„Москви́чка“?   located, please."
— На Но́вом Арба́те.   "On New Arbat Avenue."

A1 На у́лице. Ири́на не зна́ет, где магази́н.

— Скажи́те, пожа́луйста, где **нахо́дится**
магази́н „**Москви́чка**“?
— Я не зна́ю.

— **Извини́те**, вы не зна́ете, где нахо́дится
магази́н „Москви́чка“?
— Магази́н „Москви́чка“? На Но́вом Арба́те.

A2 The „**Москви́чка**“ store uses the word for a female
inhabitant of the city of Moscow as its name to show that it is
a store for fashionable women of the capital. The term for a male
Moscovite is **москви́ч** (also the name of a popular automobile).

A3 Russian does not have a generally accepted noun of address.
For foreigners, **господи́н** and **госпожа́** (frequently used in
Russia before the revolution) are used almost exclusively, but these
terms are not normally used for Russians. Some would like to bring
back old nouns of address, but for the present, at least, there is no
real equivalent of the English Mr./Mrs./Miss/Ms. that can be used
for native Russians.

A4 **At the Information Bureau**

— Где нахо́дится **кинотеа́тр**
    „Росси́я“?
— Пу́шкинская пло́щадь, метро́
    „Пу́шкинская“. Вот **а́дрес** и
    телефо́н.
— Спаси́бо.

— Где нахо́дится Большо́й теа́тр?
— На Театра́льной пло́щади,
    метро́ „Охо́тный ряд“.

A5 The prepositional case form of **пло́щадь** is **(на) пло́щади.**
This is the normal prepositional case ending for feminine
nouns that end in **-a** in the nominative singular.

A6 Russian cities usually have many information booths. Here you can get information about telephone numbers; addresses of friends; bus, streetcar, and subway routes; and transfers.

There are no telephone books in public telephone booths. Dial 09, and the free information operator will provide any telephone number you might need except for personal numbers.

A7 Places people often ask about.

УНИВЕРСАМ   ПАРК   ГАСТРОНОМ
УНИВЕРМАГ   МУЗЕЙ   КАФЕ
РЕСТОРАН   МЕТРО   ТУАЛЕТ   ПОЧТА
АПТЕКА   БИБЛИОТЕКА   КИНОТЕАТР
СТАДИОН   ПЛОЩАДЬ   УЛИЦА
ТЕАТР   РЫНОК

There aren't any large shopping centers or large supermarkets in Russia. Food is purchased in a гастроно́м or a универса́м.

The универса́м resembles our supermarkets more than any other Russian store. There is self-service (the last syllable of the word универса́м literally means "self"). Lines frequently form to buy new merchandise.

Don't confuse the word универма́г with универса́м. Универма́г is a large department store.

In Moscow there are large stores where you can buy interesting souvenirs and other items. The largest store in Moscow is ГУМ or Госуда́рственный универса́льный магази́н (State Universal Store). It is located on Red Square.

Госуда́рственный универса́льный магази́н (ГУМ)

A9 Look at a Moscow city map. Practice pointing out and explaining where places are located. You might say:

— Где музе́й?

— Вот он.

(— Где находится музей?

— Музей на улице Петровка.)

(— Музей находится на улице
Петровка.)

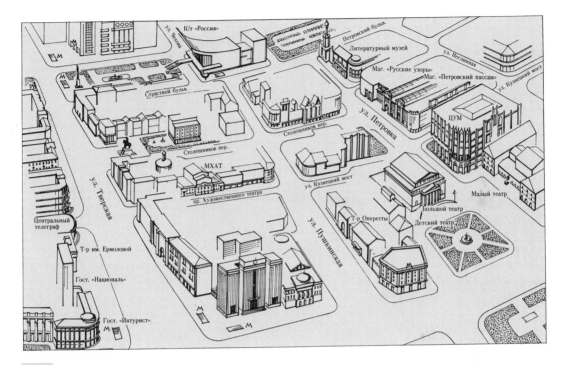

A10 Some Russian visitors ask where a store, drugstore,
stadium, post office, or movie theater are located. Answer
their questions, using a city map, if possible. Follow one of these
models:

— Скажи, пожалуйста, где находится почта?

— Вот (**вон***) она.

(— Она находится вот здесь/вон там.)

— Скажи, пожалуйста, где находится аптека?

— Аптека находится на улице Вашингтона. Вот здесь.

---

* **Вон** is used instead of **вот** when an object or location is more distant (but can still be pointed out).

B Expressing Plurality

сувени́р — сувени́ры   souvenir — souvenirs

кни́га — кни́ги   book — books

B1 John is walking along a street reading signs.

B2 On all these signs you see the endings **-ы** or **-и**. The nominative plural of almost all masculine and feminine nouns is formed with this ending. The nominative plural of neuter nouns is formed by adding **-а** or **-я**.

	Singular	*Plural*
Masculine	журна́л	журна́лы
	каранда́ш	карандаши́
	слова́рь	словари́
	музе́й	музе́и
Feminine	шко́ла	шко́лы
	ру́чка	ру́чки
	тетра́дь	тетра́ди
Neuter	окно́	о́кна
	упражне́ние	упражне́ния

The ending -и occurs instead of -ы after the letters ж, ш, ч, щ (hushings), г, к, х (gutturals) and whenever the noun ends in -ь or -й (слова́рь, тетра́дь, музе́й).

Some masculine nouns like америка́нец and пода́рок have what is known as a "filler" vowel in their nominative singular form. Whenever a vowel is added at the end of such a noun, the filler vowel is dropped (америка́нцы, пода́рки).

B3 Without using a dictionary, decide which of these signs are singular and which are plural.

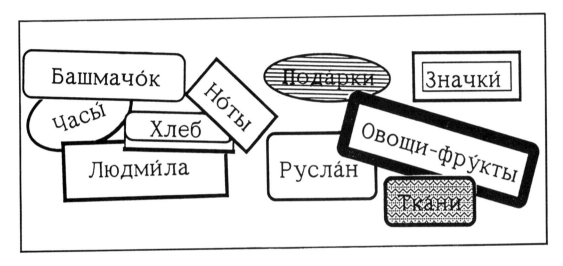

B4 Form the nominative plural of each of these nouns. Some of them you know, others you will learn later.

Журна́л, газе́та, стол, **откры́тка, конве́рт, карти́на,
пиро́г, ка́рта, гости́ница,** у́лица, **кварти́ра,** о́зеро,
мяч, ша́пка, мо́ре, **ро́бот,** маши́на, упражне́ние,
каранда́ш, ру́чка.

Every Russian city used to have a Lenin Street (у́лица Ле́нина), a Soviet Street (Сове́тская у́лица), a Peace Street (у́лица Ми́ра), a Freedom Street (у́лица Свобо́ды), an Avenue or Square of the Revolution (проспе́кт Револю́ции, пло́щадь Револю́ции), and even streets such as Builder's Street (у́лица Строи́телей) or Metallurgist's Street (у́лица Металлу́ргов). Simple numbers or letters were not used to name Russian streets.

Several years ago there was a popular Soviet movie called *Irony of Fate...* („Иро́ния судьбы́...") by the director Ряза́нов, which was based on the idea that Russian cities were all alike. The main character boarded the wrong plane and ended up in the wrong city. He even found his home address without noticing the mistake. Everything was the same as in his home city. Even the apartment and furniture were similar to his own. The only surprise for the hero was that some strange people were living in "his" apartment.

In recent years, many old streets, squares, and towns have regained their old, historic names. One example in the center of Moscow is у́лица Осто́женка, which was known for many years as Метростро́евская у́лица.

Moscow is constructed in concentric circles, with the Kremlin at the center. Locate Red Square, the Bolshoi Theater, the Historical Museum, the Lenin Museum, the Lenin Library, the old building of Moscow University, and other places of interest. Discuss these famous sites with a classmate, using this pattern:

— Скажи́, где нахо́дится **гости́ница** „Интури́ст"?
— Гости́ница „Интури́ст" нахо́дится на Тверско́й у́лице. Вот здесь.

C Asking Where Someone Lives

— Где ты живёшь?

"Where do you live?"

— Я живу́ в Москве́, на у́лице Дру́жбы.

"I live in Moscow, on Friendship Street."

C1 Ка́тя is lost. A policeman asks her where she lives.

— Как тебя́ зову́т?

— Ка́тя.

— А где ты живёшь, Ка́тя?

— Я не зна́ю.

— А как твоя́ фами́лия?

— Моро́зова.

— Мы зна́ем, где она́ живёт.

— Вы зна́ете, где она́ живёт?

— Да, зна́ем. Она́ живёт здесь, на у́лице Космона́втов, 10. Мы то́же живём там.

C2 Learn the forms of the verb **жить** (to live) in the present tense. Compare its forms with those of **знать**, studied earlier.

я	зна́ю	живу́	мы	зна́ем	живём
ты	зна́ешь	живёшь	вы	зна́ете	живёте
он/она́	зна́ет	живёт	они́	зна́ют	живу́т

C3 Practice your new knowledge of verb forms. Which dialog matches which drawing?

— Я зна́ю, где ты живёшь.
— Где?
— На де́реве.

— Где вы живёте?
— На кры́ше.

— Они́ живу́т на кры́ше, а я живу́ здесь. Хорошо́!
— А где живёт соба́ка?
— Она́ живёт там.

C4 When we are in a foreign country speaking another language for the first time, we may forget the address of the place where we are staying. In order to avoid being totally lost, practice finding your way home. Use a map, along with the notes you took before leaving your room; also, ask passers-by.

C5 Russian and American students are exchanging addresses.

— Где ты живёшь?
— Я живу́ в Москве́, на Куту́зовском проспе́кте, а ты?
— Я живу́ в Ба́лтиморе. Вот мой а́дрес.
— Спаси́бо. А вот мой а́дрес.
— Спаси́бо.
— Пожа́луйста.

C6 You now know how to tell people where you live and you can exchange addresses with new friends. Practice this knowledge with your classmates.

C7 Houses and Appartments

In large Russian cities, virtually everyone lives in an apartment. In villages, people prefer to live in their own houses. These houses are built in a traditional, decorative style. Recently, other kinds of houses have appeared—among them cottages **(коттéджи)**.

D Phonetics and Reading

D1 Pronunciation Practice.

1. Practice the correct pronunciation of these nouns and their plural form.

   кинотеа́тр — кинотеа́тры   стадио́н — стадио́ны
   телефо́н — телефо́ны   газе́та — газе́ты
   журна́л — журна́лы

2. Practice the correct pronunciation of these nouns that end in -и in the plural.

   ру́чка — ру́чки   тетра́дь — тетра́ди
   откры́тка — откры́тки   универма́г — универма́ги

3. Practice the correct pronunciation of these masculine nouns, which have shifting stress in the plural.

   стол — столы́   пиро́г — пироги́
   мяч — мячи́   каранда́ш — карандаши́
   слова́рь — словари́   москви́ч — москвичи́

4. Practice the correct pronunciation of these neuter nouns, which have shifting stress in the plural.

   окно́ — о́кна   о́зеро — озёра   мо́ре — моря́

5. Practice the correct pronunciation of these nouns. Be especially careful to pronounce the unstressed vowels correctly.

господи́н	господа́	стадио́н	гастроно́м
телефо́н	универма́г	универса́м	рестора́н
скажи́те	извини́те	ро́бот	отвеча́ет
спра́шивает	ка́рта	кварти́ра	откры́тка
карти́на	кры́ша	столи́ца	ша́пка
маши́на			

6. Review the contrasting intonation of these declarative and interrogative sentences.

— Москва́ — столи́ца Росси́и.
— Москва́ — столи́ца Росси́и?

— Кра́сная пло́щадь в це́нтре Москвы́.
— Кра́сная пло́щадь в це́нтре Москвы́?

— На Кра́сной пло́щади — Кремль.
— На Кра́сной пло́щади — Кремль?

D2 Read this selection without using a dictionary. When you have finished, can you tell where the policeman is?

Москва́. Кра́сная пло́щадь

Э́то го́род Москва́. Москва́ — столи́ца Росси́и.
В це́нтре Москвы́ — Кра́сная пло́щадь. На Кра́сной
пло́щади — Кремль, Мавзоле́й Ле́нина, собо́р Васи́лия
Блаже́нного и ГУМ.
   Тури́ст-америка́нец не зна́ет, где ГУМ. Он
спра́шивает:
   — Скажи́те, пожа́луйста, где нахо́дится ГУМ?
Милиционе́р отвеча́ет:
   — Вот он. Э́то ГУМ.

Собо́р Васи́лия
Блаже́нного

D3 Read these store names in Russian. Then, without using a dictionary, guess what is sold in each store:

СПОРТИВНЫЕ ТОВАРЫ

НОТЫ

ПАРФЮМЕРИЯ

ПОЧТОВЫЕ МАРКИ

КАРТЫ

ПЛАКАТЫ

ЖЕНСКАЯ ОДЕЖДА

ЭЛЕКТРОТОВАРЫ

ПРОДУКТЫ

D4 Look over the reading below, and tell where the new Levis store will be located and what will be sold there.

Джинсы „Levis" всегда в моде

В Москве состоялся дебют фирмы „Levis". Вот новый адрес фирмы: Москва, улица Охотный ряд, 14/1.

— В магазине, — сказала менеджер фирмы „Levis" Мирьям Тваалховен, — будет продукция фирм „Levis" и „Хайнеман". Это джинсы плюс 300 сортов парфюмерии, косметики и другие товары.

— На сколько рублей вы будете продавать продукции каждый день?

— На 1000 инвалютных рублей.

— Что нового в вашей продукции?

— Джинсы „Levis" всегда в моде. У нас есть традиционные и новые модели, новый материал. Фирма хочет, чтобы в СССР все ходили в джинсах „Levis".

D5 Look at this page from a Russian telephone book. Which store sells watches and clocks?

МАГАЗИНЫ
по названиям

«СПОРТИВНАЯ КНИГА»
Маг. № 4
Сретенка, 9

книги	228 34 80
изопродукция	923 28 67

филиал (книга-почтой)
Печатников п., 26   925 29 28

«СПУТНИК»
гастроном
Ленинский просп., 32
          администратор   137 63 21

«СТУДЕНТ»
Маг. № 3 (книги)
Первомайская ул., 52/54   465 36 47

МАГАЗИНЫ
по названиям

«ТАГАНСКИЙ»
Маг. № 13 (канцтовары)
Воронцовская, 2/10   271 14 03

«ТАТЬЯНА»
Маг. № 5 (женская одежда)
ул. Трофимова,   279 14 24

«ТЕХНИКА»
Маг. № 8
Петровка, 15   924 36 24

«ТИК-ТАК»
Маг. № 13 (часы)
ул. Никольская, 10   924 43 47

Overview of the Lesson

In this lesson, you have learned:

1) how to ask a stranger for locations;
2) how to form the plural of nouns;
3) how to form the present tense of **жить**;
4) many new words, especially words naming places.

Dramatize:

You are a student who is in Moscow for the first time. You are staying at one of the hotels listed in section **C4** of this lesson. You have left the hotel to look at the city and have gotten lost. You approach a stranger and ask for help. He/she shows you where you are on your map and shows you where your hotel is. You also ask for the location of several places you would like to visit, such as the **Большóй теáтр, Дом кнúги,** the **пóчта,** and **ГУМ.** He/she tells you which streets they are on and also points them out on the map. You exchange addresses and then express your thanks and say goodbye.

Большóй теáтр

Слова́рь

*а́дрес *(m)* address

*библиоте́ка *(f)* library

*вон over there

гастроно́м *(m)* delicatessen

господи́н *(m)* mister

госпожа́ *(f)* miss, Mrs.

гости́ница *(f)* hotel

де́рево *(n)* tree, wood

*жить (живу́, живёшь, живу́т) to live

*здесь here

*извини́те excuse (me)

*кафе́ *(n)* cafe

*кинотеа́тр *(m)* movie theater

кры́ша *(f)* roof

москви́ч *(m)* Moscovite

москви́чка *(f)* Moscovite

*музе́й *(m)* museum

*мы we

*находи́ться (нахожу́сь, нахо́дишься, нахо́дятся) to be located

*парк *(m)* park

*пода́рок *(m)* gift, present

*рестора́н *(m)* restaurant

*ры́нок *(m)* market

*стадио́н *(m)* stadium

*там there, in that place

*телефо́н *(m)* telephone

*универма́г *(m)* department store

*универса́м *(m)* self-service store

*цветы́ *(pl)* flowers

Урок 5   (Пятый урок)

Review of Lessons 1-4

„Повторéние – мать учéния".

"Repetition is the mother of learning."

This lesson is intended to improve your skills in speaking, listening
to, reading, and writing Russian. First, try to complete each
communicative task suggested; then do the pronunciation,
grammar, and vocabulary review exercises. The letters and
numbers refer to the places where points were discussed or
practiced in the preceding lessons. For example, the notation 1: A1
refers to lesson 1, section A1.

I. FUNCTIONS

1. Greeting People (1: A)

EXERCISE 1. In the drawings, you see Russian people. Give them names.

EXERCISE 2. Imagine that you are one of the persons in these drawings. Greet your partner. Give your name and ask his/her name in return. Say goodbye, using his/her name.

EXERCISE 3. Examine these drawings and give the greeting that should be used in each instance.

2. Identifying Individuals and Things. Asking Their Names (1: B,C)

EXERCISE 4. Act out each of these brief exchanges with a classmate. Supply the missing elements.

1. — Как вас _____ ?
   — Меня́ зову́т _____ .

2. — _____ твой брат Анто́н?
   — _____ , э́то он.

3. — _____ э́то?
   — _____ тетра́дь.

4. — _____ э́то?
   — _____ волк.

EXERCISE 5. Ask what kind of animal or which cartoon character you see in these drawings.

EXERCISE 6. Act out the following situations with a classmate.

1. A student is showing a Russian guest
   a) around your school,
   b) a town near your school,
   c) a nearby city.

2. A Russian student is correcting the mistakes you make naming the following things and people. For example:

— Это учёбник.

— Нет, э́то слова́рь.

Тетра́дь, институ́т, у́лица Космона́втов, шко́ла, ру́чка, Ма́ша Ивано́ва, Пе́тя Моро́зов, Никола́й Петро́вич, Еле́на Фёдоровна.

3. Finding Out Where Someone or Something Is (2: C; 3: B; 4: A)

EXERCISE 7. Work with a partner using the illustrations as cues to answer the question где?

EXERCISE 8. Ask and explain where something is located.

1. You are in Moscow, and you want to find гостиница „Россия“, so you stop a stranger and ask. You are told that the hotel is on улица Варварка. (See the map on page 105.)

2. You need to know where the ГУМ (Department Store) is located. Someone tells you that it is on Красная площадь.

4. Talking about Family and Expressing Possession (3: A)

EXERCISE 9. In responding to the question „Кто это?", name the various members of your family and ask the same question to find out about the members of another person's family.

Use photographs of your family (or any family) and speak about them with a partner, telling as much about them as you are able.

EXERCISE 10. Серёжа is getting ready to go to school and is checking his things:

— Это моя сумка, это мой _____ .

When he got to one article, he said:

— Это не моя _____ .

Find this article, and act out the entire scene. When you have finished, tell what grade Серёжа is in.

EXERCISE 11. Give a short answer to each question below.

— Это ваша семья?

— Да, наша.

(— Нет, не наша.)

1. — Это ваш учитель?

2. — Игорь, это ваш дом?

3. — Нина, это твоя сумка?

4. — Марина Николаевна, это ваше письмо?

5. — Михаил Иванович, это ваш журнал?

6. — Ребята, это ваши тетради?

7. — Олег, это твой словарь?

5. Asking Whether Someone Knows Something (3: C)

EXERCISE 12. Replace each drawing with words.

1. — Вы не зна́ете, где мой _____ ?

2. — Вы не зна́ете, где нахо́дится _____ ?
   — Вон там, на _____ .

3. — Я не зна́ю, где моя́ _____ .
   — Я зна́ю. Она́ в _____ .

4. — Вы не зна́ете, где нахо́дится _____ ?
   — Нет, мы не зна́ем.

5. — Они́ не зна́ют, где наш _____ . А ты не
   зна́ешь, где он?

   — Он в _____ .

6. Asking Where Someone Lives (4: C)

EXERCISE 13. Examine these envelopes and business cards and then say in which city each person lives.

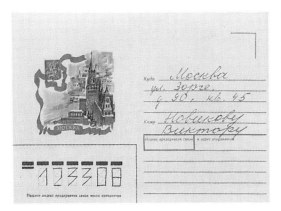

	Москва
Владимир Иванович Николаев	
Профессор	
Телефон 200-47-97	

	Новосибирск
Иван Семёнович Петров	
Академик	
Телефон 35-26-41	

II. GRAMMATICAL FORMS AND VOCABULARY

1. Russian nouns are masculine, feminine, or neuter.
Except for feminine and masculine nouns that end in -ь
(the gender of these must be memorized), the gender of
inanimate nouns is easily determined from the nominative
singular form. The gender of animate nouns is determined
by the sex of the individual named; thus, the name **Ва́ня**,
although it has feminine endings, is masculine.

EXERCISE 14. Group these nouns according to gender. Tell which are masculine,
feminine, and neuter.

Студе́нт, класс, стол, ру́чка, шко́ла, каранда́ш,
спортза́л, буфе́т, туале́т, су́мка, футбо́л, письмо́,
по́чта, те́ннис, милиционе́р, центр, сувени́р, музе́й,
библиоте́ка.

2. The plural of nouns is formed with the suffix **-ы**, **-и** (for masculine and
feminine nouns), and **-а**, **-я** (for neuter nouns).

EXERCISE 15. Give the Russian equivalents of these nouns and give plural forms where
possible.

Student, class, center, library, tennis, football, letter,
window, pencil.

3. The endings of possessive adjectives depend on the gender of the noun
modified.

Мой, твой, наш, ваш describe masculine nouns;
моя́, твоя́, на́ша, ва́ша modify feminine nouns;
моё, твоё, на́ше, ва́ше describe neuter nouns;
and мой, твой, на́ши, ва́ши describe plural nouns of all genders.

EXERCISE 16. Complete these sentences by providing the missing possessive adjectives.

1. — Олéг, ты не знáешь, где ____ ребя́та?
   — Они́ на стадио́не.

2. — ____ учи́тель в клáссе. А где ____ учи́тельница?

3. — Это ____ дом?
   — Да, э́то ____ дом.

4. — Лéна, где ____ кни́ги?
   — ____ кни́ги здесь, в столé.

5. — Бори́с, э́то твоя́ рýчка?
   — Да, ____ .
   — А ты не знáешь, где ____ ?
   — Я не знáю.

6. — Это ____ шкóла?
   — Да, ____ .
   — А где ____ класс?
   — Вон там.

7. — Ви́ктор Петрóвич, э́то ____ письмó?
   — Да, э́то ____ письмó и ____ газéты.

4. Russian verbs change their form according to their subject. If you have learned to conjugate **знать**, then you can give the present tense of at least half the verbs in the Russian language. The conjugation of **знать** in the present tense is:

знать	я знáю	мы знáем
	ты знáешь	вы знáете
	он/онá знáет	они́ знáют

EXERCISE 17. The verbs **понимáть** (to understand) and **рабóтать** (to work) are conjugated in the same way as **знать**. Give the present tense forms of these two verbs.

понимать

я	_____	мы	_____
ты	_____	вы	_____
он	_____	они́	_____

работать

я	_____	мы	_____
ты	_____	вы	_____
онá	_____	они́	_____

5. Negation is expressed by inserting the particle не in front of the word being negated. The sentence „Мой брат живёт здесь" can be negated in various ways:

Мой брат не живёт здесь.   (My brother doesn't live here.)
Мой брат живёт не здесь.   (It's not here that my brother lives.)
Не мой брат живёт здесь.   (It's not my brother that lives here.)

EXERCISE 18. Respond in the negative.

1. — Это ваша учительница?

2. — Это Виктория Ивановна?

3. — Твой брат — студент?

4. — Твоя мама в магазине?

5. — Это твой книги?

6. — Это дневник?

7. — Ваша учительница в классе?

6. The case ending of a Russian noun changes, depending on its meaning in the sentence. The subject of a sentence is always nominative. The prepositional case is used with the prepositions в and на to indicate place.

EXERCISE 19. Insert the prepositions в or на in this narrative as needed. (See lesson 3 if you need some help.)

Мама _____ почте.

Сестра _____ библиотеке.

Папа _____ заводе.

Брат _____ музее.

Я _____ школе.

Бабушка дома.

7. You have learned about two hundred words thus far in these lessons.

EXERCISE 20. In the following word search, find and say aloud the words that have a close connection with names, introducing yourself, asking someone's name, saying "goodbye," or saying "yes" or "no." Write the missing letters as you find the words. Many of the words appear more than once. You may compete to see who can find the most repeated words.

д	з	д	у	т	р	о	д	а	а
о	д	о	п	о	к	а	д	р	
с	р	б	в	а	с	т	д	е	
в	а	р	н	у	е	д	о	б	
и	в	о	е	н	т	е	б	я	
д	с	е	т	д	а	н	р	т	
а	т	п	о	к	а	ь	ы	а	
н	в	е	ч	е	р	н	й	д	
и	у	п	р	и	в	е	т	а	
я	й	м	е	н	я	т	д	а	
у	т	р	о	в	е	ч	е	р	
м	е	н	я	з	о	в	у	т	

1. з … … … … … … … … … е
2. д … с … … … … … … я
3. р … … … … а
4. п … … … … т
5. д … … … … й
6. д … … … … е
7. з … … … т
8. т … … … я
9. у … … о

10. в … с
11. д … … ь
12. в … … … р
13. п … … а
14. м … … я
15. д …
16. н … т

EXERCISE 21. A popular masculine name is shown below. Find its beginning letter, and read it aloud. You can read either clockwise or counterclockwise.

е	л	а
н		в
т	и	н

EXERCISE 22. In each of these word groups, tell which word does not belong.

1. Брат, ма́ма, сестра́, де́душка, па́рта, па́па.

2. Уче́бник, тетра́дь, ру́чка, по́чта, слова́рь.

3. Университе́т, шко́ла, ко́лледж, окно́, институ́т.

EXERCISE 23. Find and say aloud the one word that has a close connection with:

where you live:		ы	ч	а	д	р	е	с	п	о	ч	т	а
time:	д	е	н	ь	ч	а	с	ы	м	у	з	е	й	е
a place:	с	т	у	д	е	н	т	ш	к	о	л	а	х	е
a part of town:		ф	п	ы	ц	е	н	т	р	к	л	у	б
school:	м	о	й	д	н	е	в	н	и	к	а	к	щ	я
family:	к	и	т	ю	н	д	е́	д	у	ш	к	а	щ	х
	к	н	и	г	а	с	е	м	ь	я	в	р	а	ч
books:	щ	б	и	б	л	и	о	т	е	к	а	м	у	н
writing:	ы	ж	н	р	у	ч	к	а	п	а	п	а	з	ы
	с	е	м	ь	я	т	е	т	р	а	д	ь	х	ч
nationalities:		р	а	м	е	р	и	к	а	н	е	ц	а
	з	р	у	с	с	к	а	я	к	н	и	г	а

EXERCISE 24. Find the words that are used to begin questions.

г д е л ф к т о ж к а к в ч т о б й х

EXERCISE 25. Try this game. Select a letter of the Cyrillic alphabet; then compete to see who can say (or write) the most words **beginning** with that letter. As a variation, see how many words you can say or write that **contain** the letter in question.

III. SUMMARY EXERCISES

EXERCISE 26. Act out each of these situations.

1. Your friend Maria has come to school with a boy you don't know. You would like to meet him; so you go up to them and begin a conversation. You are introduced and find out that this is her brother, whom you had not met earlier.

2. You are at school talking with your friend Ivan, when you see a teacher whose name you don't know. When you ask, Ivan tells you that he doesn't know his name either, but that he is an American teacher.

EXERCISE 27. You have learned a lot about the Russian language in just a few weeks of study. The following will serve as a quick review of all that you have learned. What should you say in each of these situations?

1. You want to greet a new teacher who comes into the room.
2. Your phone rings, and you answer it.
3. Your friend is leaving after a visit.
4. You want to know the name of an adult who has just come up to you.
5. You need to ask where the post office is located.
6. You notice that your friend has just entered the room.
7. You want to introduce your friend to your teacher.
8. You want to tell someone your name.
9. You want to respond that you are pleased to meet someone.
10. You want to ask a new friend what his dog is called.
11. You want to find out where your father is.
12. Your teacher asks a question, and you don't know the answer.

Congratulations if you have been able to do these activities well! You have learned a lot about language and about Russian culture.

ЧАСТЬ ВТОРАЯ

Урок 6
(Шестой урок)

Мы читаем и пишем

Section	Main Structures	Functions	Grammatical Concepts	Language & Culture
A	— Что вы де́лаете? — Мы чита́ем. — Ната́ша слу́шает, а Боб пи́шет.	Talking about activities	Verbs чита́ть, де́лать, слу́шать, писа́ть in present Conjunction **a**	Competition for admission to institutions of higher education
B	Я не понима́ю, что ты чита́ешь. Как э́то бу́дет по-ру́сски?	Saying that you understand or do not understand	Понима́ть in simple and complex sentences Adverb по-ру́сски, etc.	The role of rock music in Russia
C	Я чита́ю кни́гу.	Expressing the objects of actions	Accusative case of inanimate nouns	The study of foreign languages in Russia
D	**Phonetics and Reading** Pronunciation Practice Письмо́ Newspaper Headlines		**«Пра́вда»** **Overview of the Lesson** Слова́рь	

A Talking about Activities

— Что вы де́лаете? "What are you doing?"

— Мы чита́ем. "We're reading."

— Ната́ша слу́шает, "**Ната́ша** is listening,
  а Боб пи́шет. but **Боб** is writing."

A1

Во́ва **чита́ет**, Ната́ша **слу́шает**, а Боб **пи́шет**.

A2

— Что вы де́лаете?
— Ба́бушка, мы чита́ем.

A3 There are two verb conjugations in Russian. If you know how one verb of a conjugation group changes, then you know the forms of many similar verbs. The verbs **читáть, слýшать, писáть** have the same basic endings as the verb **знать** and belong to the first conjugation.

я	знáю	читáю	пишý*
ты	знáешь	читáешь	пúшешь
он/онá	знáет	читáет	пúшет
мы	знáем	читáем	пúшем
вы	знáете	читáете	пúшете
онú	знáют	читáют	пúшут

A4 Say and write the present tense forms of **слýшать, дéлать, отвечáть,** and **спрáшивать,** all of which are conjugated like **читáть.**

* A strict Russian spelling rule does not allow the letter ю to appear after the letter ш. The verb **писáть** undergoes a major change in its stem when forming the present tense. You will have to memorize such changes.

English present tense forms "I am reading," "I do read," and "I read" are all translated by the same Russian phrase „Я читáю".

A5 Supply the missing personal pronouns.

_____	не слу́шаем	_____	зна́ю
_____	чита́ет	_____	слу́шают
_____	зна́ем	_____	пи́шете
_____	пи́шут	_____	чита́ешь
_____	спра́шивает	_____	отвеча́ют

A6 Match the captions with the pictures.

Мы слу́шаем.

Я чита́ю, а они́ слу́шают.

— Что вы де́лаете?
— Мы де́лаем ро́бот.

Они́ пи́шут письмо́.

A7 You are at home. Your mother is reading; your father is
listening to the radio; your brother is writing, etc. A friend
calls you and asks what the members of your family are doing.
Answer the phone several times, giving various answers to the
questions. For example:

— Алло́!

— Это Ната́ша?

— Да, э́то я.

— Приве́т, Ната́ша, что вы де́лаете?

— Па́па и ма́ма до́ма. Ма́ма чита́ет, па́па слу́шает
ра́дио, а брат пи́шет письмо́.

— А ты что де́лаешь?

— Я то́же чита́ю.

A8 Competition for Admission

Serious students in a Russian school may spend three to five hours
a day doing homework. They must do well on both the final
examination at the end of the tenth grade and on entrance exams
for the institute or university. It is particularly difficult to get into
Moscow State University **(МГУ)**, the Physics Technical Institute
(МФТИ), and the Institute of International Relations **(МГИМО)**.
But there is also great competition for admission to study the
humanities, especially history and economics.

A9 Examine these examples of how the conjunctions **и** and **a** are used.

A	и/a	B
1. Это тетра́дь,	и	э́то то́же тетра́дь.
2. Это дневни́к,	a	э́то слова́рь.
3. Па́па чита́ет,	и	ма́ма чита́ет.
4. Брат чита́ет,	a	сестра́ слу́шает.
5. Ко́стя слу́шает ра́дио,	и	Ле́на слу́шает ра́дио.
6. Ка́тя пи́шет письмо́,	a	Ната́ша пи́шет упражне́ние.

The conjunction **a** is used to contrast actions or locations. The conjunction **и** links two
equivalent objects or actions.

A10 Combine sentences from groups A and B, using the conjunctions и and a, as appropriate.

A

Cáша читáет.
Отéц рабóтает.
Мой брат студéнт.

B

Мáша пúшет письмó.
Дéдушка не рабóтает.
Моя́ сестрá учи́тельница.

B Saying That You Understand or Do Not Understand

Я не понима́ю, что ты чита́ешь.	I don't understand what you are reading.
Как э́то бу́дет по-ру́сски?	How is that (will it be) in Russian?

B1 Во́ва is reading something aloud in English. His brother listens but does not understand.

Во́ва: "I don't understand Russian."

Са́ша: Я не **понима́ю**, что ты чита́ешь.

Во́ва: Я чита́ю **по-англи́йски**.

Са́ша: И ты понима́ешь, что чита́ешь?

Во́ва: Да, понима́ю.

Са́ша: А как э́то **бу́дет по-ру́сски**?

Во́ва: „Я не понима́ю по-ру́сски".

B2 Learn this important word: понима́ть — "to understand."

Я понима́ю по-англи́йски.
Ты понима́ешь по-ру́сски?
Он/Она́ понима́ет, что чита́ет Во́ва.
Мы понима́ем **вопро́с**.
Вы понима́ете текст?
Они́ понима́ют **сло́во**.

B3 Supply the correct endings.

Я понима́...   Ты понима́...
Ира понима́...   Вы понима́...
Они́ понима́...   Мы понима́...

B4 Look at this conversation between two Russian girls and a foreign tourist. Then act it out, changing it to reflect your own knowledge of languages, if needed.

— Où est le magasin?

— Я не понима́ю.

— Я то́же не понима́ю.

— Where is the bookstore?

— А, понима́ю. Где магази́н «Кни́ги»?

— Да, да, где магази́н?

— Вот он.

B5 Read these sentences. If you understand a sentence, say „Я понима́ю. По-англи́йски э́то...“ and tell what the sentence means. If you do not understand, then ask another member of the class to tell you the meaning by saying „Я не понима́ю. Как э́то бу́дет по-англи́йски?“

1. Мой брат живёт в Москве́.
2. Мы чита́ем журна́л.
3. Ната́ша чита́ет, а Ва́ня слу́шает.
4. **Учи́тель** чита́ет, а Джон слу́шает.
5. Мы хорошо́ понима́ем, что чита́ет учи́тельница.
6. Вы чита́ете текст по-ру́сски?
7. Мы чита́ем текст по-англи́йски.

B6 Rock Music

Russian young people know a lot about contemporary European and American music. Many like rock (рок-н-ро́лл), but some prefer hard rock (хард рок) and even heavy metal (хэ́ви метл). There are even a few fans of country music. The Beatles are still the favorite of the older generation. Russian rock groups also produce innovative, original music.

Many young people memorize the words of favorite songs. So this interest in Western music stimulates a greater interest in studying English.

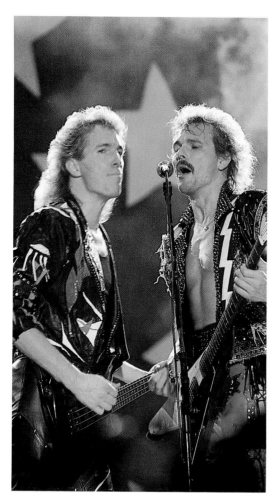

C Expressing the Objects of Actions

Я читáю кнѝгу.   I am reading a book.

C1   Вóва и Сáша дóма. Вóва спрáшивает, а Сáша отвечáет.

— Как по-англѝйски „журнáл"?
— Magazine.
— Магазѝн? Ха-ха-хá. Я читáю магазѝн.
— Не магазѝн, а magazine. **Понятно?**
— Понятно. Я читáю журнáл. А как по-англѝйски
   „Я читáю кнѝгу"?
— I am reading a book.
— Да, ты хорошó знáешь **англѝйский языѝк.**

C2   Observe how the accusative case is formed and used.

— Что ты читáешь?   — Что ты пѝшешь?
— Журнáл.   — Диктáнт.

— Мѝша читáет кнѝгу.   — Мáша пѝшет **бýкву.**
— Я читáю письмó.   — Дѝма пѝшет слóво.
— Мы читáем журнáлы.   — Онѝ пѝшут **предложéние.**
                                     — Бáбушка пѝшет пѝсьма.

The accusative case form for inanimate masculine and neuter nouns is the same as it is for the nominative. Feminine nouns, however, change the singular nominative ending -а (-я) to -у (-ю). Remember that the accusative case is used for all direct objects. Compare these sentences:

Noun in Nominative.		*Noun in Accusative.*
Это журна́л.	This is a magazine.	Я чита́ю журна́л.
Это кни́га.	This is a book.	Я чита́ю кни́гу.
Это письмо́.	This is a letter.	Я чита́ю письмо́.
Это журна́лы.	These are magazines.	Я чита́ю журна́лы.

C3 Что они́ чита́ют?

C4 Что пишут Лёна, Антон и Майкл?

C5 Foreign Languages

English is the most popular foreign language in Russian schools. Spanish is taught in a few schools, and there is also one school in Moscow where Chinese is taught. Studying a foreign language is required, and most students begin a language in the fourth grade.

In special schools, students begin studying a foreign language in the second grade. Subjects such as literature and history are taught in the foreign language in the upper grades. There are only ten to fifteen students in each language class; so the students receive a lot of personal attention and practice. Many can speak and understand the foreign language very well by the time they graduate.

D Phonetics and Reading

D1 Pronunciation Practice.

1. Practice the correct pronunciation of ш in these verb forms.

зна́ешь	чита́ешь	отвеча́ешь	понима́ешь
пи́шешь	слу́шаешь	де́лаешь	спра́шиваешь

2. Practice the correct pronunciation of the unstressed ending in these verb forms.

зна́ем	чита́ем	отвеча́ем	понима́ем
слу́шает	де́лает	спра́шивает	рабо́тает
пи́шете	зна́ете	чита́ете	слу́шаете
де́лаете	спра́шиваете		

3. Practice the intonation of interrogative sentences that begin by giving information.

— Ка́тя чита́ет, а Во́ва?

— Анто́н пи́шет, а Ма́ша?

— Па́па слу́шает ра́дио, а ма́ма?

— Ира понима́ет, а Та́ня?

4. Contrast and practice the intonation of sentences with the conjunctions и and а.

Ната́ша чита́ет, и Ка́тя чита́ет.
Оля слу́шает, и Та́ня слу́шает.

Рома́н чита́ет, а Ви́ктор пи́шет.
Учи́тель спра́шивает, а мы отвеча́ем.

D2 Tim wrote a letter to his friend in Moscow. His letter began this way. Read it; then, explain what he has been doing and where he is. Do not use a dictionary.

Дорогой Саша !

В письме ты спрашиваешь, что мы делаем дома. Отвечаю тебе. Вот сейчас наша семья дома. Папа читает газету « Нью Йорк - Таймс » моя сестра слушает радио, мама делает торт (шоколадный — понимаешь ?), а я пишу письмо по-русски.

D3 Examine this collection of newspaper headlines. How many cognate words can you find? Pronounce some of the cognate words for a member of your family and see whether he or she understands them.

D4 Пра́вда = Truth

Пра́вда is a Russian word that means "truth." The newspaper «Пра́вда» was organized in 1912, before the Revolution, but the use of the word пра́вда as a title goes back to the beginnings of Russian history.

The capital city of the first Russian government was Kiev.

During the reign of Prince Yaroslav the Wise (Яросла́в Му́дрый) in the eleventh century, because of "wise" international politics, a daughter of Яросла́в, Анна, married the French king. In addition, the wise code of laws written by Яросла́в was called «Ру́сская пра́вда». So this title has special historical meaning for Russians.

Overview of the Lesson

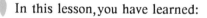

In this lesson, you have learned:

1) how to ask about people's activities;
2) how to find out or tell whether someone understands;
3) how to ask for the meaning of something;
4) how to name the direct object (or recipient) of an action.

Pretend that you are speaking to a friend on the phone. Ask what he/she is doing, and describe your own activities. Your conversation might follow this pattern:

— Алло́, э́то Анто́н?

— Да, э́то я.

— Приве́т, Анто́н. Что ты де́лаешь?

— Я чита́ю.

— Что ты чита́ешь?

— Я чита́ю журна́л «Огонёк».

— «Огонёк»? А как э́то бу́дет по-англи́йски?

— Я не зна́ю.

Слова́рь

*англи́йский English

афи́ша *(f)* playbill, poster

бу́дет (it) will be

*бу́ква *(f)* letter (of alphabet)

*вопро́с *(m)* question

*де́лать (де́лаю, де́лаешь, де́лают) to do *or* make

дикта́нт *(m)* dictation

дорого́й dear, expensive

*отвеча́ть (отвеча́ю, отвеча́ешь, отвеча́ют) to answer

*писа́ть (пишу́, пи́шешь, пи́шут) to write

*по-англи́йски in English

*понима́ть to understand

поня́тно (it's) understood

*по-ру́сски in Russian

*предложе́ние *(n)* sentence

*рабо́тать (рабо́таю, рабо́таешь, рабо́тают) to work

ра́дио *(n)* radio

рекла́ма *(f)* advertising

*сло́во *(n)* word

*слу́шать (слу́шаю, слу́шаешь, слу́шают) to listen

*спра́шивать (спра́шиваю, спра́шиваешь, спра́шивают) to ask

*учи́тель *(m)* teacher

*чита́ть (чита́ю, чита́ешь, чита́ют) to read

*язы́к *(m)* language

Урок 7
(Седьмой урок)

Что я люблю делать

Section	Main Structures	Functions	Grammatical Concepts	Language & Culture
A	Я учу́ слова́.	Talking about studying	The second conjugation verb учи́ть	Program of studies in Russian schools
B	Ты хорошо́ говори́шь по-ру́сски.	Expressing opinions about actions	Using adverbs to evaluate actions	A High School Student Exchange Program
C	Я люблю́ чита́ть. Я люблю́ кни́ги.	Expressing likes and dislikes	Using люби́ть with infinitives and nouns in the accusative Conjunction но	English words that are part of the Russian language
D	Phonetics and Reading Pronunciation Practice „Мой попуга́й“ „Что мы чита́ем?“		„Кто что лю́бит?“ Overview of the Lesson Слова́рь	

A Talking about Studying

Я учу́ слова́.   I am learning the words.

A1 Peter is studying.

— Пе́тя, скажи́, что ты чита́ешь?
— Я не чита́ю, я учу́ слова́.

A2 Learn the transitive verb учи́ть — to study.

Я	учу́	слова́.
Ты	у́чишь	текст.
Он/Она́	у́чит	ру́сский язы́к.
Мы	у́чим	англи́йский язы́к.
Вы	у́чите	матема́тику.
Они́	у́чат	грамма́тику.

A3 Compare the endings of these verbs.

	I знать	II учи́ть
я	зна́ю	учу́
ты	зна́ешь	у́чишь
он/она́	зна́ет	у́чит
мы	зна́ем	у́чим
вы	зна́ете	у́чите
они́	зна́ют	у́чат

Remember that Russian verbs are divided into two large conjugation groups. The first conjugation contains verbs of the same type as знать. The second conjugation contains verbs such as учи́ть. The consonantal portion of the endings are the same in both conjugations. The second conjugation uses the vowel и where the first conjugation uses an -е and -ят or -ат in the third person plural rather than -ут or -ют.

Sometimes you may have to memorize which conjugation a new verb belongs to. But most verbs are easy to conjugate and you can usually guess correctly the conjugation a verb belongs to.

A4 Compose sentences by selecting a pronoun subject, as well as one of the direct objects provided in the list below.

Кто?		Что?	
_____	учу́	_____	ру́сский язы́к
_____	у́чат	_____	текст
_____	у́чим	_____	уро́к
_____	у́чишь	_____	литерату́ру
_____	у́чите	_____	матема́тику
_____	у́чит	_____	а́лгебру
			геоме́трию
			хи́мию
			исто́рию

Я учу́ ру́сский язы́к.

A5 The verbs **читáть** and **учи́ть** are transitive verbs. They are used with direct objects in the accusative case.

For inanimate nouns, the question is:

— **Что** ты знáешь/читáешь/у́чишь?
      and the answer:
— Я знáю матемáтику.
— Я читáю текст.
— Я учу́ ру́сский язы́к.
— Я понимáю кни́гу.
— Я читáю письмó.
— Я знáю хи́мию.

For animate nouns, the question is:

— **Когó** ты знáешь/понимáешь?
      and the answer:
— Я знáю Бори́са, Андрéя и Натáшу.
— Я не понимáю брáта и сестру́.

For a complete chart of noun endings, see the appendix.

A6 Compose questions using the phrases **Ты знáешь** _____ ? or **Вы знáете** _____ ? and choosing words from the list below. Keep in mind that the forms for animate and inanimate nouns differ.

áдрес
телефóн
текст
урóк
граммáтика

Натáша
Ира
Олéг
Бори́с
Ивáн

A7 A Class Schedule

If you compare a Russian student's class schedule with your own, you will find that there are some important differences. Examine this schedule of a typical eighth-grade student.

РАСПИСАНИЕ УРОКОВ

	ПОНЕДЕЛЬНИК	ВТОРНИК	СРЕДА
8.30 - 9.15	ЛИТЕРАТУРА	РУССКИЙ ЯЗЫК	АЛГЕБРА
9.25 - 10.10	АНГЛИЙСКИЙ ЯЗЫК	ЛИТЕРАТУРА	ГЕОМЕТРИЯ
10.30 - 11.15	ГЕОГРАФИЯ	ХИМИЯ	ИСТОРИЯ
11.30 - 12.15	ИСТОРИЯ	ЗООЛОГИЯ	ФИЗИКА
12.30 - 13.15	ТРУД	АЛГЕБРА	
13.25 - 14.10	ТРУД		

	ЧЕТВЕРГ	ПЯТНИЦА	СУББОТА
8.30 - 9.15	ХИМИЯ	РУССКИЙ ЯЗЫК	РУССКИЙ ЯЗЫК
9.25 - 10.10	ЗООЛОГИЯ	ЧЕРЧЕНИЕ	ХИМИЯ
10.30 - 11.15	АНГЛИЙСКИЙ ЯЗЫК	ГЕОГРАФИЯ	ФИЗКУЛЬТУРА
11.30 - 12.15	ФИЗИКА	АЛГЕБРА	ГЕОМЕТРИЯ
12.30 - 13.15	ГЕОМЕТРИЯ	ФИЗКУЛЬТУРА	

A8

Look at the pages of these textbooks, and identify the language the schoolchildren are studying.

UNIDAD III   **Conversación telefónica**

Suena el teléfono.

Rosa: Oigo.

María: ¿Como está usted, Rosa?

испа́нский язы́к

AT THE SEASIDE

22. *Look at the pictures, read and answer the questions:*

It's a Fine Day and the Children Are Having Fun

Summer holidays. It's a fine summer day. The children are at the seaside. They are having a good time.

1. Peter and Alec are running into the water. The water is nice and warm. They are going to swim. They have learned to swim this summer. They enjoy swimming in the sea. They go swimming every day.

What are the boys doing? What are they going to do? Did they learn to swim last year? Do the boys enjoy swimming?

Leçon 35

⊙ *1. D'abord nous écoutons, puis nous lisons.*

Lucie et Marie vont à la bibliothèque

— Bonjour, Marie, comment vas-tu?

— Merci, je vais très bien.

— Veux-tu aller, cet après-midi, avec moi à la bibliothèque?

— Sans doute. Volontiers.

— Est-ce que tu veux prendre un livre?

— **Peut-être,** je ne sais pas encore.

— Alors comment faire? C'est toi qui viendras chez moi ou bien, moi, qui irai chez toi?

— Je viendrai te voir chez toi à 3 heures.

— D'accord. A bientôt!

Les deux filles se rencontrent **vers** 3 heures.

— J'ai voulu aller à la bibliothèque avec mon frère Michel, a dit Marie, mais il n'était pas à la maison.

A9 Think of your own class schedule, and describe the subjects you are studying in school. Ask your teacher for help with words you don't know.

B Expressing Opinions about Actions

Ты хорошо́ говори́шь по-ру́сски.   You speak Russian well.

B1   Two boys are talking.

— Скотт, ты хорошо́ **говори́шь** по-ру́сски.

— Спаси́бо. Мы у́чим ру́сский язы́к в шко́ле, и я **мно́го** рабо́таю до́ма.

— А мы у́чим в шко́ле англи́йский язы́к, **но я ещё** пло́хо говорю́ по-англи́йски. Я **ма́ло** рабо́таю до́ма.

B2   The verbs говори́ть (to speak) and понима́ть (to understand) are conjugated below. Tell which conjugation group each belongs to.

я	понима́ю	говорю́
ты	понима́ешь	говори́шь
он/она́	понима́ет	говори́т
мы	понима́ем	говори́м
вы	понима́ете	говори́те
они́	понима́ют	говоря́т

B3   Sentences with знать and говори́ть usually involve different parts of speech. Note that говори́ть usually requires an adverb and seldom takes a direct object.

Я зна́ю англи́йский язы́к.

Я хорошо́ говорю́ по-англи́йски.

Я учу́ ру́сский язы́к, но ещё пло́хо говорю́ по-ру́сски.

B4 Что говоря́т Ва́ня Петро́в, Джон Рид, Ната́ша Уткина, Мэ́ри Мэ́рфи?

1. — Англи́йский — э́то мой **родно́й язы́к.** Я хорошо́ понима́ю и говорю́ по-англи́йски.
2. — Я учу́ англи́йский язы́к. Я мно́го рабо́таю, и я хорошо́ говорю́ по-англи́йски.
3. — Я учу́ ру́сский язы́к, но я ещё пло́хо говорю́ по-ру́сски. Я зна́ю слова́ **пожа́луйста, спаси́бо, извини́те** и **Я люблю́ тебя́.**
4. — Мой родно́й язы́к — ру́сский. Я учу́ англи́йский язы́к. Но я рабо́таю **немно́го,** и я пло́хо говорю́ по-англи́йски.

B5 Continue the following dialogs, following the example below.

— Ира хорошо́ зна́ет англи́йский язы́к?
— Да, она́ хорошо́ говори́т по-англи́йски.
(— Дик говори́т по-ру́сски?
— Нет, он пло́хо зна́ет ру́сский язы́к.)

1. — Андре́й зна́ет англи́йский язы́к?
2. — Джон хорошо́ говори́т по-ру́сски?
3. — Воло́дя и Ка́тя говоря́т **по-францу́зски?**
4. — Майкл понима́ет ру́сский язы́к?
5. — Ро́нальд у́чит ру́сский язы́к?

B6 A High School Student Exchange Program

There are many special programs for Russian students. One of them allows students from a Russian high school to spend a month in an American high school while living with American high school students of Russian. Later, the U.S. students visit Russia for a month and attend the Russian school with their Russian-speaking friends. These letters are from students who have already participated in this program.

Добрый день,
Добрый вечер,
Доброе утро, Дорогой учитель!
   Вы хорошо знаете, что
я мало работаю. Но я
пишу вам письмо по-русски.
Я говорю по-русски всё время.
Это очень хорошо, что я учу
русский язык.
         До свидания!
         Ваша ученица
         Лена Браун

Здравствуйте, дорогой учитель!
Русские ребята говорят в классе "здравствуйте," и я тоже пишу "здравствуйте." Это я, ваш ученик Билл. Живу я в Москве, в семье Виктор, его мама, папа, и брат Коля говорят всё время по-русски. Это хорошая практика. Коля говорит, что я молодец.
                    Ваш Билл

Я люблю читáть.	I like to read.
Я люблю кнńги.	I like books.

C1 The boys continue their conversation.

— Скажń, Скотт, а ты люýбишь учńть словá?

— Нет, не люблю, но учуý.

— Ты молодéц, Скотт. А я не люблю и не учуý.
  Я люблю читáть, и я мнóго читáю.

C2 Кто что люýбит дéлать?

Скотт люýбит учńть
рýсский язык.

Натáша люýбит
смотрéть телевńзор.

Игорь люýбит читáть.

Ивáн люýбит **кинó**.

Ира люýбит кнńги.

Джек люýбит **собирáть**
значкń.

C3 English Words in Russian

New English words enter the Russian language all the time. Older
people are used to words such as телевизор, бизнесмен,
менеджер, спонсор, дизайнер, продюсер, and others. Although
you will encounter many other such words, you should be careful
when using them, since new words take a long time to become fully
accepted.

C4 The forms of the verb любить are very much like those of the verb говорить. Memorize.

Я люблю	читать книги.	книги.
Ты любишь	слушать радио.	радио.
Он любит	смотреть телевизор.	телевизор.
Мы любим	учить слова.	шоколад.
Вы любите	говорить по-русски.	конфеты.
Они любят	работать.	кино.

A verb used after любить must be in its infinitive form, just as in English we say: "I
like to read." Любить is also used with nouns in the accusative case.

C5 Learn these new words and expressions.

Я люблю слушать **симфонический** оркестр.
Мы любим слушать джаз.
Джейн любит **танцевать**.
Рита любит цветы.
Ваня любит бейсбол.
Митя любит футбол.
Маша любит теннис.
Саша любит **рисовать**.
Мы любим **музыку**.

C6 Что они любят делать?

C7 Choose from the preceding examples, and perform a dialog with a classmate, using the verb любить.

C8 The verb любить is used to express a strong positive feeling toward another person.

	ма́му.	
	па́пу.	Ма́шу.
Я люблю	сестру́.	Ве́ру.
	бра́та.	Бори́са.
	ба́бушку.	Ма́йкла.
	де́душку.	

This is also the verb used to express love.

— Ма́ша, ты лю́бишь меня́?
— Не зна́ю, Майкл.
— А я зна́ю. Я люблю́ тебя́, Ма́ша.
— И я тебя́ люблю́, Майкл.

C9 Что они́ лю́бят де́лать?

C10 Music is an important part of Russian youth culture. There is a disco at almost every youth club or school. There are also annual youth dance festivals where students from many cities gather to demonstrate their dances and play their music.

D Phonetics and Reading

D1 Pronunciation Practice.

1. Practice the correct pronunciation of ч in these words.

ýчим	ýчит	ýчите	ýчат
учи́тель	учи́тельница	учéбник	
учени́к	учени́ца		

2. Review the correct pronunciation of unstressed vowels.

говори́ть	понима́ть	собира́ть
молодéц	хорошó	рисова́ть
литерату́ра	матема́тика	áлгебра
хи́мия	истóрия	геомéтрия
попуга́й	телеви́зор	

3. Review the intonation of these interrogative and declarative sentences.

— Ты лю́бишь чита́ть?   — Вы лю́бите танцева́ть?
— Да, люблю́.   — Нет, не лю́бим.

— Он лю́бит рисова́ть?   — Онá лю́бит рабóтать?
— Да, лю́бит.   — Нет, не лю́бит.

— Они́ лю́бят писа́ть?
— Да, лю́бят.

4. Practice the pronunciation of these declarative sentences.

— Я не пишу́, я рису́ю.   — Они́ не ýчат, они́ чита́ют.
— Он не чита́ет, он слу́шает.   — Мы не говори́м, мы понима́ем.

D2 Read this selection and answer the questions:
— Попугáй говорит по-англи́йски?
— Что лю́бит говори́ть мáма?

Мой попугáй

Это мой попугáй Жóра. Я говорю́:
— Здрáвствуй.
Попугáй отвечáет:
— Здрáвствуй! Здр-р-áвствуй!
Я спрáшиваю по-англи́йски:
— What is your name?
Попугáй не отвечáет. Он не понимáет по-англи́йски.
Я спрáшиваю по-рýсски:
— Как тебя́ зовýт?
Попугáй понимáет и отвечáет:
— Жóр-р-а.
Он знáет словá „урá", „хорошó", „урóки", „джаз", „оркéстр", „хоккéй". Он лю́бит говори́ть:
— Вáня, учи́ урóки.
Моя́ мáма тóже лю́бит э́то говори́ть.

D3 Examine this questionnaire from a Russian newspaper about reading preferences. How many of the authors mentioned do you know?

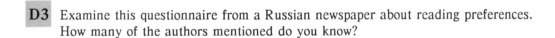

ЧТО МЫ ЧИТАЕМ?

ПРОЗА
ПОЭЗИЯ
ПУБЛИЦИСТИКА
КРИТИКА
КЛАССИКА

Просим вас заполнить анкету, вырезать и выслать по адресу редакции: 123849, ГСП, Москва, Д-22, ул. 1905 года, дом 7.

СРЕДИ ТЕХ ПРОИЗВЕДЕНИЙ, КОТОРЫЕ БЫЛИ НАЗВАНЫ ЧИТАТЕЛЯМИ «ВМ» ЛУЧШИМИ, НАИБОЛЬШЕЕ КОЛИЧЕСТВО «ГОЛОСОВ» НАБРАЛИ:

ПРОЗА

1. Лев Разгон. «Непридуманное».
2. Анатолий Жигулин. «Чёрные камни».
3. Андрей Платонов. «Котлован».
4. Мариэтта Чудакова. «Жизнеописание Михаила Булгакова».
5. Юрий Домбровский. «Факультет ненужных вещей».
6. Борис Пастернак. «Доктор Живаго».
7. Анатолий Рыбаков. «Дети Арбата».
8. Виктор Астафьев. «Зрячий посох».
9. Василий Гроссман. «Жизнь и судьба».
10. Саша Соколов. «Школа для дураков».

ПОЭЗИЯ

1. Николай Гумилёв. 2. Марина Цветаева. 3. Иосиф Бродский. 4. Борис Пастернак. 5. Анна Ахматова. 6. Александр Галич. 7. Булат Окуджава. 8. Аполлон Григорьев. 9. Максимилиан Волошин. 10. Станислав Куняев...

ПУБЛИЦИСТИКА

1. Василий Селюнин. «Истоки».
2. Николай Шмелёв. «Либо сила, либо рубль».
3. С. Меньшиков. «Экономическая структура социализма: что впереди?».
4. А. Ципко. «Истоки сталинизма».
5. А. Антонов-Овсеенко. «Берия».

КРИТИКА

1. Вадим Кожинов. «Правда и истина», «Самая большая опасность».
2. Игорь Золотусский. «Крушение абстракции»...

КЛАССИКА

1. Николай Карамзин. 2. Фёдор Достоевский. 3. Михаил Булгаков. 4. Лев Толстой. 5. Николай Лесков. 6. Дж. Джойс. 7. Дж. Оруэлл. 8. Владимир Набоков. 9. Иван Тургенев. 10. Ч. Диккенс...

D4 Read this text, which gives one person's opinion about people's tastes, with the assistance of the drawings and the glossary or a dictionary. Do you agree with the author?

Кто что любит?

Кто любит танцевать, а кто — слушать музыку.
Русские любят собирать грибы.

Американцы любят кока-колу и бейсбол,
а русские — квас и футбол.

Мой друг собирает значки, а Наташа,
моя сестра, собирает марки.

И это очень хорошо.

Но я не понимаю охотников.
Они убивают животных. А вы их понимаете?

In the lesson, you have learned to say:

1) who is studying what;
2) who is speaking what language and how well;
3) who likes to do what;
4) who or what one likes.

Скажи́те, что вы лю́бите де́лать и что вы не о́чень лю́бите де́лать.

Словáрь

áлгебра *(f)* algebra

всё врéмя all the time

геогрáфия *(f)* geography

геомéтрия *(f)* geometry

*говорúть (говорю́, говорúшь, говоря́т) to speak, to say

*граммáтика *(f)* grammar

джаз *(m)* jazz

*ещё still, furthermore, in addition

значкú *(pl)* badges

зооло́гия *(f)* zoology

испáнский Spanish

*исто́рия *(f)* history

*кино́ *(n)* movie, movie theater

*кого́ *acc.* of кто whom

конфéты *(pl)* candy

*литератýра *(f)* literature

*любúть (люблю́, лю́бишь, лю́бят) to love, to like

*мáло few, little

*математика *(f)* mathematics

*мно́го much, a lot, many

*молодéц *(m)* fine fellow, fine girl, well done!

*мýзыка *(f)* music

*немно́го a little, some

но but

*прáктика *(f)* practice

по-францýзски in French

*рисовáть (рисýю, рисýешь, рисýют) to draw

родно́й native, one's own

симфонúческий symphony, symphonic

*смотрéть (смотрю́, смо́тришь, смо́трят) to look, look at

собирáть (собирáю, собирáешь, собирáют) to collect, to gather

*танцевáть (танцу́ю, танцу́ешь, танцу́ют) to dance

труд *(m)* labor

*уро́к *(m)* lesson

ученúк *(m)* pupil, schoolboy

ученúца *(f)* pupil, schoolgirl

*учúть (учу́, ýчишь, ýчат) to study, to learn

фúзика *(f)* physics

*физкультýра *(f)* physical education

францýзский French

черчéние *(n)* drawing

что that

шокола́д *(m)* chocolate

Урок 8
(Восьмой урок)

У меня есть друг

Section	Main Structures	Functions	Grammatical Concepts	Language & Culture
A	— У тебя есть друг в Москве? — Да, есть. (— Нет, у меня нет друга.)	Talking about possessions and relationships	Genitive of personal pronouns Genitive singular of nouns with negation	The words друг and подруга
B	Я люблю играть в футбол. Мой друг Андрей хорошо играет на гитаре.	Using the verb играть (to play)	The verb играть with в (accusative case) and на (prepositional case)	The poet Владимир Высоцкий; Булат Окуджава speaks out
C	Вы работаете или учитесь?	Expressing alternatives	The conjunction или Verbs учиться and учить	Adult education in Russia
D	Phonetics and Reading Pronunciation Practice „Я не люблю"		„Билл Солтис говорит по-русски" Overview of the Lesson Словарь	

A Talking about Possessions and Relationships

— У тебя́ есть друг
  в Москве́?
— Да, есть.
(— Нет, у меня́ нет дру́га.)

"Do you have a friend
in Moscow?"
"Yes, I do."
("No, I don't.")

A1 Джейн — америка́нка. Она́ живёт в Бо́стоне. Но **сейча́с** она́ в Москве́. На́дя и Джейн говоря́т по-ру́сски. На́дя спра́шивает, а Джейн отвеча́ет.

— **У тебя́** есть **подру́га** до́ма, в Бо́стоне?

— Да, есть. Её зову́т Мели́сса.

— Она́ то́же у́чит ру́сский язы́к?

— Нет, она́ у́чит францу́зский язы́к, и сейча́с она́ живёт в Пари́же.

A2 Cáша живёт в Москвé. Но сейчáс он в Амéрике. Cáша говори́т по-рýсски, и Тим хорошó понимáет, что говори́т Cáша.

— У меня́ в Москвé есть друг.

— А как егó зовýт?

— Егó зовýт Андрéй. Он, как и я, óчень лю́бит мýзыку.

— А у тебя́ есть плéер?

— Да, есть.

A3 Speaking about Friends

You have just encountered the Russian words друг and подрýга for the first time. Although they are simple words, you have to be careful how you use them. A boy can say: „У меня́ есть друг. Егó зовýт Cáша.“ and a girl can say: „У меня́ есть подрýга, её зовýт Мари́на.“, but if a boy says: „У меня́ есть подрýга. Её зовýт Лéна.“, then he is usually referring to something more than simple friendship. Most often, a young man in Russia will use the word друг to refer to friends of both sexes. Be careful when you use the word подрýга.

A4 У тебя́ есть друг?

Ни́на Петро́ва в Аме́рике.

— У тебя́ есть в Москве́ друг?
— Нет, в Москве́ у меня́ нет дру́га.

Джон Смит в Москве́.

— У тебя́ есть подру́га в Бо́стоне?
— Нет, в Бо́стоне у меня́ нет подру́ги.

A5 Sentences expressing possession can be difficult in Russian.
  Something that exists or belongs to someone is put in the
nominative case. On the other hand, if the object (or person) does
not exist or does **not** belong to someone, then it is put in the
genitive case. Look at this chart.

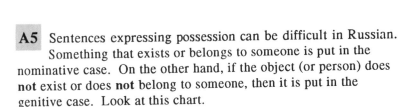

			журна́л		журна́ла
(я)	у меня́		друг		дру́га
(ты)	у тебя́		брат		бра́та
(он)	у него́		слова́рь		словаря́
(она́)	у неё	есть	газе́та	нет	газе́ты
(мы)	у нас		подру́га		подру́ги
(вы)	у вас		сестра́		сестры́
(они́)	у них		тетра́дь		тетра́ди
			письмо́		письма́

  As you look at the table above, determine a rule for forming
the genitive singular form of a noun. Try to account for what
happens to nouns like слова́рь, тетра́дь, and подру́га.
  Remember that a negative answer to a question of possession
must express the object in the genitive case.

— У тебя́ есть газе́та «Пра́вда»?
— Нет, у меня́ нет газе́ты «Пра́вда».

но:
— У вас есть мотоци́кл?
— Да, у нас есть мотоци́кл.

мотоци́кл

Find the corresponding drawing for each of these conversations.

— У вас есть газе́та «Пра́вда»?
— Коне́чно, есть, вот она́.

— Ма́ма, у нас нет хле́ба.
— Есть, Ната́ша, вот он.

— На у́лице Во́лгина есть апте́ка?
— Нет, на у́лице Во́лгина нет апте́ки.

— У тебя́ есть подру́га?
— Нет, у меня́ нет подру́ги.

A7 Case Endings of Singular Nouns

Case names	Question words	*Masculine* (он)		*Feminine* (она́)		*Neuter* (оно́)
Nominative	кто? что?	друг учи́тель	дом слова́рь	сестра́ ка́рта семья́ тетра́дь		окно́ упражне́ние
Genitive	кого́? чего́?	дру́га учи́теля	до́ма словаря́	сестры́ ка́рты семьи́ тетра́ди		окна́ упражне́ния
Accusative	кого́? что?	дру́га учи́теля	дом слова́рь	сестру́ ка́рту семью́ тетра́дь		окно́ упражне́ние
Dative	кому́? чему́?					
Instrumental	кем? чем?					
Prepositional	(о) ком? (о) чём?	дру́ге учи́теле	до́ме словаре́	сестре́ ка́рте семье́ тетра́ди		окне́ упражне́нии

A8 Answer these questions in the negative.

1. — У тебя́ есть маши́на?
2. — У тебя́ есть **магнитофо́н**?
3. — У вас есть **гита́ра**?
4. — У вас есть соба́ка?
5. — У вас есть ко́шка?
6. — У тебя́ есть слова́рь?
7. — У тебя́ есть журна́л «Огонёк»?
8. — У тебя́ есть каранда́ш?

A9 Here are some answers (**ответы**). Ask the missing questions (**вопросы**).

Вопрос. — У тебя́ есть сестра́?
Отве́т. — Нет, у меня́ нет сестры́.

— Да, у меня́ есть **фотоаппара́т**.
— Нет, у меня́ нет бра́та.
— Да, у меня́ есть друг в шко́ле.
— Да, у нас есть телефо́н.
— Нет, у меня́ нет магнитофо́на.
— Нет, у меня́ нет словаря́.
— Нет, у меня́ нет подру́ги.
— Да, у меня́ есть журна́л.
— Нет, у меня́ нет **видеока́меры**.

B Using the Verb игра́ть – to play

Мой друг Андре́й хорошо́ игра́ет на гита́ре.	My friend Андре́й plays the guitar well.
Я люблю́ игра́ть в футбо́л.	I like to play soccer.

B1 Са́ша is showing photographs to Ми́ша and telling him about his friends.

— Вот э́то Андре́й.

— Он игра́ет на гита́ре?

— Да, мы лю́бим слу́шать, как он игра́ет. А вот здесь мы игра́ем в футбо́л.

— Поня́тно, футбо́л — э́то soccer. А вы игра́ете в америка́нский футбо́л?

— Нет, не игра́ем. Но у нас есть ре́гби.

— Ну, ре́гби — э́то ре́гби, а футбо́л — э́то футбо́л.

B2 The verb **игра́ть** is used in two very different ways in Russian. Study these examples.

		Prepositional Case
		на чём?
Я	игра́ю	на гита́ре.
Ты	игра́ешь	на пиани́но*.
Он/Она́	игра́ет	на скри́пке.
		Accusative Case
		во что?
Мы	игра́ем	в футбо́л.
Вы	игра́ете	в бейсбо́л.
Они́	игра́ют	в те́ннис.

Playing a musical instrument is expressed with the preposition на and the prepositional/locative case. If a game is being played, then the preposition в is used with the accusative case.

B3 Fill in each blank with the appropriate preposition (в or на).

Я люблю́ игра́ть _____ америка́нский футбо́л и не люблю́ игра́ть _____ те́ннис. Моя́ сестра́ хорошо́ игра́ет _____ пиани́но. А я игра́ю пло́хо. У нас в шко́ле мы игра́ем _____ бейсбо́л. Мой друг о́чень лю́бит му́зыку и хорошо́ игра́ет _____ скри́пке. А я игра́ю _____ гита́ре.

---

* пиани́но is an indeclinable neuter noun

B4 Discuss your school friends. Answer these questions in your description.

1. — Кто у вас в шко́ле хорошо́ игра́ет на гита́ре? на пиани́но? на скри́пке?

2. — Кто у вас в шко́ле хорошо́ игра́ет в бейсбо́л? в те́ннис? в футбо́л?

And now, your answers:

— У нас в шко́ле Тим Мэ́рри хорошо́ игра́ет на гита́ре.

Или:

— У нас в шко́ле Джейн Ба́рли и Скотт Джонс хорошо́ игра́ют в бейсбо́л. А Мэ́ри Пи́терсон пло́хо игра́ет.

Now talk about yourself.

B5 "Who was Влади́мир Высо́цкий?
Most people would say that he had an enormous talent for poetry. Everyone would at least admit that his hoarse voice and irreverent approach to music and to life will not soon be forgotten." This is what the famous poet-singer Була́т Окуджа́ва wrote about him. We have provided the Russian text on the next page, so that you can compare it with the English version.

Влади́мир Высо́цкий (1938-1980)

Жил тала́нтливый челове́к, всем изве́стный. Пе́сни его́ ворва́лись в наш слух, в на́ши ду́ши, а говори́ть и писа́ть о нём бы́ло нельзя́. Его́ не печа́тали, не издава́ли. Кого́-то о́чень пуга́ла о́страя социа́льная напра́вленность его́ стихо́в, кого́-то раздража́ла его́ популя́рность. Тру́дно сказа́ть, что испы́тывал челове́к, зна́вший себе́ це́ну и не име́вший возмо́жности уви́деть свои́ стихи́ опублико́ванными.

Смерть легализова́ла его́... Эта смерть была́ столь внеза́пной и неправдоподо́бной, что потрясла́ о́бщество. Ста́ло уже́ невозмо́жно отма́лчиваться, и тут начался́ разгово́р, попы́тка ана́лиза. Начало́сь то, на что поэ́т име́ет пра́во, без чего́ невозмо́жно разви́тие литерату́ры, культу́ры вообще́.

There lived a talented man whom everyone knew. His songs had crept into our hearing, into our souls, but we could not speak or write about him. He wasn't printed or published. The sharp social direction of his poetry frightened someone, his popularity irritated someone. It is hard to say what a man has endured who knew his value but was not permitted to see his verses made public.

Death made him legal... His death was so unlikely and unbelievable that it jolted society. It was impossible to be silent. People began to discuss, to try to analyze. That, which is the right of every poet, had started. Without it the development of literature and culture in general is impossible.

(Literal translation)

Listen to any Высо́цкий song and you will begin to understand why he was such an important figure in modern Russian culture.

C Expressing Alternatives

Вы рабо́таете и́ли
учитесь?

Do you work or attend
school (study)?

C1 Оле́г and Jane have just met.

— Джейн, вы рабо́таете и́ли **у́читесь?**

— Я учу́сь и рабо́таю.

— Да? А э́то не **тру́дно?**

— Тру́дно, но не о́чень. А вы хорошо́ говори́те по-
ру́сски.

— Спаси́бо. Я учу́ ру́сский язы́к в шко́ле. У нас
учи́тельница — ру́сская.

C2 The verb **учи́ть** can only be used when you want to talk
about what a person is studying, or what subject he or she is
learning. The particle -**ся** at the end of the verb **учи́ться** indicates
that there is no direct object—that you cannot name the subject
being studied. Use this verb when you are discussing where (**где**)
or how (**как**) the studying is taking place.

Read and compare these sentences.

		что?
Я	учу́	слова́.
Ты	у́чишь	текст.
Он/Она́	у́чит	грамма́тику.
Мы	у́чим	геоме́трию.
Вы	у́чите	уро́ки.
Они́	у́чат	исто́рию.

		где? как?	
Я	учу́сь	в шко́ле	хорошо́.
Ты	у́чишься	в ко́лледже	пло́хо.
Он/Она́	у́чится	в университе́те.	
Мы	у́чимся	в институ́те	вме́сте.
Вы	у́читесь		удовлетвори́тельно.
Они́	у́чатся	в библиоте́ке.	

Practice these two verbs until you can use them correctly. Remember that with **учи́ть** you must specify the subject studied.

C3 Confirm the accuracy of the following statements. Follow the example below:

— Мой брат рабо́тает и у́чится.

— Да, он рабо́тает и у́чится.

1. Моя́ сестра́ у́чится в институ́те.
2. Мы у́чим ру́сский язы́к.
3. Мой брат хорошо́ у́чится.
4. Ната́ша и Воло́дя у́чат францу́зский язы́к.
5. Игорь у́чится пло́хо. Он не лю́бит мно́го рабо́тать.
6. Ви́ктор не лю́бит учи́ть слова́, он лю́бит чита́ть текст.

C4 Прочита́йте и скажи́те, где у́чатся Ира, Оле́г, Андре́й, Ли́да, Игорь и Ники́та.

— Ира, где ты у́чишься?
— Я учу́сь в университе́те.
— А где у́чится Оле́г?
— Я не зна́ю, где он у́чится.

— Где вы у́читесь, в институ́те?
— Нет, мы у́чимся в шко́ле.

— Игорь и Ники́та у́чатся в те́хникуме?
— Да, они́ у́чатся в те́хникуме.

C5 Complete these sentences.

1. Моя́ сестра́ у́чится...
2. В шко́ле мы у́чим...
3. Мои́ подру́ги Ка́тя и Ма́ша у́чатся...
4. Я учу́сь...
5. Вы у́читесь...?
6. В ко́лледже они́ у́чат...

C6 Adult Education

Night school courses are very popular in Russia. A large number of students are young people who are eager to be independent and earn their own living, or have to help their family with extra wages, or are married and have a family to support.

Day students receive a government grant as long as their grades are satisfactory. Some work and go to school; so it isn't easy. A night school student attends classes three or four times a week and will also have individual tutorial meetings with teachers.

Night school students receive a paid vacation twice each year during exams.

D Phonetics and Reading

D1 Pronunciation Practice.

1. Practice the correct intonation of these interrogative and declarative sentences.

— У тебя́ есть скри́пка?   — У него́ есть мотоци́кл?
— Нет, у меня́ нет скри́пки.   — Нет, у него́ нет мотоци́кла.

— У неё есть магнитофо́н?   — У них есть пиани́но?
— Нет, у неё нет магнитофо́на.   — Нет, у них нет пиани́но.

2. Practice the intonation of these sentences, which express alternatives.

— Оле́г рабо́тает и́ли у́чится?
— Джейн чита́ет и́ли пи́шет?
— Та́ня рису́ет и́ли слу́шает ра́дио?
— Они́ игра́ют в футбо́л и́ли бейсбо́л?
— Он игра́ет на скри́пке и́ли на гита́ре?
— Она́ у́чит францу́зский и́ли ру́сский язы́к?

D2 Examine these verses from the Высо́цкий poem „Я не люблю́", and you will understand even better the kind of man he was.

Я не люблю́

Я не люблю́ фата́льного исхо́да,
от жи́зни никогда́ не устаю́.
Я не люблю́ любо́е вре́мя го́да,
когда́ весёлых пе́сен не пою́.

Я не люблю́ холо́дного цини́зма,
в восто́рженность не ве́рю, и ещё —
когда́ чужо́й мой чита́ет пи́сьма,
загля́дывая мне че́рез плечо́.

Я не люблю, когда наполови́ну
и́ли когда́ прерва́ли разгово́р.
Я не люблю́, когда́ стреля́ют в спи́ну,
я та́кже про́тив вы́стрелов в упо́р.

Я не люблю́ себя́, когда́ я тру́шу,
и не терплю́, когда́ неви́нных бьют.
Я не люблю́, когда́ мне ле́зут в ду́шу,
тем бо́лее — когда́ в неё плюю́т.

Я не люблю́ мане́жи и аре́ны:
на них мильо́н меня́ют по рублю́, —
пусть впереди́ больши́е переме́ны,
я э́то никогда́ не полюблю́.

БИЛЛ СОЛТИС ГОВОРИТ ПО-РУССКИ

— У меня́ есть друг Макси́м...

Билл три го́да у́чит ру́сский у себя́ на ро́дине в го́роде Колу́мбус, штат Ога́йо.

— Я живу́ в го́роде Волгогра́де и учу́сь в шко́ле но́мер пятьдеся́т...

И здесь всё пра́вда. Три неде́ли Билл жил в го́роде на вели́кой ру́сской реке́ Во́лге, в семье́ Ко́робовых. Ходи́л с Макси́мом по его́ у́лицам, сиде́л за па́р-той его́ шко́лы и всё вре́мя говори́л по-ру́с-ски.

— Мы о́чень похо́жи друг на дру́га.

Уи́льям Со́лтис го-вори́т не о вне́шнем схо́дстве. И Макси́м его́ прекра́сно пони-ма́ет. Потому́ что гово-ри́л приме́рно то же са́мое по-англи́йски совсе́м неда́вно. Когда́ три неде́ли жил и учи́лся на ро́дине Би́л-ла в го́роде Колу́мбус, штат Ога́йо, США.

Answer the questions based upon the reading.

1. Где Билл Со́лтис у́чит ру́сский язы́к?

2. Где живёт Макси́м Ко́робов?

3. Где нахо́дится го́род Волгогра́д?

Overview of the Lesson

In this lesson, you have learned:

1) how to express possession and the absence of someone or something;
2) how to talk about playing games and musical instruments;
3) how to ask about and discuss alternatives.

You are talking to a group of older Russian friends. Ask them about possessions, whether they work or attend school, what their hobbies are, whether they play volleyball (soccer...), etc.

Слова́рь

*америка́нский American
видеока́мера *(f)* video camera
*вме́сте together
*гита́ра *(f)* guitar
*друг *(m)* friend
*игра́ть (игра́ю, игра́ешь, игра́ют) to play
*и́ли or
*коне́чно of course
магнитофо́н *(m)* tape recorder
мотоци́кл *(m)* motorcycle
ну well
*отве́т *(m)* answer
*пиани́но *(n)* upright piano
*пле́ер *(m)* Walkman

*подру́га *(f)* (girl) friend
*скри́пка *(f)* violin
*те́хникум *(m)* technical school
*тру́дно it is difficult, with difficulty
*у вас (есть) you have
*у меня́ (есть) I have
*у нас (есть) we have
*у него́ (есть) he has
*у неё (есть) she has
*у них (есть) they have
*у тебя́ (есть) you have
*учи́ться (учу́сь, у́чишься, у́чатся) to study, to learn
фотоаппара́т *(m)* camera
*хлеб *(m)* bread

Урок 9
(Девятый урок)

Прогулка по Москве

Section	Main Structures	Functions	Grammatical Concepts	Language & Culture
A	— Посмотри направо. Это Кремль. — Какой он красивый и большой.	Pointing out objects and describing them	Adjectives in the nominative singular and plural	The meaning of the word кремль
B	Дайте мне вот этот большой значок.	Specifying/ Being specific	Demonstrative pronouns (этот, эта, это, эти) in the nominative and in the accusative	The origin of the name of Red Square: Красная площадь
C	Мне нравится река.	Expressing likes and dislikes	Using нравиться with dative pronouns	МГУ: Московский Государственный университет
D	Phonetics and Reading Pronunciation Practice Комикс "Комиссия в школе" The grading system in schools		"Американские актёры в Москве" Overview of the Lesson Словарь	

A Pointing out Objects and Describing Them

— Посмотри́ напра́во.
Э́то Кремль.

"Look to the right.
That's the Kremlin."

— Како́й он краси́вый
и большо́й!

"How beautiful and
large it is!"

A1 Dick and **Кири́лл** are on a tourist boat on the Moscow River.

— Дик, посмотри́ напра́во.

— Я зна́ю, э́то Кремль. **Како́й он краси́вый!**

— Да, о́чень.

— А кра́сные звёзды на Кремле́, они́ большие́ и́ли
ма́ленькие?

— Очень большие́.

A2 The boy's conversation continues.

— Кири́лл, посмотри́ **нале́во**.

— Это Новоде́вичий монасты́рь. Пра́вда, краси́вый? А **пря́мо** — Моско́вский университе́т. Это **но́вое зда́ние**, а **ста́рое** нахо́дится в це́нтре, где Кра́сная пло́щадь.

A3 Adjectives describe or modify nouns. The form of
Russian adjectives depends entirely on the form of the nouns
they describe (or modify). An adjective has the same gender
(masculine, feminine, or neuter), the same number (singular or
plural), and the same case as the noun it modifies.

Gender	Singular Adjectives	Noun Modified
Masculine	как**о́й?** краси́вый, большо́й, ма́ленький, хоро́ший, но́вый, ста́рый, кра́сный	дом, стадио́н, го́род
Feminine	как**а́я?** краси́вая, больша́я, ма́ленькая, хоро́шая, но́вая, ста́рая, кра́сная	у́лица, шко́ла
Neuter	как**о́е?** краси́вое, большо́е, ма́ленькое, хоро́шее, но́вое, ста́рое, кра́сное	зда́ние, окно́
Gender	*Plural Adjectives*	*Noun Modified*
Masculine, feminine, and neuter	как**и́е?** краси́вые, больши́е, ма́ленькие, хороши́е, но́вые, ста́рые, кра́сные	у́лицы, зда́ния, стадио́ны

A4 Confirm the following statements.

— Како́й краси́вый ма́ленький дом!
— Да, о́чень!
(— Нет, не о́чень!)

1. — Како́й большо́й стадио́н!
2. — Кака́я ма́ленькая соба́ка!
3. — Кака́я больша́я ко́шка!
4. — Како́е ста́рое зда́ние!
5. — Каки́е ма́ленькие о́кна!

A5 Use **какой** to react to the contrasting items in these pictures.

А6 Кремль = Fortress

The word **кремль** means "fortress." In ancient times, every large town had its **кремль**. In Moscow, the **Кремль** was first made of wood and was later reconstructed with stone during the fourteenth century. The **Моско́вский Кремль** was expanded and reconstructed over several centuries and achieved its present appearance in the nineteenth century. The red stars were added to the towers after the Revolution.

Kremlins have been preserved in many old Russian cities, and each of them is surprisingly beautiful.

B Specifying/Being Specific

Дáйте мне вот э́тот большóй значóк.   Give me that big pin.

B1 Several students are at a souvenir stand and are selecting pins.

— У вас есть значки́ „Новодéвичий монасты́рь" и
„Москóвский Кремль"?
— Конéчно, есть. Вот, пожáлуйста.
— Краси́вые значки́! Дáйте мне вот э́тот большóй
значóк.
— „Москóвский Кремль"?
— Да.
— Посмотри́те ещё э́ти мáленькие значки́ „Музéи".

B2 Этот (эта, это, эти) is used like an adjective. This chart may help you.

Nominative case	Accusative case
Этот значок красивый.	Дайте мне этот значок.
Эта книга хорошая.	Дайте мне эту книгу.
Это упражнение новое.	Он пишет это упражнение.
Эти тетради старые.	Учитель смотрит эти тетради.

B3 Explain where these exchanges are taking place.

1. — У вас есть большой англо-русский словарь?
   — Да, есть.
   — Дайте мне, пожалуйста, этот словарь.

2. — У вас есть матрёшки?
   — Есть, но очень маленькие.
   — Это хорошо. Дайте мне эту матрёшку.

3. — У вас есть значки „Москва“?
   — Да, есть. А вот значки „Спорт“.
   — Хорошо. Дайте мне эти значки.

B4 Create new dialogs, using the words below. Follow the example.

— Моя сестра работает в магазине.
— А где находится этот магазин?

в городе   в институте   в больнице
на фирме   на почте

B5 Read this information about the origin of the name „Кра́сная пло́щадь". Use a dictionary or the end vocabulary.

Сло́во „кра́сный" живёт мно́го, мно́го лет. Пло́щадь в це́нтре Москвы́ называ́ется „Кра́сная пло́щадь". Америка́нцы говоря́т: "Red Square". Но Кра́сная пло́щадь — э́то не Red Square, а Beautiful Square.

Ра́ньше ру́сские не говори́ли „краси́вый". Они́ говори́ли „кра́сный": „кра́сная де́вушка", „кра́сное со́лнце", „весна́ красна́", „кра́сная пло́щадь".

C Expressing Likes and Dislikes

Мне нра́вится река́.   I like the river.

C1 A group of young people is viewing Moscow from Vorobyovi Hills.

— **Вам нра́вится** здесь?

— Очень. Пря́мо — стадио́н, нале́во — Новоде́вичий монасты́рь, а Кремль — там, в це́нтре.

— **Пра́вильно.** А **сза́ди** — Моско́вский университе́т.

— А где твой дом?

— Посмотри́ напра́во. Я живу́ там.

— Поня́тно. Мне о́чень нра́вится Москва́-**река́**. Очень краси́вая.

— Да, пра́вда. **Нам** то́же о́чень нра́вится. А у вас в го́роде есть река́?

— Нет, у нас нет реки́. Но у нас есть **небольшо́е** о́зеро.

C2 The verbs (любить and нравиться) express likes or dislikes in Russian. Любить denotes a long-term positive feeling. Я люблю цветы́ speaks of a general liking for flowers. Я люблю ма́му expresses a feeling of love that developed over the years. Я люблю Москву́ refers to the affection of a resident or a regular visitor, not the reaction of a tourist who is seeing Moscow for the first time.

If you see flowers that you like, you can say: Мне нра́вятся э́ти цветы́ (those specific flowers). A visitor who wishes to express admiration for his/her host's house must say: Мне нра́вится э́тот дом. Look at the following table that shows how to use the verb нра́виться.

	Dative			*Nominative*
(я)	Мне			э́тот го́род.
(ты)	Тебе́			э́та у́лица.
(он)	Ему́	(не)	нра́вится	э́то зда́ние.
(она́)	Ей			э́ти значки́.
(мы)	Нам			э́ти города́.
(вы)	Вам	(не)	нра́вятся	э́ти цветы́.
(они́)	Им			э́ти зда́ния.

Only the third person forms of this verb are regularly used. The subjects are the nouns listed in the right column. The word that names the person who is pleased by the object appears in the dative case.

C3 Кто говори́т?

— Тебе нра́вится мой дом?
— Нет, мне не нра́вится.

— Тебе́ нра́вится ру́сский язы́к?
— Да, нра́вится. Это **нетру́дный** язы́к.

— Мне о́чень нра́вится баскетбо́л.
— А мне не нра́вится.

C4 Explain what **Антóн, Ира, Натáша, Мúша,** and **Игорь** like.
Follow the pattern below:

Это Антóн. Емý нрáвится футбóл.

C5 Read this information about Moscow State University. Use a dictionary or the end vocabulary to find difficult words.

Моско́вский университе́т

Моско́вский университе́т был откры́т в 1757 году́. Это са́мый большо́й университе́т в Росси́и. Здесь у́чатся 28 000 студе́нтов.

Моско́вский университе́т — э́то ста́рое зда́ние и но́вое зда́ние. Ста́рое зда́ние нахо́дится в це́нтре Москвы́. Сейча́с здесь факульте́т журнали́стики.

Но́вое зда́ние университе́та нахо́дится на Воробьёвых гора́х. Это физи́ческий, математи́ческий, хими́ческий, биологи́ческий, экономи́ческий, истори́ческий, филологи́ческий факульте́ты.

— Како́е зда́ние вам нра́вится: ста́рое и́ли но́вое? — спра́шиваем студе́нтов.

— Ста́рое, — говоря́т студе́нты. — Ста́рое зда́ние — э́то на́ша исто́рия, на́ша культу́ра. И центр Москвы́.

New vocabulary items in section C are: сза́ди, нра́вится, пра́вильно.

D Phonetics and Reading

D1 Pronunciation Practice.

1. Practice the correct pronunciation of the unstressed vowels.

напра́во	нале́во	пря́мо	
больша́я	большо́е	но́вая	но́вое
ста́рая	ста́рое	кра́сная	кра́сное
краси́вая	краси́вое	ма́ленькая	ма́ленькое

2. Practice saying these phrases smoothly, without interrupting the flow of the words.

краси́вая река́	большо́е о́зеро	ма́ленький дом
коне́чно, нет	вот, пожа́луйста	кра́сные звёзды
пря́мо Кремль	да́йте, пожа́луйста	
	коне́чно, есть	

напра́во Новоде́вичий монасты́рь
нале́во Моско́вский Кремль
сза́ди Кра́сная пло́щадь

3. Practice the intonation of these exclamatory sentences.

— Моско́вский Кремль! Како́й он большо́й!

— Кра́сная пло́щадь! Кака́я она́ больша́я!

— Новоде́вичий монасты́рь! Како́й он ста́рый!

— Кра́сные звёзды! Каки́е они́ ма́ленькие!

4. Practice the intonation of these sentence pairs. Each pair consists of a declarative sentence followed by an interrogative sentence.

— Вот мой дом. Пра́вда, большо́й?

— Вот на́ша соба́ка. Пра́вда, ма́ленькая?

— Вот моё пиани́но. Пра́вда, ста́рое?

— Вот его́ гита́ра. Пра́вда, краси́вая?

— Вот их институ́т. Пра́вда, хоро́ший?

D2 Этот ко́микс нарисова́л Серге́й Родно́в. Ему́ 13 лет. Он у́чится в Москве́ в шко́ле, где де́ти у́чатся рисова́ть.

D3 The Grading System in Schools

Grade	Official names	Student slang
5	отли́чно, о́чень хорошо́, **пять**, **пятёрка**	отл, пята́к
4	хорошо́, **четы́ре**, **четвёрка**	хор
3	удовлетвори́тельно, **три**, **тро́йка**	уд, троя́к
2	**два**, **дво́йка**	па́ра, не́уд
1	едини́ца	кол

A student whose grades are all "5s" is an **отли́чник**, while the student who receives "2s" is known as a **дво́ечник, отстаю́щий**. Дво́ечник is a rather negative term that is not often used. The word **отли́чник** is frequently avoided by students, since it is connected with the concept of a "mama's boy." The word **отли́ч-ница** can be used to refer to girls whose grades are all "5s."

What do you think about this student: is he an A student or D student?

D4 Examine the article „Американские актёры в Москве“. Then explain where the television program will be filmed and what it is called.

Американские актеры в Москве

Красная площадь, Кремль, Новодевичий монастырь, улица Арбат и многие другие места столицы станут рабочей площадкой для съемочной группы знаменитого американского телесериала „Даллас“.

Начиная с 1978 года снято 350 серий о жизни семьи американских нефтепромышленников. По замыслу создателей фильма очередной сериал будет сниматься в Москве.

НА СНИМКЕ: американские актеры на Соборной площади.
Фото Р. ПОДЭРНИ.
(Фотохроника ТАСС).

Overview of the Lesson

In this lesson, you have learned:

1) how to describe objects and persons;
2) how to request specific, concrete objects;
3) how to express likes and dislikes.

In a souvenir store, you have found **большáя матрёшка, красúвые значкú, хорóшие кнúги, рýчки, карандашú,** etc., that you might like to purchase. Describe these objects, and ask the clerk to let you look at them more closely.

— Какáя красúвая матрёшка!

— Вам нрáвится?

— Да, óчень. Дáйте мне éту матрёшку.

Слова́рь

а́нгло-ру́сский   English-Russian
*большо́й   big
*вам *dat.* of вы   for you, to you
*да́йте (*imperative*)   give
*два   two (grade of "D")
двоечник (*m*)   "D" student (male)
двойка (*f*)   two (grade of "D")
*ей *dat.* of она́   for her, to her
*ему́ *dat.* of он   for him, to him
жира́ф (*m*)   giraffe
звезда́ (*f*)   star
*зда́ние (*n*)   building
*им *dat.* of они́   for them, to them
*како́й   what kind of, which
кра́сный   red
*краси́вый   beautiful, handsome
*ма́ленький   little, small
матрёшка (*f*)   nested Russian dolls
*мне *dat.* of я   for me, to me
монасты́рь (*m*)   monastery
*моско́вский   Moscow
*нале́во   on *or* to the left
*нам *dat.* of мы   for us, to us
*напра́во   to *or* on the right
небольшо́й   not large, small

нетру́дный   not difficult, easy
Новоде́вичий монасты́рь   Novodevichy
   (New Maiden) Monastery
*но́вый   new
*нра́виться (нра́влюсь, нра́вишься,
   нра́вятся)   to please
отли́чник   "A" student (male)
отли́чница   "A" student (female)
отстаю́щий   failing student
поросёнок (*m*)   piglet
посмотри́(те) (*imperative*)   look!
пра́вильно   right, correctly
*пря́мо   directly, straight ahead
пять   five (grade of "A")
пятёрка   five (grade of "A")
*река́ (*f*)   river
*сза́ди   behind
*ста́рый   old
*тебе́ *dat.* of ты   for you, to you
*три   three (grade of "C")
тро́йка   three (grade of "C")
четвёрка   four (grade of "B")
*четы́ре   four (grade of "B")
*э́тот   this

Урок 10   (Десятый урок)

Review of Lessons 6-9

„Век живи́, век учи́сь".

"Live and learn."

This lesson is intended to improve your skills in speaking,
listening to, reading, and writing Russian. First, try to complete
each communicative task or function suggested; then do the
pronunciation, grammar, and vocabulary review exercises. The
letters and numbers refer to the places where points were discussed
or practiced in the preceding lessons.

I. FUNCTIONS

1. Talking about activities (6: A; 7: A; 8: B&C)

EXERCISE 1. You are a journalist. Comment on what these people are doing.

EXERCISE 2. Complete these sentences appropriately.

1. Ира смо́трит телеви́зор, а...
2. Ко́ля и И́горь игра́ют в футбо́л, а...
3. Я пишу́ письмо́ и...
4. Бори́с игра́ет на гита́ре, и...
5. Ка́тя и Оле́г танцу́ют, а...
6. Ма́ша и Оле́г танцу́ют, и...
7. Моя́ сестра́ у́чится в ко́лледже, а...

EXERCISE 3. Respond to these statements following the example below.

— Джон смо́трит телеви́зор.
— Да, он лю́бит смотре́ть телеви́зор.

1. — И́горь игра́ет в футбо́л.
2. — Ната́ша чита́ет.
3. — Ко́ля говори́т по-англи́йски.
4. — Ни́на игра́ет на скри́пке.
5. — Андре́й слу́шает ра́дио.
6. — Та́ня пи́шет письмо́.
7. — Лю́ба у́чит слова́.

EXERCISE 4. Create a conversation following the model below.
When you have finished with the sentences provided, perhaps you
can continue, coming up with your own sentences about classmates
and members of your family.

Ива́н: Ле́на игра́ет на гита́ре.
Ка́тя: Что говори́т Ива́н?
Ната́ша: Он говори́т, что Ле́на игра́ет на гита́ре.

1. Ко́стя: Арте́м игра́ет в футбо́л.
2. Ри́та: Сейча́с я чита́ю „До́ктора Жива́го".
3. Та́ня: Я слу́шаю му́зыку.

4. Игорь: Мáма читáет газéты.

5. Натáша: Я смотрю́ телевúзор.

2. Naming the objects of actions (6: C; 7: A)

EXERCISE 5. Explain what these persons are doing; then comment on what they are reading, watching, or...

EXERCISE 6. Create dialogs, using the cues. Follow the examples.

— Ната́ша, что ты чита́ешь?   газе́та
— Я чита́ю журна́л.   кни́га
— Ты зна́ешь, что чита́ет Ива́н?   письмо́
— Да, зна́ю: он чита́ет журна́л   текст
   „Звезда́".   упражне́ние
    слова́

3. Saying that you understand or do not understand (6: B)

EXERCISE 7. Ask a classmate what each of these words means in Russian or in English, depending upon the language of the cue.

Звезда́, square, друг, I like, пло́хо, question, значки́, газе́та, to learn, exercise.

EXERCISE 8. What would you say?

1. Your friend is reading something to you in Russian. You don't understand and ask him to say it in English.
2. It's difficult to understand an announcement at the airport. Your grandmother asks you what the announcer is saying.
3. You don't understand the question the teacher asks you in Russian about the grammar rule.
4. You are telling your Russian friend an American joke, but he's puzzled and doesn't smile. Perhaps he doesn't understand you? (a joke = шу́тка)

EXERCISE 9. If you have been doing well in Russian, you should only find four words in the list below where you can say: „Я не понима́ю, что э́то." Read these words aloud, giving their meanings. When you cannot continue, say: „Я не понима́ю, что э́то" and another student will continue.

Большо́й, бу́ква, си́ний, вме́сте, вопро́с, гости́ница, то́лько, звезда́, зда́ние, бе́лый, ко́шка, кра́сный, ма́ленький, молоде́ц, река́, знак, сейча́с, тру́дно, фотоаппара́т.

4. Expressing opinions about actions (7: B)

EXERCISE 10. Work in pairs to ask and tell each other about different activities, as in the following examples.

Анна: Как ты у́чишься?

Бори́с: Хорошо́. А как ты зна́ешь матема́тику?

Анна: Пло́хо. А как ты игра́ешь в бейсбо́л?

Бори́с: Непло́хо. А ты игра́ешь на гита́ре?

Анна: Нет, не игра́ю.

Use the following direct objects to make up your own dialog:

баскетбо́л, скри́пка, волейбо́л, пиани́но.

EXERCISE 11. Что они́ у́чат? Как они́ у́чатся?

5. Expressing likes and dislikes (7: C; 9: C)

EXERCISE 12. Explain the difference:

Он лю́бит матема́тику.

Ему́ нра́вится матема́тика.

Я люблю́ джаз.

Мне нра́вится слу́шать джаз.

Ле́на лю́бит спорт.

Ей нра́вится спорт.

Мы лю́бим танцева́ть.

Нам нра́вится танцева́ть.

Они́ лю́бят говори́ть по-ру́сски.

Им нра́вится говори́ть по-ру́сски.

Я люблю́ Ма́шу.

Мне нра́вится Ма́ша.

Мы лю́бим собира́ть значки́.

Нам нра́вятся э́ти значки́.

Differentiate carefully between люби́ть and нра́виться.

EXERCISE 13. Respond to each statement following the examples.

— Мне нра́вится, как игра́ют ребя́та.
— Да, они́ хорошо́ игра́ют.

(— Мне не нра́вится э́тот журна́л.
— Да, э́то плохо́й журна́л.)

1. — Мне нра́вится, как игра́ет на скри́пке Ната́ша.
2. — Мне не нра́вится э́та му́зыка.
3. — Мне не нра́вится э́то упражне́ние.
4. — Мне нра́вится э́тот **фильм**.
5. — Мне нра́вится э́тот уче́бник.
6. — Мне нра́вится э́та му́зыка.
7. — Мне не нра́вится, как танцу́ет И́горь.

EXERCISE 14. State an obvious conclusion (or one that isn't so obvious, if you can substantiate it). The examples below should help.

Ната́ша: Мне о́чень нра́вится э́та му́зыка.

    — Ната́ша лю́бит му́зыку. [obvious]

    (— Ната́ша лю́бит танцева́ть. [easy to guess])

    (— Ната́ша не понима́ет му́зыку. [you think the music is poor])

    (— Ната́ша хорошо́ рису́ет. [there is something she knows])

Анто́н: Мне нра́вится э́та кни́га.

Ната́ша: Англи́йский язы́к о́чень краси́вый.

Ка́тя: Мне о́чень нра́вится Москва́: Кремль,
        Новоде́вичий монасты́рь.

Воло́дя: Мне нра́вится, как игра́ет „Спарта́к“.

Рома́н: Мне о́чень нра́вится э́тот фильм.

6. Talking about possessions and relationships (8: A)

EXERCISE 15. In each instance, offer your assistance, following the model below.

— У меня́ нет ру́чки.

— У меня́ есть ру́чка. Вот, пожа́луйста.

1. — У меня́ нет карандаша́.

2. — У меня́ нет словаря́.

3. — У меня́ нет журна́ла.

4. — У меня́ нет а́дреса магази́на.

5. — У меня́ нет телефо́на кинотеа́тра.

EXERCISE 16. Answer the questions:

1. — У вас в кла́ссе есть **видеомагнитофо́н**?
2. — У вас в шко́ле есть **бассе́йн**?
3. — У вас в го́роде есть река́/о́зеро?
4. — У тебя́ есть брат/сестра́?
5. — У тебя́ есть де́душка и ба́бушка?
6. — Ты хорошо́ зна́ешь Ната́шу? У неё есть подру́га?
7. — Ты хорошо́ зна́ешь Ви́ктора и Са́шу? У них есть мотоци́кл?
8. — На у́лице, где ты живёшь, есть апте́ка?

7. Expressing alternatives (8: C)

EXERCISE 17. Ask for clarification.

— Мы чита́ем.
— Вы чита́ете и́ли пи́шете?

1. — Мы игра́ем в волейбо́л.
2. — Ната́ша чита́ет журна́л.
3. — Они́ игра́ют на гита́ре.
4. — Ба́бушка смо́трит телеви́зор.
5. — Мы пи́шем письмо́.
6. — Ка́тя слу́шает му́зыку.

8. Pointing out objects and describing them (9: A)

EXERCISE 18. Confirm each statement.

— Какóй красúвый стадиóн!
— Да, óчень красúвый!

1. — Какáя мáленькая машúна!
2. — Какóй стáрый дом!
3. — Какóй плохóй день!
4. — Какúе красúвые цветы́!

EXERCISE 19. Select and use any appropriate cues to express an exclamation.

You see a small kitten.   Какáя онá мáленькая!

1. You see a new hotel.   хорóший
2. You see a flower.   плохóй
3. You see two small kittens.   красúвый
4. You see many flowers.   нóвый
5. You see a magazine   стáрый
   that was published in the   большóй
   nineteenth century.

EXERCISE 20. You are showing your town to a Russian visitor. Imagine you are in a specific location and are pointing out the buildings and other spots of interest in the vicinity. Use the adverbs of direction прямо, налéво, напрáво, сзáди. Some of the places you may wish to point out are: стадиóн, гостúница, шкóла, магазúн, рекá, больнúца.

EXERCISE 21. You are conducting an imaginary excursion around the center of Moscow for your fellow students. Use photographs in the textbook or other materials in the classroom to point out important sites. Your "tourist group" should express their reactions to places that you point out. The excursion map on the next page may help you.

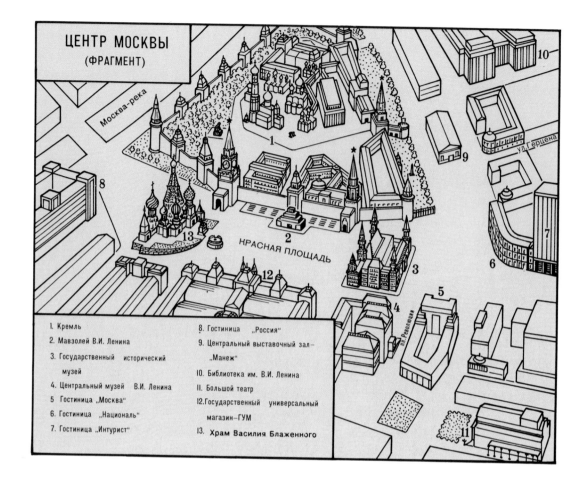

ЦЕНТР МОСКВЫ
(ФРАГМЕНТ)

Москва-река

КРАСНАЯ ПЛОЩАДЬ

1. Кремль
2. Мавзолей В.И. Ленина
3. Государственный исторический музей
4. Центральный музей В.И. Ленина
5 Гостиница „Москва"
6. Гостиница „Националь"
7. Гостиница „Интурист"

8. Гостиница „Россия"
9. Центральный выставочный зал— „Манеж"
10. Библиотека им. В.И. Ленина
11. Большой театр
12. Государственный универсальный магазин—ГУМ
13. Храм Василия Блаженного

9. Specifying/Being specific (9: B)

EXERCISE 22. Ask for one of the objects pointed out to you.

— Вот хоро́шие значки́!
— Да́йте мне вот э́тот значо́к.

1. — Вот хоро́шие уче́бники.

2. — Это хоро́шие кни́ги.

3. — Вот больши́е матрёшки.

4. — Пожа́луйста, вот **неплохо́й ко́мпас**.

5. — Вот краси́вые су́мки.

6. — Это **ру́сско-англи́йские** словари́.

II. GRAMMATICAL FORMS AND VOCABULARY

1. The accusative form of an animate masculine noun is the same as its genitive form. The accusative form of an inanimate masculine noun is like its nominative form. Feminine and neuter nouns always have the same endings in the accusative, whether they are animate or inanimate. Examine the table.

Case	Question(s)	Prepositions (other indicator)	Masculine	Feminine	Neuter
Nominative	кто? что?		Ива́н класс музе́й	Ни́на шко́ла пло́щадь	письмо́ упражне́ние
Genitive	кого́? чего́? у кого́?	(нет)	Ива́на кла́сса музе́я	Ни́ны шко́лы пло́щади	письма́ упражне́ния
Accusative	кого́? что? в/на что?	в, на	Ива́на класс музе́й	Ни́ну шко́лу пло́щадь	письмо́ упражне́ние
Dative					
Instrumental					
Prepositional	где?	в, на	(в) кла́ссе (в) музе́е	(в) шко́ле (на) пло́щади	(в) письме́ (в) упражне́нии

EXERCISE 23. Match these questions and responses; then give the grammatical case of each underlined word.

1. — Где нахо́дится <u>кинотеа́тр</u>
   „Росси́я“?

2. — У вас в <u>го́роде</u> есть
   университе́т?

3. — Анто́н лю́бит игра́ть в <u>футбо́л</u>?

4. — Ната́ша хорошо́ игра́ет на
   <u>гита́ре</u>?

5. — У вас есть <u>мотоци́кл</u>?

6. — У тебя́ есть <u>словарь</u>?

7. — <u>И́горь</u> говори́т по-англи́йски?

А. — Нет, у меня́ нет <u>словаря́</u>.

Б. — У нас нет <u>мотоци́кла</u>.

В. — Да, о́чень лю́бит игра́ть.

Г. — На <u>пло́щади</u> Пу́шкина.

Д. — У нас в го́роде нет
   <u>университе́та</u>.

Е. — Нет, он не говори́т
   по-англи́йски.

Ж. — Нет, она́ пло́хо игра́ет на
   гита́ре.

EXERCISE 24. Read these sentences, supplying grammatical endings as needed.

1. Я живу́ на у́лиц___ Пайн___ .

2. Магази́н нахо́дится в це́нтр___ .

3. Мари́на чита́ет газе́т___, а я чита́ю журна́л___ .

4. Ка́тя лю́бит игра́ть на гита́р___ .

5. Оле́г хорошо́ игра́ет в футбо́л___ .

6. У нас в го́род___ нет теа́тр___ .

2. Adjectives are used to modify nouns and change their form according to the gender, case, and number of the noun they describe.

EXERCISE 25. Create noun phrases by choosing an appropriate adjective for each noun.

дом	хоро́ший	стадио́н	ста́рый
кни́га	плохо́й	маши́на	большо́й
пло́щадь	краси́вый	окно́	ма́ленький
зал	но́вый		

3. There are two verb conjugations in Russian. The first
(**I**) has the endings **-ю(-у), -ешь, -ет, -ем, -ете, -ют
(-ут)**; the second (**II**) has the endings **-ю(-у), -ишь,
-ит, -им, -ите, -ят(-ат)**.

EXERCISE 26. You are at home with your family. Your friend calls and asks what everyone is doing. Respond by completing this paragraph.

Ребя́та до́ма. Анто́н и Кири́лл де́ла___ уро́ки. Ната́ша
пи́ш___ письмо́, Андре́й и Са́ша уч___ слова́. Оля и
Ка́тя говор___ по-англи́йски, а я слу́ша___ ра́дио.

EXERCISE 27. Find an ending for each blank. Read your answer aloud.

-ю	-ит	Я игра́___ на скри́пке.
-ет	-ем	Мы де́ла___ уро́ки.
-им	-ат	Он уч___ слова́.
-ят	-ут	Мы понима́___ и говор___
		по-ру́сски.
-ют	-ете	Вы игра́___ на гита́ре?
-ите		Они́ лю́б___ кино́.

EXERCISE 28. Construct questions with **и́ли** using these elements: **you, to love, to listen
to, jazz, rock and roll.**

— Вы лю́бите слу́шать джаз и́ли рок-н-ро́лл?

1. Your brother, to work, to study.
2. In Russia, to play, football, rugby.
3. You, to play, a guitar, a violin.
4. You, to love, to watch tennis, to play tennis.

4. In these lessons, you learned about 120 words.

EXERCISE 29. Tell what letters are missing from each of the following words.

В слове <u>журнал</u> нет буквы „у".

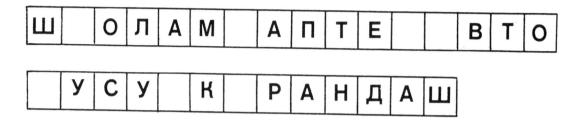

EXERCISE 30. Tell which word does not belong in each of these word groups.

1. буква, текст, предложение, центр, слово
2. столица, улица, тетрадь, площадь, здание
3. математика, химия, грамматика, конфеты, физика
4. учитель, инженер, учительница, магазин, врач
5. читать, понимать, звезда, танцевать, рисовать

EXERCISE 31. Arrange the nouns below into groups according to the verbs they can be used with (**читать, знать, жить, любить, понимать**). Some of these nouns can be used with more than one verb.

буква	вопрос	предложение
торт	урок	математика
конфеты	площадь	музыка
река	звезда	столица
центр	здание	грамматика
танцевать		

III. SUMMARY EXERCISES

EXERCISE 32. Dramatize:

1. You have been introduced to a student from another school. Find out whether he/she has brothers and sisters and what he/she likes to do. During the conversation, volunteer information about your own family and what you like to do.

2. You are in a store and see a beautiful red motorcycle. You admire it, but you know that your mother and father don't like them. Tell your friend what you like about this particular model.

3. Your notebook has disappeared. When your teacher asks you for your work, you say that you have lost it and describe your notebook as you look around the room. You then spot a note-book that looks like it on another student's desk, and you ask for it. It is yours, and you thank the other student. You take out your homework paper and hand it to the teacher (Вот она́).

4. Discuss your class with your teacher. Say what you do and do not like about the school, the room, the textbook, and other students in the class. Be restrained and courteous about what you don't like, and name some things you like, in order to demonstrate a positive attitude.

5. You have just arrived in Moscow and are met by the Russian family you will live with for a while. They ask what you like, what your favorite activities are, and also a lot of questions about your family and your school. You don't understand everything and will sometimes have to ask what something means in English.

EXERCISE 33. Talk about yourself:

1. Как вас зову́т? (ва́ше и́мя, ва́ша фами́лия)

2. У вас есть брат? Ка́к его́ зову́т?

3. У вас есть сестра́? Как её зову́т?

4. Где вы живёте? (го́род, у́лица, дом, кварти́ра)

5. Где вы у́читесь? (рабо́таете)

6. Где нахо́дится ва́ша шко́ла?

7. У вас в шко́ле есть библиоте́ка?

8. Что вы лю́бите де́лать?

9. Вы лю́бите чита́ть?

10. Вы игра́ете в баскетбо́л?

11. Каку́ю игру́ вы лю́бите?

12. У вас есть маши́на? Кака́я она́?

ЧАСТЬ ТРЕТЬЯ

Урок 11
(Одиннадцатый урок)

Какая у вас машина?

Section	Main Structures	Functions	Grammatical Concepts	Language & Culture
A	— Чья это машина? — Это наша машина. — Можно? — Пожалуйста.	Talking about possessions/ Asking for permission	Interrogative pronoun чей Possessive adjectives Verbs видеть, смотреть	Russian traffic police: ГАИ
B	У меня старый белый „бьюик".	Talking about color Naming colors	Adjectives that name colors The preposition y with animate nouns	Some facts about driving in Russia
C	— У вас есть русские машины? — Думаю, что нет.	Expressing an opinion	Subordinate clauses with the conjunction что	The automobile plant at Тольятти Russian automobiles
D	Phonetics and Reading Pronunciation Practice „Дорожные знаки" „Рим — Москва — Филадельфия"		„Вы едете очень быстро" Overview of the Lesson Словарь	

A1 Sasha, his brother Andrei, and Brian have driven to a store to buy some bread. When they get out of the car a policeman approaches.

— Чья э́то маши́на?

— На́ша. (Э́то на́ша маши́на.)

— Вы что, не ви́дите знак? Здесь **стоя́ть нельзя́.**

— Ви́дим, ви́дим, но мы **то́лько одну́ мину́ту, мо́жно?**

— Ну, хорошо́, одну́ мину́ту мо́жно.

— Спаси́бо, **това́рищ милиционе́р.**

A2 Traffic Police

There are more traffic police in Russian cities than police on patrol in American cities. The traffic police (called **ГАИ**) strictly enforce traffic rules and are empowered to levy fines on the spot. The severest punishment the **ГАИ** can impose is the loss of a driver's license and a fine for causing an accident while driving under the influence of alcohol.

Study these new ways of indicating possession in Russian.

	Masculine	*Feminine*	*Neuter*	*Plural*
кто?	**чей?**	**чья?**	**чьё?**	**чьи?**
я	мой	моя́	моё	мой
ты	твой	твоя́	твоё	твой
он	его́	его́	его́	его́
она́	её дом	её маши́на	её письмо́	её кни́ги
мы	наш	на́ша	на́ше	на́ши
вы	ваш	ва́ша	ва́ше	ва́ши
они́	их	их	их	их

The same possessive adjectives (его́ — his, её — her, их — their) are used with all genders, singular and plural: Это мой брат. Вот его́ словáрь, его́ рýчка, его́ письмо́, его́ кни́ги. Это Натáша. Это её журнáл, её тетрáдь, её письмо́, её кни́ги. Это Игорь и Олéг. Это их дом, их маши́на, их сýмки.

A4 Complete the sentences below, as in the following example.

— Ребя́та, э́то ваш класс?

— Нет, не наш.

(— Да, наш.)

1. — Чья э́то собáка? Ребя́та, э́то вáша собáка?

   — Нет...

2. — Чей э́то фотоаппарáт? Кóстя, э́то твой фотоаппарáт?

   — Да...

3. — Чьё э́то кольцó? Натáлия Николáевна, э́то вáше
   кольцó?

   — Нет...

4. — А где Игорь? Это его́ сýмка?

   — Да...

5. — Чьи э́то кни́ги? Где Ли́да? Это её кни́ги?

   — Да...

6. — Борис Фёдорович, это ваша машина?

    — Да...

7. — Ребята, это ваш дом?

    — Да...

A5 **Чей? Чья? Чьё? Чьи?** Examine these drawings and explain to whom each object belongs. Follow the example.

Это Наташа. Вот её дневник.

Это Наташа. Её фамилия Новикова. Это Игорь. Его фамилия Новиков. Наташа и Игорь — брат и сестра. Их фамилия Новиковы.

A6 If you want to request something or offer your assistance to someone, you can simply say: „Мóжно?" or „Это мóжно?"

The rest of the idea can be expressed by your eyes, your hands, or your actions. When there is a large crowd on a bus and you need to move forward, or want to ask a girl to dance at a party, or you need to look at something, or want to offer assistance, just say: „Мóжно?"

Мóжно is also used with the infinitive of a verb to request permission to perform a specific action as in: „Мóжно здесь игрáть?" The simple response to such a question may be either: „Да, мóжно." (the affirmative answer) or „Нет, нельзя́." (withholding of permission).

In earlier lessons you learned other words that are important in contacts with other people: извини́те, пожа́луйста, and спаси́бо.

A7 Choose a picture; then read the conversation that the picture illustrates.

— Ребя́та, здесь нельзя́ игра́ть.
— А где мóжно?
— На стадиóне.

— Здесь мóжно танцева́ть?
— Да, пожа́луйста.

— Мóжно посмотрéть э́ту кни́гу?
— Конéчно, мóжно.

— На Ма́рсе мо́жно жить?
— Нет, нельзя́!
— Это о́чень пло́хо.

A8 Study the situations in the pictures; then offer your help or ask for permission as appropriate.

A9 Брáйан, Сáша и Андрéй в машúне.

— Брáйан, посмотрú напрáво. Вúдишь плóщадь и большóе крáсное здáние?
— Да, Сáша, хорошó вúжу.
— Я живý там.
— Да? Мне óчень нрáвится э́тот дом. **Дай** мне, пожáлуйста, фотоаппарáт.

A10 The verbs вúдеть (to see) and смотрéть (to look) are similar to their English equivalents. Consider the difference in meaning of the verbs in this sentence: "I looked and I saw a small house." The verb смотрéть names an intentional or focused action, directing the eyes in a particular direction. Вúдеть simply says that light from the object has been detected by the eyes. Here is how the verb вúдеть changes:

Я вúжу цветы́.
Ты вúдишь дом.
Он/Онá вúдит хорошó/плóхо.

Мы вúдим Москвý.
Вы вúдите здáние.
Онú вúдят Нúну.

A11 Look around you, and describe what you see. Name as many things as you can. Begin with „Я вúжу...".

B Talking about Color. Naming Colors

У меня старый белый „бьюик".   I have an old white Buick.

B1 Two friends are talking about cars.

— У вас есть машина?

— Конечно, есть.

— А какая?

— У папы „форд", у сестры „хонда".

— А у тебя тоже есть машина?

— Да, есть. У меня **белый** „бьюик". Правда, он очень старый. А у мамы нет машины.

— Да, у вас не **так**, как у нас.

B2 Learn the names of these colors.

КАКОЙ ЭТО ЦВЕТ?

B3 Есть is not used in the present tense in situations where the existence or presence of the object can be presumed. This is most obvious in sentences where some quality or characteristic of an object is under discussion.

Compare:

У бра́та есть маши́на.   У бра́та ста́рая маши́на.
У меня́ есть соба́ка.   У меня́ хоро́шая соба́ка.

You have already learned to express possession with expressions such as **У меня́ есть...** or **У меня́ нет....** The preposition **у** can also be used with nouns in the genitive case:

У па́пы есть маши́на.   У бра́та нет маши́ны.
У сестры́ есть э́та кни́га.

B4   У кого́ кака́я маши́на?

B5 You are at a used car lot with a friend who has just turned
sixteen. He hopes to buy a car soon, and you are both looking
to see what is available in his price range. Carry on a conversation
according to these patterns (some of the many possible variations
are given):

— Какáя **большáя** машúна! (мáленький/хорóший/красúвый)

— Ты вúдишь **э́ту машúну?** (э́то „форд"/э́то „вóльво")

— Мне нрáвится **э́та машúна.** („тойóта"/„шевролé"/„додж")

— Какáя э́то машúна? Бéлая? (крáсный/чёрный/сúний)

— У меня́ крáсная машúна.

— Моя́ машúна чёрная.

B6 Some Facts about Driving in Russia

Russian young people do not have cars. In many schools, there are
clubs where students learn about automobiles and may even learn
to drive, but they cannot become licensed drivers until they are
eighteen. The waiting list to buy a new car is long, and the
purchaser must wait for years. The day a family gets a new
automobile is a major event, a long-awaited holiday.

B7 Many colors take their names from some well-
known flowers or objects: **рóзовый** (pink), **стальнóй** (from
the word for steel), **фиолéтовый, антрацúт, лилóвый,** and others.
There are many colors you probably know already, such as
орáнжевый, бéжевый, салáтный, хáки, олúвковый. You can
probably guess most of the colors just mentioned. (color = цвет)

B8 Here are some questions from an article on driving called
"Экзáмен дóма" (on the next page). Can you answer the
questions correctly? The word for driver in Russian is **водúтель.**
Answers are given at the end of the exercise. Can you name any
ways in which Russian traffic rules are different from those in the
United States?

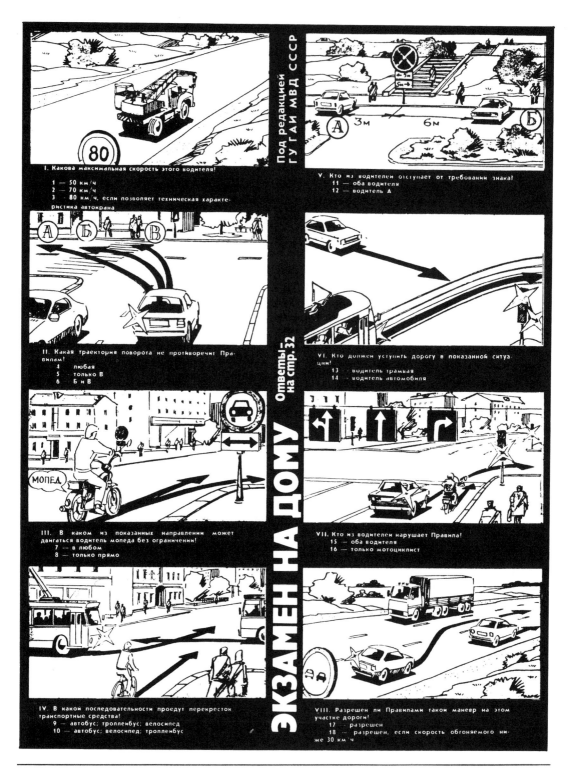

C Expressing an Opinion

— У вас есть сове́тские машины?

"Do you have Russian cars in your country?"

— Ду́маю, что нет.

"I don't think so."

C1 The friends continue their conversation.

— Скажи́, Скотт, а в Аме́рике то́лько америка́нские маши́ны?

— **Ну что ты!** У нас есть и **япо́нские**, и **неме́цкие**, и **коре́йские** маши́ны. Вот у меня́ япо́нская маши́на. Ма́ленькая, но о́чень краси́вая и хорошо́ рабо́тает. Мне она́ о́чень нра́вится.

— А у вас есть ру́сские маши́ны?

— Не зна́ю, **мо́жет быть,** есть. Но ду́маю, что нет.

C2 The word **что** can have two meanings, depending on its position in a sentence. When it occupies the first position in a sentence, it is normally the interrogative pronoun "what." When **что** occupies an internal position (after a comma), it may be a conjunction, usually translated as "that."

C3 Read these sentences and explain how the word **что** is used in each.

Я понима́ю, что он говори́т.
Я зна́ю, что э́то.
Я зна́ю, что Билл у́чит ру́сский язы́к.
Я ду́маю, что э́то **непра́вда**.
Я ду́маю, что э́то не так.

C4 The expression „Ну что ты!" (spoken to a friend) or „Ну что вы!" (spoken to an adult) is used to express surprise or disbelief at something that is said. For example:

— В Росси́и живу́т то́лько ру́сские.

— Ну что вы! Там живу́т не то́лько ру́сские.

C5 If you feel that the statement you read is true, then say „Да, это пра́вда". If not, say „Ну что ты!" or „Ну что вы!".

— В Росси́и в шко́ле у́чат то́лько англи́йский язы́к.

— У нас в кла́ссе ученики́ хорошо́ говоря́т по-ру́сски.

— Ру́сский язы́к учи́ть не так тру́дно.

— У нас в кла́ссе ученики́ мно́го рабо́тают.

— У нас в кла́ссе ученики́ не лю́бят америка́нский футбо́л.

C6 The automobile industry in Russia is developing. The largest automobile plant in Russia is located in the town of Tolyatti. The plant there produces about one million automobiles a year.

The most common Russian car is the „Жигули́", which has several models. The „Ока́" is also popular, as is the „Во́лга" and the „Запоро́жец". There is a car called a „Га́зик" (named after the Gorky automobile plant) and a „КамАЗ" (named for the truck plant on the Kama River). Taxis are usually „Во́лга"s, but vans are often used for fixed-route taxis. These taxis follow a regular route, but will stop at requested destinations.

The automobile plant in Tolyatti

D Phonetics and Reading

D1 Pronunciation Practice.

1. Practice the correct pronunciation of an initial "soft" vowel when it occurs after the letter ь or after another vowel.

моя́	моё	твои́	твоё
чья	чьё	чьи	
семья́	семьёй	семьи́	

2. Practice the pronunciation of "soft" consonants.

си́ний	зелёный	нельзя́	кольцо́
стально́й	ви́дите	смотри́те	

3. Practice the intonation of these pairs of interrogative and declarative sentences.

— Мо́жно здесь игра́ть в бейсбо́л?
— Да, мо́жно.

— Мо́жно взять твою́ гита́ру?
— Нет, нельзя́.

— Мо́жно там игра́ть в те́ннис?
— Нет, нельзя́.

— Мо́жно посмотре́ть э́ти откры́тки?
— Да, мо́жно.

4. Practice the intonation of these complex sentences.

Я зна́ю, что он учи́тель.
Я понима́ю, что она́ говори́т.
Я ду́маю, что э́то не так.
Он зна́ет, что она́ игра́ет на пиани́но.
Она́ ду́мает, что я игра́ю в хокке́й.
Они́ понима́ют, что мне нра́вится их маши́на.

Знаки сéрвиса

6.1
Пункт первой
медицинской
помощи

6.2
Больница

6.3
Автозаправочная
станция

6.4
Техническое
обслуживание
автомобилей

6.5
Мойка
автомобилей

6.6
Телефон

6.7
Пункт питания

6.8
Питьевая вода

6.9
Гостиница
или мотель

6.10
Кемпинг

6.11
Место отдыха

6.12
Пост ГАИ

Рим — Москва — Филадельфия...

Этот список городов, через которые пройдёт маршрут международного трансконтинентального автопробега, организованного Фондом социальных изобретений и итальянской фирмой «Имаго», стартовавшего сегодня в «вечном городе» под девизом «За обновление в мире», можно продолжить. Впереди — 25 тысяч километров пути по дорогам Италии, Австрии, ФРГ, ГДР, Польши, СССР и США.

Вышли на трассу десять машин — «Лендроверов», «Москвичей», «Жигулей», «Доджей». На бортах автомобилей — надписи с именами спонсоров пробега. В их число вошли АЗЛК, ВАЗ, РАФ, Аэрофлот, американская «Дженерал моторс» и другие фирмы.

Одна из задач автопробега — пополнить Всесоюзный банк идей, существующий при Фонде социальных изобретений, увидеть ростки нового в разных странах мира. Результатом экспедиции, кроме книг, журнальных и газетных статей, телепередач, станет и «Международный атлас идей» — копилка опыта социальных преобразований, своеобразный отчёт об автопробеге.

Итак, старт дан. 10 июня участники экспедиции прибудут в Брест. 17 июня мы будем встречать их в Москве. Затем маршрут проляжет через Украину и Кавказ, пересечёт просторы Средней Азии и Сибири. В порту Находка автомобили погрузят на корабль, который доставит их к берегам Нового Света, в американский порт Сиэтл, куда сами участники пробега прилетят на самолёте. А дальше — путь по дорогам США, к Филадельфии.

Б. ТАЛОВ

1) Какие машины едут в Филадельфию?
2) Какой у них маршрут?
3) Какие фирмы-спонсоры?

A Б **D4** Read this text, using a dictionary or the end vocabulary.

Вы е́дете о́чень бы́стро

В 1905 году́ у Теодо́ра Ру́звельта была́ маши́-
на. Одна́жды полице́йский останови́л маши́ну.

— Что случи́лось? — спра́шивает Ру́звельт.

— Вы е́дете о́чень бы́стро — 10 миль в час. Так
е́хать нельзя́.

— Всё! — сказа́л президе́нт. — Я е́ду на маши́не
после́дний раз!

Но э́то была́ непра́вда. Ру́звельт е́здил на маши́не
мно́го и ча́сто.

Overview of the Lesson

In this lesson, you have learned:

1) how to ask and answer questions about possession;
2) how to ask for or give permission to perform an action;
3) how to describe the color and other characteristics of objects;
4) how to express opinions;
5) how to express agreement or disagreement;
6) how to offer help.

Create and act out a conversation with a classmate in which you
try to find out whether he/she has a bicycle or some other kind of
vehicle. Find out as much as possible about the color, size, and age
of the vehicle. Express your opinion about it. Ask for permission to
examine it.

Слова́рь

*бе́лый   white
*ви́деть   (ви́жу, ви́дишь, ви́дят)   to
see
*голубо́й   light blue
*дай (imperative)   give
*жёлтый   yellow
*зелёный   green
*знак (m)   sign
*их   their
коре́йский   Korean
*кори́чневый   brown
мо́жет быть   maybe, perhaps
*мо́жно   one may, it is possible
*нельзя́   (it is) impossible, not permit-
ted

*неме́цкий   German
непра́вда (f)   not true
Ну что ты!   (here) of course not
Ну что вы!   (here) of course not
одну́ мину́ту   (in) one minute
*си́ний   blue, dark blue
*стоя́ть   (стою́, стои́шь, стоя́т)   to
stand, be standing
так   so, thus
*то́лько   only, just
*цвет (m)   color
*чей, чья, чьё, чьи   whose
*чёрный   black
япо́нский   Japanese

Урок 12
(Двенадцатый урок)

Ну, погоди!

Section	Main Structures	Functions	Grammatical Concepts	Language & Culture
A	Заяц идёт, а Волк едет.	Going places	Verbs of motion идти — ехать	The most popular Russian cartoon Avoiding bad luck when traveling
B	— Куда вы идёте? — Я иду в больницу.	Talking about destinations	Using the accusative case with destinations	Games played by Russian children Motorcycle gangs — рокеры
C	Они едут на мотоцикле.	Means of transportation	Using the prepositional case with на with means of transportation	Public transportation
D	**Phonetics and Reading** Pronunciation Practice Московское метро		„Автомобилист на 100%" Overview of the Lesson Словарь	

A Going Places

| Заяц идёт, | Hare is walking |
| а Волк éдет. | and Wolf is riding. |

A1 The Most Popular Russian Cartoon

The most popular children's cartoon in Russia is called „Ну,
погоди!" The Hare (Заяц) is very polite and quiet, while the Wolf
(Волк) is quite the opposite, always trying (and failing) to catch
the Hare. Russian children eventually got tired of the Hare always
winning, and they requested that the director allow the Wolf either
to make friends with the Hare or have the Hare lose. But the Hare
still wins, and the Wolf still takes a beating.

A2 Look at the drawings, and read the texts.

Волк: **Агá.** Заяц идёт.

Заяц: Здрáвствуйте, Волк. Вы не
        скáжете, где шкóла?

Волк:	Шко́ла? Вон там.
	Счастли́вого пути́.
Волк:	Пожа́луйста.
За́яц:	Спаси́бо, дорого́й Волк.
Волк:	Пожа́луйста.

За́яц идёт, а Волк е́дет.

Волк:	Так, где мой мотоци́кл?
	Вот он. Ну, За́яц, погоди́!

A3 As a result of the cartoon, **Ну,** *(someone's name)* **погоди́!** became a very popular expression in Russian. It is used by both children and adults as a (usually) light-hearted threat, very much like the English expression "Just you wait!" or "I'll get you!"

A4 Learn the verbs идти́ and е́хать.

идти́	е́хать
я иду́	я е́ду
ты идёшь	ты е́дешь
он/она́ идёт	он/она́ е́дет
мы идём	мы е́дем
вы идёте	вы е́дете
они́ иду́т	они́ е́дут

A5 Скажи́те, кто идёт а кто е́дет?

A6 Read this text, using a dictionary or the end vocabulary.
Скажи́те, они́ иду́т и́ли е́дут?

Есть тако́й го́род Ви́лково. Его́ называ́ют Ру́сская Вене́ция. Вам поня́тно? Да? Ви́лково стои́т на воде́, там нет у́лиц, то́лько дома́ и вода́.

— Ребя́та, вы _____ домо́й?
— Нет. В шко́лу.
— А почему́ вы _____ так ме́дленно?
— Сего́дня у нас контро́льная рабо́та.

A7 Supply the correct pronouns.

_____ е́ду
_____ идём
_____ идёшь
_____ е́дете
_____ идёт
_____ е́дут

A8 Что она говорит?

A9 Avoiding Bad Luck

There is an old Russian custom that many people take very
seriously. Before starting off on a long trip, the traveler and all
those seeing him/her off must sit without speaking for a minute.
According to the custom, if this is not done „Пути не будет"
(there will be bad luck on the journey).

— Куда́ вы идёте?

"Where are you going?"

— Я иду́ в больни́цу.

"I'm going to the hospital."

B1 The comic strip continues.

— Что случи́лось? **Куда́** вы идёте, дорого́й Волк?

— И ты ещё спра́шиваешь? Иду́ в больни́цу.

— А где **же** ваш мотоци́кл?

— Где! Где! В реке́.

— Счастли́вого пути́!

— Ну, За́яц! Погоди́!

B2 When describing motion on foot or by vehicle using идти or
ехать, a destination is normally mentioned. To specify the
destination, the accusative case is used with the preposition в or
на, answering the question „Куда́ ты идёшь/е́дешь?" Compare:

Куда́?	Где?
— Куда́ идёт Бори́с?	— Где он сейча́с?
— Он идёт **на** стадио́н.	— Он на стадио́не.

B3 Conduct a short dialog with a classmate. Use the verbs идти
and ехать and some of the phrases in these columns. Be sure
to distinguish between destination and location.

— Дэн, куда́ идёт Ма́ша?   — А ты зна́ешь, где Марк?

— На **концерт**. (Она́ идёт на концерт.)   — Зна́ю. Он на **экску́рсии**.

Куда́?		Где?	
Accusative case		*Prepositional case*	
в шко́лу	на заво́д	в шко́ле	на заво́де
в институ́т	на концерт	в институ́те	на концерте
в цирк	на экску́рсию	в ци́рке	на экску́рсии
в теа́тр	на фа́брику	в теа́тре	на фа́брике
в парк	на по́чту	в па́рке	на по́чте
в музе́й	в музе́е		
в класс	в кла́ссе		
but			
домо́й		до́ма	

B4 The word концéрт refers to public performances on stage, as in English. A концéрт in Russian, however, is not limited to musical numbers, as is normally the case in English, and may feature poetry readings, magic acts, etc.

B5 Compose your own dialogs, following the models. Use these words to name destinations and locations: ýлица, магазúн, ресторáн, фúрма, клуб, больнúца, гастронóм, гостúница.

— Кудá вы идёте, ребя́та?
— Мы идём на стадиóн.
— А где Натáша?
— Натáша в шкóле.

— Кудá ты éдешь?
— На экскýрсию.
— А где Игорь?
— Игорь дóма.

B6 Кудá они́ идýт? Кудá они́ éдут? Где они́ рабóтают?

B7 Using Free Time

Russian young people watch television a lot in their free time. Sports activities in school or at a club are also popular. Younger children still play пря́тки (hide-and-seek), and догоня́лки (follow-the-leader). When children play hide-and-seek, they use the counting rhyme „Раз, два, три, четы́ре, пять, я иду́ иска́ть!" (One, two, three, four, five, I'm going to look for you!) to give the players time to hide. Little girls play with dolls and play "school."

Teenagers are busy with real school and with school-related activities—especially during their last year, when most are preparing to take entrance exams. Music (especially рок-н-ро́л) is also an important part of their lives.

Ро́керы have appeared in the streets of Russian cities and villages over the past few years. These groups resemble motorcycle gangs in Western Europe and America. Large numbers of ро́керы race through cities and towns without mufflers on their motorcycles. Russian police, on their new, powerful German motorcycles, are able to catch them now, but they have not been able to control them completely.

B8 What's happening?

- Что случи́лось? Коне́ц све́та?
- Нет, э́то ро́керы е́дут.

C Means of Transportation

Они́ е́дут на мотоци́кле.   They are riding a motorcycle.

C1 The comic strip continues.

— Эй, брат, **сади́сь сюда́**. Едем на маши́не.
— Ну, За́яц, погоди́!

C2 The preposition **на** is used with nouns in the prepositional case to specify the form of transportation used and answers the question **на чём?**.

Я е́ду	на мотоци́кле.	Я е́ду	на **тролле́йбусе**.
	на **велосипе́де**.		на метро́.
	на маши́не.		на **трамва́е**.
	на авто́бусе.		

C3 Public Transportation

In Russia, most people walk to work or school or else use public transportation. The most common form of transportation is the bus. In many Russian cities, there are also streetcars and trolleybuses. The largest cities have subways.

Moscow is the largest city in Russia with a population of more than eight million. It is common for a Moscovite to spend an hour getting to work in the morning. During rush hour (**пик**), there are often problems with public transportation, but it is not much easier to drive a private car in a city of this size, especially in cold conditions. So the subway is better for almost everyone. In Russia, all forms of public transportation cost 50 kopecks.

Many people buy special passes that allow unlimited travel on any form of public transportation for a given period of time. This pass is called a **еди́ный биле́т**.

C4 Скажи́те, кто куда́ и на чём е́дет?

D Phonetics and Reading

D1 Pronunciation Practice.

1. Review and practice the correct pronunciation of unstressed vowels.

éдешь	éдет	éдем	éдете
спрáшиваешь	спрáшивает	спрáшиваем	спрáшиваете
на машúне	на трамвáе	на автóбусе	на троллéйбусе
на велосипéде		на мотоцúкле	

2. Practice the correct pronunciation of the letter в.

a) в институ́т   в университéт   в Иркýтск   в Индию

b) в шкóлу   в цирк   в теáтр

в парк   в класс   в поликлúнику

3. Practice the intonation of these interrogatives and responses, which contain both an interrogative and a declarative element.

— Вы не скáжете, где фáбрика?   — Ты не скáжешь, где стадиóн?

— Фáбрика? Вон там, напрáво.   — Стадиóн? Вон там, прямо.

— Вы не скáжете, где институ́т?

— Институ́т? Вон там, налéво.

D2 Visitors who ride the Moscow subway hear several announcements repeated again and again. At each station, the voice on the loudspeaker repeats a warning that the doors are closing and also names the next stop on the line.

— Осторо́жно, две́ри закрыва́ются. Сле́дующая ста́нция...

Try this game with the subway map of Moscow. The first student (or your teacher) reads the subway announcement given above and then names a subway station. The first student to find that stop on the map receives a point. That student (or your teacher) then reads the announcement, naming a different stop, and the rest of the class competes to find that station first. The student who has the most points at the end of the game is the winner.

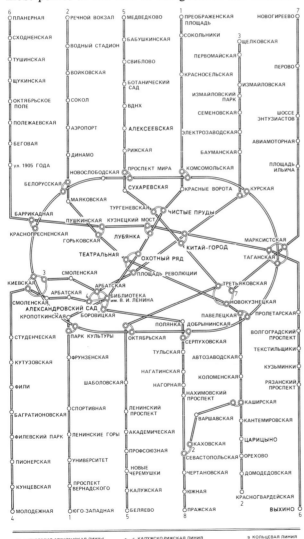

Автомобилист на 100%

— У тебя машина не работает. Идём гулять.
— Гулять? Это идти на улицу, в парк?
— А что? Это неплохо.

— Хорошо, идём.

— А здесь можно идти направо? Я не вижу знак.
— Конечно, можно. Ты идёшь, а не едешь. Здесь можно идти и направо, и налево, и прямо.

— Что ты де́лаешь?
— Я даю́ сигна́л.

. . .

— Милиционе́р! Где здесь ГАИ?
— Что вы говори́те? Кака́я ГАИ? Вы не на маши́не е́дете, а идёте, поня́тно?

— Друг! Автомобили́ст!
— Очень прия́тно...

— Мой но́мер...
— О́чень прия́тно.
Мой но́мер...

— А э́то моя́ жена́.

Overview of the Lesson

In the lesson, you have learned:

1) how to talk about going from place to place, whether on foot or by some vehicle;
2) how to talk about a destination or direction of travel;
3) how to indicate the form of transportation used.

Write the following words on four stacks of cards. One stack will name persons (кто?); the second will name destinations (куда́?); the third will name forms of transportation (на чём?), and the fourth will contain verbs and verb forms (как?). Here is a list of the cards to make for each stack.

кто?	как?	куда?	на чём?
я	идти́	шко́ла	тролле́йбус
ты	е́хать	парк	маши́на
он	идти́	институ́т	авто́бус
она́	е́хать	пло́щадь	такси́*
мы	идти́	дом	велосипе́д
вы	е́хать	заво́д	мотоци́кл
они́	идти́	конце́рт	трамва́й
ма́ма	е́хать	о́фис	метро́*
па́па	идти́	рабо́та	
		уро́к	

Shuffle and place each of the four stacks of cards face down on a desk. The first student picks up a card from each of the four stacks. He/She then lays the cards down face up and makes up a sentence using all four of the words on the cards. If the card drawn from the **как?** stack is идти́, then the card from the **на чём?** stack will not be used.

---

* Note that такси́ *(n)* and метро́ *(n)* cannot be declined.

Слова́рь

Ага́! Aha!

велосипе́д *(m)* bicycle

*домо́й home, homeward

е́хать (е́ду, е́дешь, е́дут) to go by some form of transportation, ride, drive

же particle, emphasizes the preceding word

идти́ (иду́, идёшь, иду́т) to go on foot

коне́ц све́та apocalypse, the end of the word

конце́рт *(m)* concert

*куда́ where (to), to what destination

сади́сь sit down, take a seat

Счастли́вого пути́! Have a good trip!

*сюда́ *(here)* to this place

*такси́ *(m)* taxi

трамва́й *(m)* streetcar

тролле́йбус *(m)* trolleybus

Эй! Hey!

экску́рсия *(f)* excursion

Урок 13
(Тринадцатый урок)

Хоккей –

настоящая мужская игра

Section	Main Structures	Functions	Grammatical Concepts	Language & Culture
A	— Какóй сейчáс счёт? — 3:3. Ты рáзве не вѝдишь?	Dealing with numbers Expressing surprise	Cardinal numbers 1-20 Using рáзве to express surprise	Popular sports clubs
B	Вчерá мы бы́ли на стадиóне. «Спартáк» победѝл.	Talking about past actions	Past tense of verbs **быть, игрáть, победи́ть** Cardinal numbers 30-100	Soviet athletes at the Olympic games
C	Хоккéй — настоя́щая мужскáя игрá. Мы тебя́ не вѝдели, а ты нас вѝдела?	Discussing sports	Personal pronouns in the accusative case to express the direct object of an action	Problems with over-enthusiastic sports fans
D	Phonetics and Reading Pronunciation Practice Спортѝвная информáция „Герáклы XX вéка"		„Компью́тер прóтив чемпиóна" Overview of the Lesson Словáрь	

A Dealing with Numbers. Expressing Surprise

— Какой сейчас счёт?   "What's the score now?"

— 3:3. Ты ра́зве не ви́дишь?   "3 to 3. Really, can't you see?"

A1 Игорь и Оле́г иду́т на стадио́н. Оле́г лю́бит хокке́й, а Игорь не понима́ет э́ту игру́. Они́ иду́т вме́сте на хокке́й.

— Кто сего́дня игра́ет?

— «Спарта́к» и **ЦСКА**. «Спарта́к» — э́то **кома́нда** но́мер 1.

— «Спарта́к» — чемпио́н?

— Нет, сейча́с чемпио́н ЦСКА. Но зна́ешь, сего́дня чемпио́н ЦСКА, а **за́втра** ещё посмо́трим!

A2 Футбо́л и хокке́й — са́мые популя́рные ви́ды спо́рта в Росси́и. И са́мые популя́рные кома́нды — э́то «Спарта́к», «Дина́мо», «Зени́т», «Торпе́до» и ЦСКА. ЦСКА — э́то Центра́льный спорти́вный клуб а́рмии.

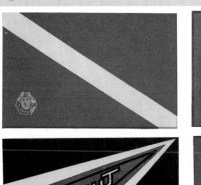

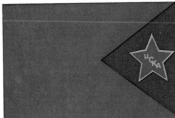

А3 На стадио́не.

— Како́й сейча́с **счёт**?

— Ты **ра́зве** не ви́дишь? **Ничья́**: 3:3. Ура́! Гол! 4:3.
Хорошо́ игра́ет «Спарта́к».

— А мне нра́вится, как игра́ет ЦСКА.

— Ты ничего́ не понима́ешь в хокке́е.

— Я о́чень хорошо́ понима́ю, что ты **боле́ешь за**
«Спарта́к».

А4 Learn the numbers 1-20.

1 — оди́н	6 — шесть	11 — оди́ннадцать	16 — шестна́дцать
2 — два	7 — семь	12 — двена́дцать	17 — семна́дцать
3 — три	8 — во́семь	13 — трина́дцать	18 — восемна́дцать
4 — четы́ре	9 — де́вять	14 — четы́рнадцать	19 — девятна́дцать
5 — пять	10 — де́сять	15 — пятна́дцать	20 — два́дцать

A5 Count the birds, cars, umbrellas, and ties aloud.

A6 Read this clipping from the popular newspaper «Вече́рняя Москва́». Скажи́те, каки́е кома́нды игра́ют.

ЦЕНТРАЛЬНЫЙ СТАДИОН «ДИНАМО»

МАЛАЯ СПОРТИВНАЯ АРЕНА

28 июня в 18 час. 30 мин.

Впервые в СССР

Показательный матч

АМЕРИКАНСКИЙ ФУТБОЛ

Играют команды:
«СТАРС» (г. Оклахома, США)
«БУММЕРС» (г. Оклахома, США).
Проводится спортивно - вещевая лотерея.

Билеты продаются в кассах стадиона «Динамо».

A7 Read these soccer scores aloud.

ФИНИШИ
И СТАРТЫ

ФУТБОЛ. Результаты матчей чемпионата страны (первая лига), состоявшихся 13 июня: «Торпедо» — «Гурия» — 1:2, «Котайк» — «Динамо» (Ставрополь) — 2:2, «Металлург» — «Геолог» — 2:0, СКА (Ростов-на-Дону) — «Шинник» — 3:3, «Спартак» — «Пахтакор»—0:1, «Нефтчи» — «Кайрат» — 1:1, «Кубань» — «Динамо» (Батуми) — 0:0, «Даугава» — ЦСКА — 1:4, СКА «Карпаты» — «Кузбасс» — 0:2, «Нистру» — «Факел» — 1:0, «Таврия» — «Ростсельмаш» — 1:1.

A8 The word ра́зве adds an element of surprise, doubt, or emotional force to a question or exclamation:

— Ты ра́зве не зна́ешь, что «Спарта́к» — чемпио́н?
— Ра́зве Анто́н лю́бит игра́ть в хокке́й?
— Ра́зве э́то ру́сская кома́нда?

A9 Read and translate. Think up situations in which you might hear:

1. Ты ра́зве не зна́ешь, что сего́дня игра́ет на́ша кома́нда?
2. Ра́зве в Росси́и игра́ют в гольф?
3. Ра́зве Са́ша хорошо́ игра́ет в футбо́л?
4. Ра́зве в Росси́и игра́ют в бейсбо́л?

A10 Ничего́ не понима́ет? Ничего́ не зна́ет? Ничего́ не ви́дит? Ничего́ не де́лает?

A11 Talk about this comic strip.

Настоя́щий мужчи́на игра́ет в хокке́й!

B Talking about Past Actions

Вчера́ мы бы́ли на стадио́не. «Спарта́к» победи́л.

We were at the stadium yesterday. *Spartak* won.

B1 На друго́й день в кла́ссе.

— Где вы бы́ли **вчера́**?

— Вчера́ мы бы́ли на стадио́не. Смотре́ли **матч** «Спарта́к» — ЦСКА.

— Ну и как?

— «Спарта́к» игра́л о́чень хорошо́ и **победи́л**: 4:3.

— **Поздравля́ем**.

B2 The past tense of verbs.

	Singular			Plural
	Masculine	*Feminine*	*Neuter*	
быть	я ты был он	я ты была́ она́	оно́ бы́ло	мы вы бы́ли они́

	Singular			Plural
	Masculine	*Feminine*	*Neuter*	
игра́ть	я ты игра́л он	я ты игра́ла она́	оно́ игра́ло	мы вы игра́ли они́
победи́ть	я ты победи́л он	я ты победи́ла она́	оно́ победи́ло	мы вы победи́ли они́

For all regular verbs, the past tense endings are -л (masculine subject), -ла (feminine subject), -ло (neuter subject), -ли (plural subject). These endings are attached to the infinitive stem (that is, what remains after removal of the -ть, the ending of all regular verb infinitives).

B3 Confirm each of these statements.

— Вчера́ игра́ли «Торпе́до» и «Зени́т».
— Да, вчера́ игра́ли э́ти кома́нды.

1. — Ната́ша была́ на стадио́не, но не ви́дела Иру.

2. — «Торпе́до» победи́ло, 4:3.

3. — Вчера́ Ната́ша и Игорь бы́ли на стадио́не.

4. — Бори́с и Игорь чита́ли, что за́втра на стадио́не — большо́й матч.

5. — Игорь не знал, кака́я кома́нда — чемпио́н по хокке́ю.

B4 Где они́ бы́ли?

B5 Learn the numbers from thirty to one hundred.

30 — три́дцать	50 — пятьдеся́т	70 — се́мьдесят	90 — девяно́сто
40 — со́рок	60 — шестьдеся́т	80 — во́семьдесят	100 — сто

B6 Чита́йте и скажи́те, како́й э́то вид спо́рта?

4:2
— Счёт 4:2. Это мо́жет быть футбо́л и́ли хокке́й.

5:3	17:21	9:15
7:10	86:104	40:15

B7 Match each drawing to one of the dialogs below.

1) — Ты игра́л о́чень хорошо́. Поздравля́ем.

— Большо́е спаси́бо.

2) — Кто вчера́ победи́л?

— Я!

3) — Как ты ду́маешь, кто победи́т?

— Я ду́маю, победи́т И́горь.

B8 American and Soviet sports teams were always major rivals at the Olympics. Here is a list of final results from the Seoul games.

На XXIV ле́тних Олимпи́йских и́грах разы́граны все 237 компле́ктов меда́лей. Вот как распредели́лись олимпи́йские награ́ды.

	Зол.	Сер	Бр.	Всего
СССР	55	31	46	132
ГДР	37	35	30	102
США	36	31	27	94
Южная Корея	12	10	11	33
ФРГ	11	14	15	40
Венгрия	11	6	6	23
Болгария	10	12	13	35
Румыния	7	11	6	24
Франция	6	4	6	16
Италия	6	4	4	14
КНР	5	11	12	28
Великобри- танния	5	10	9	24
Кения	5	2	2	9
Япония	4	3	7	14
Австралия	3	6	5	14
Югославия	3	4	5	12
Чехословакия	3	3	2	8
Новая Зеландия	3	2	8	13
Канада	3	2	5	10

C Discussing Sports

Хоккей — настоя́щая мужска́я игра́!
Мы тебя́ не ви́дели, а ты нас ви́дел?

Hockey is a real man's game!
We didn't see you, but did you see us?

C1 Ира overhears the boys' conversation.

— Я вчера́ то́же была́ на стадио́не.

— Мы тебя́ не ви́дели. А ты нас ви́дела?

— Óчень хорошо́ ви́дела. Ви́дела, как вы боле́ли за «Спарта́к».

— Что ты понима́ешь в хокке́е? Хокке́й — настоя́щая мужска́я игра́.

— Де́вочки то́же игра́ют в хокке́й и в футбо́л.

— Ну, же́нский хокке́й — э́то не хокке́й.

— Это то́чно.

C2 About Sports Fans

The word фана́т describes the more intense fans of a sports club. Фана́ты wear club colors and cheer loudly. Some spectators are very careful to wear colors that will not irritate other fans at the match, since fights do break out among the supporters of rival teams.

C3 Do not forget the ways that **мужско́й** and **же́нский** are used. Study the sentences that follow:

Хокке́й — мужско́й спорт.
Те́ннис — мужско́й и же́нский спорт.

Хокке́й — мужска́я игра́.
Те́ннис — мужска́я и же́нская игра́.

C4 Try to decide which adjective (**мужско́й** or **же́нский**) is more appropriate in the following sentences:

1. Ива́н — э́то _____ и́мя, а Мари́я _____ и́мя.
2. Петро́в — э́то _____ фами́лия.
3. Журна́л «Vogue» — э́то _____ журна́л.

4. У неё о́чень ма́ленькие, _____ ру́ки.

ру́ки

5. Петро́вна — э́то _____ о́тчество.
6. Рабо́та врача́ — э́то _____ рабо́та.

C5 Это мужско́й и́ли же́нский вид спо́рта? Это мужска́я и́ли же́нская игра́?

футбо́л   волейбо́л   ре́гби
бокс   **карате́**   **гимна́стика**
америка́нский футбо́л   баскетбо́л

C6 Tell whether you agree or disagree with these statements.

— Бокс — настоя́щая мужска́я игра́.
— Это то́чно./Это пра́вда./Это пра́вильно.
(— Футбо́л — настоя́щая мужска́я игра́.
— Это не так./Это непра́вда./Это непра́вильно.)

If you wish, you can add statements such as:

— Я люблю́ же́нский футбо́л.
(— А мне нра́вится то́лько мужско́й футбо́л.)

1. Бейсбо́л — настоя́щая мужска́я игра́.
2. Волейбо́л — хоро́ший мужско́й спорт.
3. Те́ннис — настоя́щая же́нская игра́.
4. Ре́гби — настоя́щий мужско́й спорт.
5. Баскетбо́л — настоя́щая мужска́я игра́.

C7 Russian pronouns change form according to case, just as in English. Here are the forms of the accusative case, which you already know.

Nominative (subject)		Accusative (direct object)	
я ты он/она́	мы вы они́	меня́ тебя́ его́/её	нас вас их

— Ты меня́ ви́дишь?
— Да, я ви́жу тебя́.

— Ты ви́дишь нас?
— Да, я ви́жу вас.
— А я не ви́жу их.

— Ты понима́ешь э́тот текст?
— Да, я хорошо́ понима́ю его́.
— Я не понима́ю его́.

— Где газе́та «Пра́вда»?
— Па́па чита́ет её.

— Где мои́ кни́ги?
— Я не ви́жу их.

C8 Fill in each blank with the appropriate accusative pronoun (меня́, тебя́, его́, её, нас, вас, их).

1. — Вчера́ я ви́дел _____ на стадио́не.
   — Пра́вда? А мы _____ не ви́дели.

2. — Ты зна́ешь Ната́шу Во́лкову?
   — Да, я зна́ю _____ .

3. — Это Ко́ля Петухо́в.
   — Я _____ ви́дел в шко́ле.

4. — Никола́й Петро́вич, я Воло́дя Смирно́в, учу́сь в восьмо́м кла́ссе.
   — Да, я _____ зна́ю.

5. — Ты зна́ешь э́ту му́зыку?
   — Да, я хорошо́ зна́ю _____ .

6. — Ты чита́л э́ти журна́лы?
   — Да, я чита́л _____ .

7. — Я здесь. Вы _____ ви́дите?
   — Да, мы _____ ви́дим.

D1 Pronounciation Practice.

1. Practice the correct pronunciation of both hard and soft л in the past tense forms of verbs.

a) был   игра́л   ви́дел   боле́л   победи́л
   была́   игра́ла   ви́дела   боле́ла   победи́ла
b) бы́ли   игра́ли   ви́дели   боле́ли   победи́ли

2. Practice the correct pronunciation of ть.

a) шесть   де́вять   де́сять   пять   писа́ть
   ви́деть   смотре́ть   победи́ть   быть   игра́ть
b) пятьдеся́т   шестьдеся́т

3. Practice the correct pronunciation of мь.

семь   во́семь   се́мьдесят   во́семьдесят

4. Practice the correct pronunciation of дц.

оди́ннадцать   двена́дцать   трина́дцать   четы́рнадцать
пятна́дцать   шестна́дцать семна́дцать   восемна́дцать
девятна́дцать два́дцать   три́дцать

5. Practice the correct pronunciation of devoiced consonants.

a) за́втра   вчера́   мужско́й   ара́бский вто́рник   авто́бус
b) год   джаз   дог   друг   заво́д   клуб
   муж   наза́д   пиро́г   хлеб

6. Practice the intonation of these exclamatory sentences.

«Спарта́к» игра́л о́чень хорошо́ и победи́л: 5:2.
Поздравля́ем его́!

Ольга игра́ла о́чень хорошо́ и победи́ла. Поздравля́ем её!

Спортсме́ны Росси́и игра́ли о́чень хорошо́ и победи́ли. Поздравля́ем их!

D2 Study this sports information from a Russian newspaper. How much can you understand without using a dictionary?

● **БОКС.** Американский боксер Терри Норрис уверенно защитил свой титул сильнейшего в весовой категории до 154 фунтов (69,8 кг) по версии Всемирного боксерского совета (ВБС), нокаутировав в восьмом раунде своего соотечественника Дональда Керри.

После поединка 29-летний Керри, для которого это было пятое поражение за всю его карьеру, заявил, что решил навсегда распрощаться с боксом.

● **ТЕННИС.** Лейла Месхи из Тбилиси выбыла из борьбы на открытом чемпионате Франции по теннису, проиграв в $1/8$ финала Яне Новотна (Чехо-Словакия) — 0:6, 6:7. Не смогла преодолеть первый барьер другая наша теннисистка Татьяна Игнатьева — в стартовом матче юниорского турнира она уступила хозяйке соревнований Сесиль Дорей — 1:6, 0:6.

D3 In order to really understand sports scores in newspapers, you need to learn a few more words. First letters of words are frequently used as abbreviations in the score tables. Some of the most commonly used are: И — и́гры (games), В — вы́игрыш (prize, winnings), Н — ничья́ (tie), П — пораже́ние (defeat), М — матч (match), О — очки́ (points).

ИТОГОВАЯ ТАБЛИЦА

			Всего			
	И	В	Н	П	М	О
1. «Динамо» К	24	14	6	4	44—20	34
2. ЦСКА	24	13	5	6	43—26	31
3. «Динамо» М	24	12	7	5	27—24	31
4. «Торпедо»	24	13	4	7	28—24	30
5. «Спартак»	24	12	5	7	39—26	29
6. «Днепр»	24	11	6	7	39—26	28
7. «Арарат»	24	8	7	9	25—23	23
8. «Шахтер»	24	6	10	8	23—31	22
9. «Черноморец»	24	8	3	13	23—29	19
10. «Памир»	24	7	4	13	26—34	18
11. «Металлист»	24	5	8	11	13—28	18
12. «Динамо» Мн	24	6	3	15	20—34	15
13. «Ротор»	24	4	6	14	14—39	14

D4 Читáйте и скажи́те, какóй матч был в Москвé. Кто победи́л?

Герáклы XX вéка

В Москвé состоя́лись мáтчи по атлети́ческой гимнáстике мéжду спортсмéнами США и СССР. Победи́ли спортсмéны США. Они́ получи́ли и приз зри́тельских симпáтий. Совéтский спортсмéн Николáй Гришáнов зáнял трéтье мéсто. Это совсéм неплóхо для молодóго спортсмéна из Белорýссии.

Под мýзыку и аплодисмéнты выходи́ли на сцéну Герáклы XX вéка и демонстри́ровали свои́ мýскулы. Это бы́ло начáло. Посмóтрим, что бýдет на чемпионáте Еврóпы, котóрый пройдёт в Норвéгии в апрéле.

D5 Examine this newspaper clipping. Who were the opposing players in this chess match? Who won?

КОМПЬЮТЕР ПРОТИВ ЧЕМПИОНА МИРА

По инициативе американской фирмы «Эй-джи-эс» в Нью-Йорке проводился совместный матч из двух партий между Г. Каспаровым и компьютерной программой «Дип Сот» («Глубокая мысль»). Эта самая сложная из существующих шахматных компьютерных программ создана группой в составе пяти ученых, специализирующихся в области конструирования искусственного интеллекта. В этом году на конкурсе в городе Эдмонте она выиграла титул «чемпиона мира» среди компьютеров. За восемнадцать месяцев своего существования программа была испытана и в соревнованиях с профессиональными шахматистами. В частности, от нее потерпел поражение датчанин Б. Ларсен. По оценке ее создателей, «Глубокая мысль» по уровню игры приблизилась к гроссмейстерскому рейтингу — 2.550 очков.

Недавно Гарри Каспаров достиг самого высокого рейтинга в истории шахмат — 2.795 очков (в прошлом наивысший рейтинг был у американца Бобби Фишера — 2.780 очков).

Игра проходила в зале Нью-Йоркской академии искусств, где собрались многочисленные знатоки шахмат.

«Глубокая мысль» начала игру белыми с традиционного хода пешкой е2—е4. Каспаров избрал сицилианскую защиту. Ход партии вскоре продемонстрировал преимущества тонкого человеческого интеллекта перед силой машинного расчета.

Чемпион мира считает, что уже с первых ходов он доминировал на доске. Однако «Глубокая мысль» признала поражение лишь на 53-м ходу.

Выиграл Г. Каспаров и вторую партию. На сей раз компьютер сдался на 37-м ходу.

«ГЛУБОКАЯ МЫСЛЬ» — Г. КАСПАРОВ
СИЦИЛИАНСКАЯ ЗАЩИТА

1. e4 c5 2. c3 e6 3. d4 d5 4. ed ed 5. Kf3 Cd6 6. Ce3 c4 7. b3 cb 8. ab Ke7 9. Ka3 Kc6 10. Kb5 Cb8 11. Cd3 Cf5 12. c4 0-0 13. Ла4 Фd7 14. Kc3 Cc7 15. C:f5 Ф:f5 16. Kh4 Фd7 17. 0-0 Лad8 18. Ле1 Лfe8 19. c5 Ca5 20. Фd3 a6 21. h3 C:c3 22. Ф:c3 Kf5 23. K:f5 Ф:f5 24. Ла2 Ле6 25. Лае2 Лde8 26. Фd2 f6 27. Фc3 h5 28. b4 Л8e7 29. Kph1 q5 30. Kpq1 q4 31. h4 Ле4 32. Фb2 Ka7 33. Фd2 Л4e6 34. Фc1 Kb5 35. Фd2 Ka3 36. Фd1 Kpf7 37. Фb3 Kc4 38. Kph2 Ле4 39. q3 Фf3 40. b5 a5 41. c6 f5 42. cb Л:b7 43. Kpq1 f4 44. qf q3 45. Фd1 Лbe7 46. b6 qf 47. Л:f2 Ф:d1 48. Л:d1 Л:e3 49. Лq2 K:b6 50. Лq5 a4 51. Л:h5 a3 52. Лd2 Ле2. Белые сдались.

Г. КАСПАРОВ — «ГЛУБОКАЯ МЫСЛЬ»
ФЕРЗЕВЫЙ ГАМБИТ

1. d4 d5 2. c4 dc 3. e4 Kc6 4. Kf3 Cq4 5. d5 Ke5 6. Kc3 c6 7. Cf4 Kq6 8. Ce3 cd 9. ed Ke5 10. Фd4 K:f3 11. qf C:f3 12. C:c4 Фd6 13. Kb5 Фf6 14. Фc5 Фb6 15. Фa3 e6 16. Kc7 Ф:c7 17. Cb5 Фc6 18. C:c6 bc 19. Cc5 C:c5 20. Ф:f3 Cb4 21. Kpe2 cd 22. Фq4 Ce7 23. Лhc1 Kpf8 24. Лc7 Cd6 25. Лb7 Kf6 26. Фa4 a5 27. Лc1 h6 28. Лc6 Ke8 29. b4 C:h2 30. ba Kpd8 31. Фb4 Cd6 32. Л:d6 K:d3 33. Лb8 Л:b8 34. Ф:b8 Kph7 35. Ф:d6 Лc8 36. a4 Лc4 37. Фd7. Черные сдались.

У констру́кторов «Глубо́кой мы́сли» — больши́е пла́ны: они́ хотя́т сде́лать програ́мму, кото́рая бу́дет рассма́тривать оди́н миллиа́рд пози́ций в секу́нду. На э́то на́до пять лет.

„Это зна́чит, что я ещё пять лет могу́ быть чемпио́ном,“ — сказа́л Г. Каспа́ров на пресс-конфере́нции. А е́сли говори́ть серьёзно?

„Ша́хматы, — ду́мает Га́рри Каспа́ров, — бо́льше, чем матема́тика, бо́льше, чем ло́гика. У ша́хмат должны́ быть фанта́зия и интуи́ция. Если бу́дет сде́лан компью́тер с ре́йтингом 2.800, то есть как у меня́, тогда́ посмо́трим: я сам приглашу́ компью́тер на матч, потому́ что я хочу́ защити́ть челове́ческую ра́су, челове́ческий интелле́кт“.

In this lesson, you have learned:

1) how to count to one hundred;
2) how to talk about actions in the past;
3) how to understand sports information in the newspaper.

Conduct a conversation about sports with a classmate. Use the example (if you need it), and fill in the kind of sport yourself.

— Где ты вчера́ был (была́)?

— На стадио́не. Смотре́л(а) баскетбо́л.

— Кто игра́л?

— «_____» и «_____». «_____» — э́то моя́ кома́нда.
   (— Я боле́ю за кома́нду «_____».)

— И кто победи́л?

— «_____». 98:100. Была́ хоро́шая игра́.

— Поздравля́ю. (— Мне нра́вится, как игра́ет
   э́та кома́нда.)

Fill in the missing lines of this dialog.

— Где ты вчера́ был(а́)?

— Кто вчера́ игра́л?

— «_____» победи́л: ___ : ___ . Игра́ была́ хоро́шая.

— Мне то́же нра́вится э́та кома́нда.

— Поздравля́ю.

— Кака́я кома́нда нра́вится тебе́?

Словáрь

болéть (болéю, болéешь, болéют)
 за to root for

*вóсемь eight

*восемнáдцать eighteen

*вóсемьдесят eighty

*вчерá yesterday

гимнáстика *(f)* gymnastics, acrobatics

*двáдцать twenty

*двенáдцать twelve

*дéвочка *(f)* young girl

*девянóсто ninety

*девятнáдцать nineteen

*дéвять nine

другóй another

*дéсять ten

*жéнский female, feminine

*зáвтра tomorrow

каратэ́ karate

комáнда *(f)* team

*матч match

мóжет (from мочь) to be able

*мужскóй male, masculine

*настоя́щий real

*непрáвильно incorrect

ничья́ tie

*одúннадцать eleven

*нóмер *(m)* number

победúть (победúшь, победя́т) to conquer, win

*поздравля́ть (поздравля́ю, поздрав-ля́ешь, поздравля́ют) to congratulate

*пятнáдцать fifteen

*пятьдеся́т fifty

*рáзве really, actually

*рукá *(f)* hand

*семь seven

*семнáдцать seventeen

*сéмьдесят seventy

*сóрок forty

*сто hundred

счёт *(m)* score

*тринáдцать thirteen

*трúдцать thirty

*тóчно exact(ly)

*четы́рнадцать fourteen

ЦСКА TsSKA (the Army Central Sports Club)

*шесть six

*шестнáдцать sixteen

*шестьдеся́т sixty

Урок 14
(Четырнадцатый урок)

В воскресенье мы идём в цирк

Section	Main Structures	Functions	Grammatical Concepts	Language & Culture
A	— Сколько сейчас времени? — 9 часов. — Как хорошо, что сегодня воскресенье.	Talking about time	The use of numbers with nouns of time	How time is viewed in Russia
B	— Какой сегодня день? — Сегодня воскресенье. — Когда мы идём в цирк? — В 6 часов.	Using expressions of time	The question когда? Using the preposition в with the accusative case to tell when an event occured	How Russians spend their free time
C	Мы идём в цирк с Тамарой. Сначала выступают акробаты, а потом жонглёры.	Explaining with whom or with what Discussing a sequence of events	Using the preposition с with the instrumental case	The Circus School in Moscow
D	**Phonetics and Reading** Pronunciation Practice Программа телевидения		„Новый старый цирк" Overview of the Lesson Словарь	

A Talking about Time

— Ско́лько сейча́с вре́мени?	"What time is it now?"
— 9 часо́в.	"9 o'clock."
— Как хорошо́, что сего́дня воскресе́нье.	"How good that today's Sunday."

A1 Алик просну́лся в воскресе́нье в 9 часо́в.

— Ско́лько сейча́с вре́мени?

— 9 часо́в.

— 9 часо́в? **А как же** шко́ла?

— Ты забы́л, сего́дня воскресе́нье.

— Ой, пра́вда. Как хорошо́, что сего́дня воскресе́нье.

A2 Ско́лько вре́мени?

1 (оди́н)	час	1 (одна́)	мину́та
2 (два), 3, 4	часа́	2 (две), 3, 4	мину́ты
5 — 12	часо́в	5 — 20	мину́т

A3 To find out the exact time in Moscow, dial 100 on a phone. A recorded message gives the time as follows:

1. одиннадцать часов пять минут
2. двенадцать часов тридцать две минуты
3. восемнадцать часов тридцать минут
4. двадцать один час одна минута
5. двадцать три часа десять минут
6. четыре часа тридцать четыре минуты
7. пять часов двадцать две минуты

A4 About Time

Russians do not use expressions like English "A. M." or "P. M." Radio and television programming, theater performances, train and airline schedules, and other "official" times are normally based on a twenty-four hour clock.

In everyday life, people tell time using a twelve hour clock and use other expressions when it is necessary to clarify further: **3 часа дня, 6 часов вечера, 2 часа ночи, 5 часов утра.** These are the genitive case forms of the words **день, вечер, ночь, утро.**

As in English, there is some variation in using these forms. These drawings show the usual ways they are understood. Note, however, that every Russian would agree that it is **два часа ночи,** even though speakers of English might say either "two o'clock at night" or "two o'clock in the morning."

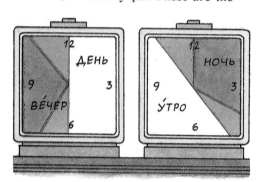

A5 Read these official times. Express them in conversational forms.

19 часов. Это 7 часов вечера.

1. 23 часа.
2. 18 часов.
3. 1 час.
4. 22 часа.
5. 11 часов.
6. 4 часа.
7. 20 часов.
8. 16 часов.

A6 Look at these clocks and watches, and tell what time it is.

Это всё — **часы́**.

A7 There are many time zones in Russia. When it is 12.00 A. M. (midnight) in Moscow, it is already 7.00 A. M. in Vladivostok.

Посмотри́те на ка́рту и скажи́те, ско́лько вре́мени в Новосиби́рске, в Омске, в Екатеринбу́рге, в Уфе́, в Москве́ и в Ирку́тске, когда́ во Владивосто́ке 0 часо́в.

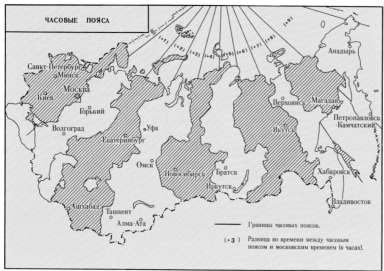

A8 Read each of these dialogs. Translate the expression „А как же . . . ?“ in each. Describe when each conversation might occur.

1. — Сейча́с мы идём игра́ть в футбо́л.
   — А как же уро́ки?
   — Ты забы́л, за́втра мы не у́чимся.

2. — Кто сего́дня идёт в теа́тр?
   — Я, Ира, Ната́ша и ты.
   — А как же Ле́на?
   — Ой, я забы́ла. Ле́на то́же идёт.

3. — Ва́ня, сейча́с мы идём в клуб.
   — А как же те́ннис?
   — Ты забы́л, те́ннис у нас за́втра.

B Using Expressions of Time

— Како́й сего́дня день?   "What day is it today?"
— Сего́дня воскресе́нье.   "Today is Sunday."
— Когда́ мы идём в цирк?   "When are we going to the circus?"
— В 6 часо́в.   "At six o'clock."

Воскресе́нье. Парк Соко́льники в Москве́

B1 Алик разгова́ривает с Анто́ном.

— Анто́н, ты не забы́л, како́й сего́дня день?
— А како́й сего́дня день?
— Сего́дня воскресе́нье.
— Ну и что?
— Сего́дня мы идём в цирк.
— Коне́чно, не забы́л.
— А когда́ мы идём?
— В 6 часо́в.

B2 Learn the days of the week.

Какой сегодня день?

Сегодня понедельник.
Сегодня вторник.
Сегодня среда.
Сегодня четверг.
Сегодня пятница.
Сегодня суббота.
Сегодня воскресенье.

	ЯНВАРЬ	ФЕВРАЛЬ	МАРТ	
Пн	7 14 21 28	4 11 18 25	4 11 18 25	Пн
Вт	1 8 15 22 29	5 12 19 26	5 12 19 26	Вт
Ср	2 9 16 23 30	6 13 20 27	6 13 20 27	Ср
Чт	3 10 17 24 31	7 14 21 28	7 14 21 28	Чт
Пт	4 11 18 25	1 8 15 22	1 8 15 22 29	Пт
Сб	5 12 19 26	2 9 16 23	2 9 16 23 30	Сб
Вс	6 13 20 27	3 10 17 24	3 10 17 24 31	Вс
	АПРЕЛЬ	МАЙ	ИЮНЬ	
Пн	1 8 15 22 29	6 13 20 27	3 10 17 24	Пн
Вт	2 9 16 23 30	7 14 21 28	4 11 18 25	Вт
Ср	3 10 17 24	1 8 15 22 29	5 12 19 26	Ср
Чт	4 11 18 25	2 9 16 23 30	6 13 20 27	Чт
Пт	5 12 19 26	3 10 17 24 31	7 14 21 28	Пт
Сб	6 13 20 27	4 11 18 25	1 8 15 22 29	Сб
Вс	7 14 21 28	5 12 19 26	2 9 16 23 30	Вс
	ИЮЛЬ	АВГУСТ	СЕНТЯБРЬ	
Пн	1 8 15 22 29	5 12 19 26	2 9 16 23 30	Пн
Вт	2 9 16 23 30	6 13 20 27	3 10 17 24	Вт
Ср	3 10 17 24 31	7 14 21 28	4 11 18 25	Ср
Чт	4 11 18 25	1 8 15 22 29	5 12 19 26	Чт
Пт	5 12 19 26	2 9 16 23 30	6 13 20 27	Пт
Сб	6 13 20 27	3 10 17 24 31	7 14 21 28	Сб
Вс	7 14 21 28	4 11 18 25	1 8 15 22 29	Вс
	ОКТЯБРЬ	НОЯБРЬ	ДЕКАБРЬ	
Пн	7 14 21 28	4 11 18 25	2 9 16 23 30	Пн
Вт	1 8 15 22 29	5 12 19 26	3 10 17 24 31	Вт
Ср	2 9 16 23 30	6 13 20 27	4 11 18 25	Ср
Чт	3 10 17 24 31	7 14 21 28	5 12 19 26	Чт
Пт	4 11 18 25	1 8 15 22 29	6 13 20 27	Пт
Сб	5 12 19 26	2 9 16 23 30	7 14 21 28	Сб
Вс	6 13 20 27	3 10 17 24	1 8 15 22 29	Вс

Days of the week in Russian are capitalized only at the beginning of sentences. Remember: the Russian week begins with Monday.

B3 Игорь Скворцов думает, что суббота — розовая, понедельник — серый, пятница — голубая. А как вы думаете?

C2 Describe the sequence in which the performers in these pictures appeared.

— Снача́ла выступа́ли акроба́ты, а пото́м выступа́л **иллюзиони́ст**.

Акроба́ты

Иллюзиони́ст

Ко́шки

Ти́гры

Цирк о́чень популя́рен в Росси́и. В Москве́ есть специа́льное учи́лище, где гото́вят арти́стов ци́рка. Не оди́н раз моско́вский цирк был в США.

C4 The instrumental case is used to answer the questions с кем? (with whom?) or с чем? (with what?). This table shows some of the verbs frequently used with the preposition с and the instrumental case.

что де́лать?	с кем?	с чем?
игра́ть	с Ива́ном, бра́том	с мячо́м
говори́ть	с Андре́ем, отцо́м	со словарём
быть	с дру́гом, учи́телем	
учи́ться	с това́рищем	с уче́бником
жить	с ма́мой, сестро́й	
идти́	с Ирой, подру́гой	с кни́гой
выступа́ть	с Та́ней, учи́тельницей	с су́мкой

— С кем выступа́л кло́ун?
— С соба́кой Ша́риком.

C5 Это Рома́н, Ка́тя, Лю́ба, Све́та, Андре́й, Анто́н. Скажи́те, кто здесь был в воскресе́нье и с кем?

РОМА́Н АНДРЕ́Й АНТО́Н КА́ТЯ ЛЮ́БА СВЕ́ТА

D Phonetics and Reading

D1 Pronunciation Practice.

1. Practice the correct pronunciation of **ч**.

час	часá	часы́	часóв	сейчáс
четвéрг	снача́ла	мячóм	чем	
четы́ре часá	вчерáшний	шесть часóв вéчера		

2. Learn this tongue twister that features the sound **ч**.

В четвéрг четвёртого числá четы́ре чёрненьких чумáзеньких чертёнка чертúли чёрными чернúлами чертёж.

3. Practice the correct pronunciation of the preposition **с**.

a) **с** Ивáном   **с** Ирúной
   с Ивáном Николáевичем   **с** Ирúной Владúмировной

b) **с** сы́ном   **с** Сáшей   **с** шýткой   **с** Шýрой

c) **с** чем   **с** часáми   **с** чемпиóном

4. Practice the correct pronunciation of the combination **сч**.

счастлúвый   **сч**астлúвого путú   **сч**ёт   со **сч**ётом

5. Review and practice the intonation of these exclamatory sentences.

Как хорошó, что сегóдня суббóта!
Как хорошó, что мы идём с пáпой!
Как хорошó, что он игрáет в футбóл!
Как хорошó, что зáвтра воскресéнье!
Как хорошó, что онá éдет с Серёжей!
Как хорошó, что вы ýчите рýсский язы́к!

D2 Read the Sunday schedule for Moscow television programs. Tell what some of the programs are.

суббота 20

6.30 120 МИНУТ.
8.30 Наш сад.
9.00 Мультипликационные фильмы: «Самолетик». «Робинзон Кузя».
«Экран».
9.25 «Северные звоны». Фильм-концерт. «Лентелефильм».
9.55 «Партнер». Коммерческий вестник.
10.25 Победитель.
11.25 П. И. Чайковский — «Гамлет». Музыка к одноименной трагедии В. Шекспира.
11.55 Фильмы режиссера Б. Кимягарова. «СКАЗАНИЕ О РУСТАМЕ». 1-я и 2-я части. «Таджикфильм», 1971 г. [стр. 14].
14.15 «Удивительная Коста-Рика». Хроникально-документальный фильм.
15.30 «20 ЛЕТ «СПОРТЛОТО». Трансляция с открытого чемпионата Москвы по акробатическому рок-н-роллу [стр. 20].
17.00 В МИРЕ ЖИВОТНЫХ [стр. 15].
18.00 МЕЖДУНАРОДНАЯ ПАНОРАМА.
18.45 «Лосенок». Мультипликационный фильм [г. Куйбышев].
18.55 Парламентский вестник России.
19.10 КВН-90. Встреча команд Одесского государственного университета и Воронежского инженерно-строительного института. Второй полуфинал [стр. 20].

21.00 ВРЕМЯ.
21.40 На чемпионате мира по шахматам.
21.55 По просьбам зрителей. Телевизионный художественный фильм «КОГДА МНЕ БУДЕТ 54 ГОДА». «Экран», 1989 г. [стр. 14].

23.20 ТСН.
23.35 Программа «А» [стр. 16].

8.00 Утренняя гимнастика.
8.20 «Наследство волшебника Бахрама». Мультипликационный фильм.
8.40 «Сохрани и передай». Праздник семьи в Кропоткине.
9.20 Кинопублицистика союзных республик. Премьера телевизионного документального фильма «Судьба парикмахера». О механизме превращения человека в винтик государственной машины [Саратов].
10.00 Телепрограмма «СЕМЬЯ» [стр. 15].
11.00 Видеоканал «СОДРУЖЕСТВО».
14.30 Видеоканал «СОВЕТСКАЯ РОССИЯ».
17.00 Прогресс, информация, реклама.
17.30 Коллаж [реклама, информация, объявления].
17.35 «Тайна страны земляники». Мультипликационный фильм. КНР.
17.55 Футбол. Чемпионат СССР [стр. 18].
19.50 «У Макса в Коктебеле». Телевизионный документальный фильм.
20.00 «Спокойной ночи, малыши!» «Слон Хортон». Часть 1-я.
20.15 Хоккей. Товарищеская встреча ветеранов. Сборная СССР — сборная Швеции. 3-й период. Передача с Малой спортивной арены Центрального стадиона им. В. И. Ленина.
21.00 ВРЕМЯ [с сурдопереводом].
21.40 ДНЕВНИК СЕССИИ ВЕРХОВНОГО СОВЕТА РСФСР.
22.40 Волейбол. Чемпионат мира. Мужчины. Сборная СССР — сборная Японии. Передача из Бразилии [стр. 18].
23.30 Автораллы «ЯЛТА-90».

НОЧНОЙ СЕАНС
23.40 «ДЕТЕКТИВ... ДЕТЕКТИВ... ДЕТЕКТИВ!!!» Киноконцерт.
0.50 «МАЛЕНЬКОЕ ОДОЛЖЕНИЕ». Телевизионный художественный фильм. «Молдова-фильм» по заказу Гостелерадио, 1984 г.

МП

7.00 «2×2».
7.15 «Две жизни, две судьбы». О народной артистке РСФСР Л. Сухаревской и народном артисте СССР Б. Тенине.
19.30 ДОБРЫЙ ВЕЧЕР, МОСКВА!
20.45 «Спокойной ночи, малыши!»
21.00 ВРЕМЯ.
21.40 ДОБРЫЙ ВЕЧЕР, МОСКВА!

ОП

8.00 Разминка для эрудитов.
8.50 Испанский язык. 1-й год обучения.
9.25 ЗДОРОВЬЕ.
10.10 Профессия — коммерсант. Передача 40-я.
10.40 ВСЕ ГРАНИ ПРЕКРАСНОГО. «Каменное сердце».
11.30 Немецкий язык. 1-й год обучения.
12.05 ДЕТСКИЙ ЧАС [с уроком немецкого языка].
13.05 КЛУБ ПУТЕШЕСТВЕННИКОВ.
14.05 ВСЕ ГРАНИ ПРЕКРАСНОГО. «Знаменитость № 877» из цикла «Путешествие к Чехову».
15.15 Французский язык. 1-й год обучения.
15.50 Педагогика для всех.
16.50 «Бурда моден» предлагает...».
17.00 Русская речь.
17.50 Английский язык. 1-й год обучения.
18.25 ВСЕ ГРАНИ ПРЕКРАСНОГО. Телеверсия. А. П. Чехов — «Вишневый сад». 1-я серия.

19.55 Научный вестник.
20.40 Чтение с продолжением. Мария Башкирцева — Дневник.
20.55 Итальянский язык.
21.25 Испанский язык. 1-й год обучения.
22.55 Движение объединения на пути к мировой гармонии.
23.25 ВСЕ ГРАНИ ПРЕКРАСНОГО. «Рассказывает Ираклий Андроников» [М. Ю. Лермонтов — «Мцыри»].

ЛП

15.20 СКАЗКА ЗА СКАЗКОЙ. «В лунном свете». По сказке Марселя Эме.
15.50 «ОХОТНИК ЗА БРАКОНЬЕРАМИ». Художественный телефильм. «Экран», 1975 г. Режиссер — М. Муат. В ролях: В. Фунтиков, А. Кравченко. По мотивам одноименной повести Е. Рысса о детях, помогающих бороться с браконьерами.
17.05 «Обводный канал». Премьера Ленинградской студии документальных фильмов. Режиссер А. Учитель.
17.55 «ЭТИ СТАРЫЕ, СТАРЫЕ ЛЕНТЫ». Композитор Андрей Петров.
18.45 «АЛЬТЕРНАТИВА». Публицистическая программа.
20.00 Реклама, объявления.
20.10 Телестанция «ФАКТ».
20.30 «Большой фестиваль».
20.45 «ЭКСПРЕСС-КИНО».
21.00 ВРЕМЯ.
21.40 «Музыкальный телефон».
21.55 ТПЦ «ЛИРА». «Шоу-шанс». Конкурс ведущих.
22.55 «ТОП-СЕКРЕТ». Эстрадная программа.
23.40 «ТЕЛЕКУРЬЕР». Субботнее информационно-публицистическое обозрение.

D3 Look at this newspaper clipping. It has an unusual title. Why is it unusual?

НОВЫЙ   СТАРЫЙ   ЦИРК

Новое здание старого цирка на Цветном бульваре уже почти готово: строители собираются сдавать уникальный объект. Фотокорреспондент ТАСС побывал в здании цирка и сделал репортаж с места события.

Уже готовы арена, зал на 2100 зрителей, подведены коммуникации, идет наладка компьютеров, управляющих цветоустановками. Помещения для слонов и других животных, а также конюшни ждут своих обитателей.

Цирк на Цветном бульваре, построенный с помощью финских строителей, станет уникальным, единственным в Европе зрелищным комплексом.

Overview of the Lesson

In this lesson, you have learned:

1) how to ask and talk about the time of day;
2) how to name the days of the week and tell on what day something happened;
3) how to use the instrumental case to explain with whom or with what;
4) how to discuss a sequence of events.

Study these pictures of **Пётр Иванов**. Tell the story of his week; then talk about your own week.

Слова́рь

А как же...? But what about...?
акроба́т *(m)* acrobat
*воскресе́нье *(n)* Sunday
вчера́шний yesterday's
*выступа́ть (выступа́ю, выступа́ешь,
    выступа́ют) to perform; to give a
    speech
жонглёр *(m)* juggler
*забы́ть (забу́ду, забу́дешь, забу́дут)
    to forget
кло́ун *(m)* clown
*когда́ when
ла́дно all right
лю́ди *(pl)* people
медве́дь *(m)* bear

ночь *(f)* night
*пото́м then, afterwards
програ́мма *(f)* program
просну́ться (просыпа́юсь, просыпа́-
    ешься, просыпа́ются) to wake up
разгова́ривать (разгова́риваю, разго-
    ва́риваешь, разгова́ривают) to
    talk, to speak
*с with
се́рый gray
*Ско́лько вре́мени? What time is it?
*снача́ла first, at first
фо́кусник *(m)* magician
часы́ *(pl)* clock, watch

Урок 15   (Пятнадцатый урок)

Review of Lessons 11-14

„Ко́нчил де́ло — гуля́й сме́ло"

"When you've finished work, feel free to have a good time."

In lessons 11-14 you learned how to express possession, to describe objects with many different colors, to count to one hundred and give the winning score of your favorite team, to talk about traveling on foot and by means of a vehicle, and to tell time. You also learned about 140 new words. As a result, you should be able to perform the language tasks that follow:

I. FUNCTIONS

1. Talking about possessions (11: A)

EXERCISE 1. Read aloud, adding the necessary possessive adjectives.

1. — Антóн, где _____ товáрищи?
   — Они́ на стадиóне.

2. — Ребя́та, э́то _____ су́мки?
   — Нет, не _____ .

3. — Николáй Ивáнович, кудá иду́т _____ студéнты?
   — В библиотéку.

4. — Анна Петрóвна, э́то _____ письмó?
   — Да, _____ . Спаси́бо.

5. — Натáша, а где _____ значки́?
   — Вот они́.

6. — Где Антóн? Я ви́жу — э́то _____ су́мка, но где он?
   — Я ду́маю, он в библиотéке.

7. — Где Ни́на? Вот _____ тетрáдь.
   — Мóжет быть, онá забы́ла тетрáдь.

8. — Здесь живу́т Натáша и Игорь. Где _____ окнó?
   — Вот онó.

EXERCISE 2. These vehicles belong to various members of the Петро́в family. Tell which belongs to papa, mama, older brother Ива́н, younger brother Игорь, and their little sister Ни́на.

— У Ива́на голуба́я маши́на.

EXERCISE 3. Ната́ша, Ира, Юля, Ка́тя, and Ма́ша went to the store where they all bought their favorite flowers.

Ната́ша лю́бит кра́сные цветы́, Ира лю́бит голубы́е, Юля бе́лые, Ка́тя кра́сные и бе́лые, а Ма́ша лю́бит жёлтые.

Ната́ша: У вас есть кра́сные цветы́? Да́йте мне
кра́сные цветы́.

А что сказа́ли Ира, Юля, Ка́тя и Ма́ша?

EXERCISE 4. When they study the primary colors, Russian youngsters memorize the phrase „Ка́ждый охо́тник жела́ет знать, где сидя́т фаза́ны". (Every hunter wants to know where the pheasants are sitting.) Use this mnemonic to name the primary colors in Russian.

3. Asking for permission (11: A).

EXERCISE 5. Что мо́жно де́лать, а что нельзя́?

1. Сейча́с в кла́ссе нет уро́ка. В кла́ссе...
2. У меня́ большо́е дома́шнее зада́ние по фи́зике и матема́тике. Сего́дня мне...
3. Я забы́л раке́тку до́ма. Мне...
4. У меня́ ма́ленький брат. Сего́дня ма́мы нет до́ма, и я игра́ю с бра́том. Мне...
5. Наш учи́тель говори́т в кла́ссе то́лько по-ру́сски. На уро́ке нам...

4. Talking about traveling and transportation (12: A,C)

EXERCISE 6. Add на маши́не, на велосипе́де, etc., if possible.

1. Я иду́...
2. Мы е́дем...
3. Анто́н идёт...
4. Вы е́дете...
5. Ты е́дешь...
6. Они́ иду́т...

Complete each of the above sentences by naming a destination.

EXERCISE 7. Скажи́те, на чём они́ е́дут?

Ива́н: 15 киломе́тров в час.
Пётр Ива́нович: 900 киломе́тров в час.
Ни́на: 90 киломе́тров в час.
Анна Дми́триевна: 120 киломе́тров в час.

5. Talking about destinations (12: B)

EXERCISE 8. Скажи́те, куда́ они́ иду́т.

Анто́н лю́бит чита́ть.

Он идёт в библиоте́ку.

1. Ната́ша лю́бит му́зыку.
2. И́ра лю́бит значки́.
3. Кири́лл и Ва́ня лю́бят футбо́л.
4. Та́ня лю́бит кни́ги.
5. Ка́тя лю́бит писа́ть пи́сьма.
6. И́горь лю́бит игра́ть в те́ннис.

EXERCISE 9. Скажи́те, куда́ они́ е́дут.

— Ве́ра Ива́новна рабо́тает в больни́це.
— Она́ е́дет в больни́цу.

1. А́нна Петро́вна рабо́тает в шко́ле.
2. И́горь Никола́евич рабо́тает на заво́де.
3. Мари́я Ива́новна рабо́тает в апте́ке.
4. Никола́й Кузьми́ч рабо́тает на фи́рме.
5. Ната́лья Алексе́евна рабо́тает в магази́не.

6. Dealing with numbers (13: A)

EXERCISE 10. A Russian child is learning to add and keeps asking you if he/she is correct.

— 3 плюс 8 бу́дет 11?
— Да, пра́вильно. 3 плюс 8 бу́дет 11.

— 5 плюс 3 бу́дет 10?
— Нет, непра́вильно. 5 плюс 3 бу́дет 8.

1. 5 плюс 9 будет 13?

2. 20 **минус** 16 будет 4?

3. 15 плюс 16 будет 43?

4. 51 минус 27 будет 15?

5. 7 плюс 19 будет 26?

6. 28 минус 12 будет 16?

7. 19 плюс 12 будет 33?

8. 11 плюс 45 будет 56?

EXERCISE 11. Скажите, кто победил и с каким счётом. Какие это игры?

7. Talking about past actions (13: B)

EXERCISE 12. Complete each of the following phrases by filling in appropriate names. Remember that past tense verbs change according to the gender of the noun or pronoun subject.

1. В воскресéнье _____ игрáл в тéннис 3 часá.

2. Вчерá _____ бы́ли в теáтре.

3. В срéду _____ смотрéл телевúзор.

4. В пя́тницу _____ учúла текст 1 час.

5. В суббóту _____ писáла письмó 2 часá.

6. Вчерá _____ бы́ли на концéрте.

8. Expressing surprise (13: A)

EXERCISE 13. Respond to each statement.

— В Амéрике живýт 2 миллиóна рýсских.
— Рáзве в Амéрике живýт 2 миллиóна рýсских?
(— Да, я знал, что в Амéрике живýт 2 миллиóна рýсских.)

1. В Москвé живýт и рýсские, и укрáинцы, и еврéи, и
   армя́не, и татáры.

2. Футбóльный чемпионáт страны́ стартýет в апрéле,
   а финишúрует в октябрé.

3. В Брáйтоне на ýлице говоря́т по-рýсски.

4. В Россúи есть метрó, но нет надзéмной желéзной
   дорóги.

5. В Амéрике мóжно читáть газéту «Прáвда» и на рýс-
   ском языкé и на англúйском языкé.

9. Talking about time (14: A,B)

EXERCISE 14. Use the illustration to find answers to the questions below.

ПОНЕДÉЛЬНИК	13.00	ТÉННИС
ВТÓРНИК	18.30	ЦИРК
СРЕДÁ	10.00	МУЗÉЙ
ЧЕТВÉРГ	17.00	КИНОТЕÁТР „КÓСМОС"
ПЯ́ТНИЦА	11.00	ЭКСКУ́РСИЯ : МОСКВÁ-РЕКÁ
СУББÓТА	14.15	ФУТБÓЛ
ВОСКРЕСÉНЬЕ	19.00	КОНЦÉРТ

1. Когдá Олéг был в музéе?
2. Когдá Олéг с Марúной бы́ли на Москвá-рекé?
3. Когдá Олéг с Антóном смотрéли футбóл на стадиóне?
4. Когдá Олéг с отцóм бы́ли в цúрке?

5. Когда́ Оле́г с Ма́шей смотре́ли фильм в кинотеа́тре?

6. Когда́ Оле́г с И́горем игра́ли в те́ннис?

7. Когда́ Оле́г с Кири́ллом бы́ли на **рок-конце́рте**?

EXERCISE 15. Ask for clarification. Follow the example:

— Мы игра́ем в те́ннис в три часа́.

— Когда́? В пя́тницу?

— Нет, в сре́ду.

1. — Мы идём в кино́ в 2 часа́.

2. — Мы игра́ем со «Спартако́м» в 5 часо́в.

3. — И́горь игра́ет с Анто́ном в 4 часа́.

4. — Наш класс идёт в музе́й в час.

5. — Мы идём в теа́тр в 6 часо́в.

6. — Я иду́ в магази́н в 10 часо́в.

10. Explaining with whom or with what (14: C)

EXERCISE 16. Кто с кем танцева́л на **дискоте́ке**?

АРТЁМ   ВОЛО́ДЯ   КИРИ́ЛЛ   И́РА   ТА́НЯ   КА́ТЯ

11. Describing a sequence of events (14: C)

EXERCISE 17. Complete these statements.

1. В шко́ле мой брат снача́ла учи́л **лати́нский язы́к**, а пото́м...
2. Снача́ла мы игра́ли в хокке́й, а пото́м...
3. На уро́ке мы снача́ла отвеча́ли, а пото́м...
4. Наш учи́тель снача́ла спра́шивал слова́, а пото́м...
5. Снача́ла я писа́л письмо́, а пото́м...
6. По телеви́зору снача́ла выступа́л До́нахью, а пото́м...

12. Expressing an opinion (11: C; 13: C; 14: A)

EXERCISE 18. Как вы ду́маете?

— На́ша кома́нда непло́хо игра́ет в футбо́л.
— Э́то хорошо́, что на́ша кома́нда хорошо́ игра́ет в футбо́л.

(— Я ду́маю, на́ша кома́нда — настоя́щий чемпио́н.)

(— Я ду́маю, сего́дня на́ша кома́нда победи́т.)

1. Пе́тя Ивано́в **вы́играл** все **па́ртии** в ша́хматы у нас в шко́ле.
2. У нас в шко́ле Джордж Ри́бли о́чень хорошо́ выступа́ет.
3. Дик Ро́джерс хорошо́ де́лает **фо́кусы**.
4. Ната́ша Ивано́ва у́чит в шко́ле англи́йский язы́к.
5. Ро́ни Мак-Ки́нли о́чень лю́бит маши́ны.

II. GRAMMATICAL FORMS AND VOCABULARY

Communicative functions are not possible without a corresponding
knowledge of and ability to use the grammatical system. Grammar,
the way in which sentence parts are interconnected, is a basic part
of communication.

1. Russian nouns change their forms according to their
use in a sentence. You have learned the instrumental case
and new meanings for the accusative and prepositional
cases. Examine the table.

Case	Question(s)	Prepositions (other indicators)	Masculine	Feminine	Neuter
Nominative	кто? что?		Ивáн класс музéй словáрь	Нина шкóла кáрта плóщадь	окнó здáние
Genitive	когó? чегó? у когó?	(нет)	Ивáна клáсса музéя словаря	Нины шкóлы кáрты плóщади	окнá здáния
Accusative	когó? что? в/на что? кудá?	в, на	Ивáна класс музéй словáрь	Нину шкóлу кáрту плóщадь	окнó здáние
Dative					
Instrumental	кем? чем? с кем? с чем?	с (со)	Ивáном клáссом музéем словарём	Нúной шкóлой кáртой плóщадью	окнóм здáнием
Prepositional	где?	в, на	(в) клáссе (в) музéе (в) словарé	(в) шкóле (на) кáрте (на) плóщади	(на) окнé (в) здáнии

EXERCISE 19. Read each example. Give the meaning of the underlined words and phrases. Tell the case of each.

1. У Антона — новый велосипед. Вчера мы много говорили с Антоном. Антон очень хорошо говорит по-английски.

2. Это новая машина. Я люблю мою машину. Мы едем на машине в город.

3. Ира учится у нас в школе. Я люблю играть с Ирой в шахматы. Я спрашиваю Иру, как будет по-английски слово „здание". У Иры есть маленькая сестра.

2. You have learned many adjectives and how to use them both in the nominative and accusative cases.

EXERCISE 20. Tell which adjectives in the second group can be used with each noun in the first.

1		2	
велосипед	девочка	голубой	белый
день	знак	зелёный	жёлтый
игра	команда	красный	**золотой**
матч	мяч	синий	настоящий
разговор	мальчик	большой	чёрный
гостиница	здание	маленький	красивый
город	улица	старый	новый
друг	звезда	плохой	хороший
собака			

EXERCISE 21. 1. Use as many different adjectives as you can with машина.

2. Use as many different nouns as you can with новый.

3. You have learned the accusative case of personal pronouns, which is the same as the genitive.

Personal Pronouns

Nominative	я	ты	он	она́	оно́	мы	вы	они́
Genitive	меня́	тебя́	его́	её	его́	нас	вас	их
Accusative	меня́	тебя́	его́	её	его́	нас	вас	их
Dative								
Instrumental								
Prepositional								

EXERCISE 22. Скажите, что вы не видите это.

— Посмотри налево, это музей.

— Где? Я не вижу его.

1. — Посмотри направо, это цирк.
2. — Посмотри прямо, это библиотека.
3. — Посмотрите налево, это кинотеатр.
4. — Посмотри, это магазин „Сувенир".
5. — Посмотрите, это школа, где учится Володя.
6. — Посмотрите, это институт, где учится Наташа.

4. The form of first and second person possessive adjectives depends on that of the noun possessed: моя кни́га, мой журна́л, моё письмо́. Third person possessive adjectives do not have different forms: его́ кни́га, его́ журна́л, его́ письмо́, but её кни́га, её журна́л, её письмо́.

	Singular			Plural
	Masculine	Feminine	Neuter	
кто?	чей?	чья?	чьё?	чьи?
я	мой	моя́	моё	мой
ты	твой	твоя́	твоё	твой
он	его́	его́	его́	его́
она́	её дом	её маши́на	её письмо́	её кни́ги
мы	наш	на́ша	на́ше	на́ши
вы	ваш	ва́ша	ва́ше	ва́ши
они́	их	их	их	их

EXERCISE 23. Read the following sentences aloud, adding the appropriate possessive adjectives.

1. Меня́ зову́т Джордж. Вот _____ дом, _____ маши́на. А э́то _____ па́па и ма́ма.

2. Э́то Ната́ша Ивано́ва. Э́то _____ кни́ги. Вот _____ дневни́к, _____ су́мка и тетра́ди.

3. Э́то И́горь и Ле́на. Они́ брат и сестра́. Вот _____ дом. Э́то _____ ба́бушка.

4. — Как тебя́ зову́т?
   — Анто́н.
   — А где _____ ма́ма?
   — Я не зна́ю.
   — А где _____ дом?
   — На у́лице Ки́рова.

5. You have learned several new verbs. Remember: The past tense of a regular verb is formed by adding **-л, -ла, -ло** or **-ли** to the infinitive stem.

EXERCISE 24. Complete each statement with the appropriate verb form. Give both alternatives where both present and past tenses are possible.

ви́деть

— Я пло́хо _____ , кто э́то.

— Вчера́ я тебя́ не _____ . Где ты была́?

е́хать

— Куда́ вы _____ ?

— Мы _____ на конце́рт.

— Вчера́, когда́ мы _____ в шко́лу, я ви́дела тебя́ на у́лице.

выступа́ть

— Ты не зна́ешь, кто сего́дня _____ ?

— Нет, не зна́ю. А вчера́ у нас _____ **поэ́т** Деме́нтьев. Мне он о́чень нра́вится.

EXERCISE 25. Group these verbs into the appropriate conjugation group.

EXERCISE 26. Guess the word.

III. SUMMARY EXERCISES

EXERCISE 27. Act out the following situations:

1. Your friend has come to school in new clothes. Flatter him/her by discussing in detail their color(s) and telling him/her how attractive they are;

2. You were at a game yesterday, and your team won. Tell the class about the game, mentioning your team's name, the name of the team they played against, the team members who played well (or poorly), who was at the game, and the final score;

3. Describe your plans for the next few days (use the present tense), naming each day of the week you have plans for and giving the time of day where possible;

4. Look around your classroom. Find and name as many different colored objects as you can;

5. Sketch yourself riding as many different forms of transportation as you can. Show your sketches to the class, describing each according to this pattern: „Вот я éду на мотоцикле." You can expand on the pattern, if you wish. Make your sketches humorous, and don't expect to sell them at an art gallery.

ЧАСТЬ ЧЕТВЁРТАЯ

Урок 16
(Шестнадцатый урок)

Какая сегодня погода?

Section	Main Structures	Functions	Grammatical Concepts	Language & Culture
A	— Какáя сегóдня погóда? — Сегóдня хóлодно.	Talking about the weather	Impersonal sentences in the past, present, and future tenses Subordinate clauses with такóй	Weather in Russia Temperatures in Celsius and Fahrenheit „Моржи́"
B	Сейчáс немнóго хóлодно, но вéтра нет.	Describing weather conditions	Negative sentences in the past tense Conjugation and use of verbs хотéть and нрáвиться	The Siberian „Пóлюс хóлода"
C	Лéтом у нас óчень жáрко.	Talking about the seasons	Using the nouns and adverbs for seasons: лéто — лéтом, зимá — зимóй, веснá — веснóй, óсень — óсенью	The holiday called „Прóводы зимы́"
D	Phonetics and Reading Pronunciation Practice Weather forecasts		A poem: „Дéтство" Overview of the Lesson Словáрь	

A Talking about the Weather

— Какáя сегóдня погóда?   "What's the weather like today?"
— Сегóдня хóлодно.   "It's cold today."

A1 Рýсские ученикú в гостя́х у америкáнских друзéй.

— Какáя сегóдня **погóда**?

— Уф, сегóдня хóлодно.

— Рáзве э́то хóлодно? У нас говоря́т „хóлодно", когдá
на ýлице -25 грáдусов.

— 25 по Цéльсию? А скóлько э́то бýдет **по Фаренгéйту**?

— -7.

— -7? Да, э́то хóлодно.

— Когдá у нас **такáя температýра**, мáленькие дéти не
ýчатся в шкóле.

— И вы тóже не ýчитесь?

— Нет, мы ýчимся.

A2 Celsius and Fahrenheit.

1°C — оди́н гра́дус по Це́льсию

1°F — оди́н гра́дус по Фаренге́йту

+2° (+4°) — два (четы́ре) гра́дуса **(тепла́)**

-5° (-20°) — ми́нус пять (два́дцать) гра́дусов

    (хо́лода / моро́за)

0° — ноль гра́дусов

A3 This chart will help you with additional vocabulary and expressions needed to discuss the weather.

Кака́я пого́да?

сейча́с	была́ вчера́	бу́дет за́втра
хоро́шая пого́да плоха́я пого́да **тепло́** жа́рко (> +25°) хо́лодно хорошо́ пло́хо	была́ хоро́шая пого́да была́ плоха́я пого́да бы́ло тепло́ жа́рко хо́лодно хорошо́ пло́хо	бу́дет хоро́шая пого́да бу́дет плоха́я пого́да бу́дет тепло́ жа́рко хо́лодно хорошо́ пло́хо

A4 Скажи́, что вчера́ бы́ло не так (за́втра бу́дет не так).

— Сего́дня плоха́я пого́да.

— А вчера́ была́ хоро́шая.

(— Говоря́т, что за́втра бу́дет хоро́шая пого́да.)

1. — Сего́дня хо́лодно.

2. — Сего́дня хоро́шая пого́да.

3. — Сейчáс на ýлице теплó.

4. — Сегóдня óчень хóлодно.

5. — Сегóдня óчень жáрко.

6. — Сейчáс на ýлице óчень хорошó.

A5 Территóрия Росси́и óчень большáя. Посмотри́те на кáрту погóды. В оди́н день на **Чукóтке** мóжет быть -20°, а в **Сóчи** +20°.

Вы не знáете, скóлько бýдет -20°C по Фаренгéйту? Вот **прáвило:**

1) F° = (C° x 9/5) + 32

2) C° = (F° — 32) x 5/9

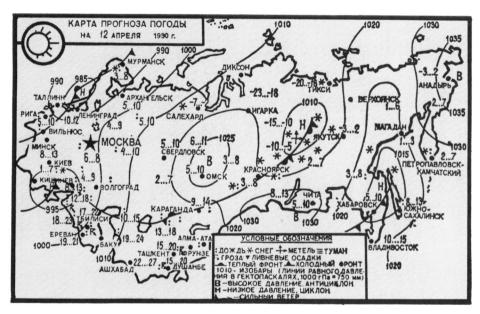

A6 Скажи́те, на ýлице сейчáс теплó и́ли хóлодно? Скóлько э́то бýдет по Фаренгéйту?

+15°C, +10°C, -20°C, 0°, -30°C, +25°C, -10°C.

A7 Describe what you do (or would like to do) in weather like that below. Follow the model.

— Сегóдня óчень хорóшая погóда. Температýра +20°.

— Когдá (у нас) такáя погóда, мы лю́бим игрáть в тéннис.

(слýшать мýзыку, быть дóма, игрáть, гуля́ть)

1. — Сегóдня плохáя погóда. Температýра +10°.

2. — Сегóдня хóлодно, +7°.

3. — Сегóдня óчень жáрко, +30°.

4. — Сегóдня хорóшая погóда, +22°.

5. — Сегóдня óчень хóлодно, -25°, но на ýлице óчень
   красúво.

A8 Human Walruses

More and more people in Russia are swimming in icy cold water in
the wintertime. Such people are called „моржú" (walruses).
They believe that this is very healthy. In any case, they find that
swimming in winter is a lot of fun, and they make lots of friends
that way.

„Моржú"

Режим холодовой нагрузки	Холодовая нагрузка					
	в проруби при 0°	в ванне при температуре				
		4°	6°	8°	10°	15°
Малая	20 сек.	25 сек.	25 сек.	30 сек.	35 сек.	1 мин.
Средняя	30 сек.	40 сек.	40 сек.	45 сек.	55 сек.	1 мин. 40 сек.
Большая	1 мин.	1 мин. 15 сек.	1 мин. 20 сек.	1 мин. 50 сек.	2 мин.	4 мин.
Максимальная	2 мин.	2 мин. 40 сек.	3 мин. 20 сек.	4 мин.	5 мин.	10 мин.

B Describing Weather Conditions

Сейча́с немно́го хо́лодно,
но ве́тра нет.

It's a little cold right now,
but there's no wind.

B1 Разгово́р **продолжа́ется**.

— Ребя́та, а что мы де́лаем сего́дня?

— Я ду́маю, что сего́дня мо́жно игра́ть в футбо́л. Сейча́с немно́го хо́лодно, но **ве́тра** нет. Посмотри́те, како́е со́лнце.

— Да. „Моро́з и со́лнце — день **чуде́сный!**"

— Не понима́ю, что ты говори́шь.

— Это не я говорю́. Это наш поэ́т Пу́шкин говори́т. У него́ есть тако́е **стихотворе́ние**.

— Поня́тно. Ты хорошо́ зна́ешь литерату́ру. Ну что, ребя́та, **хоти́те** игра́ть в футбо́л?

— Коне́чно, хоти́м.

— А мы, де́вочки, хоти́м е́хать в магази́н в центр го́рода.

B2 Describing the weather.

Nominative	
Сейча́с Вчера́ был (-а́, -о) За́втра бу́дет	ве́тер, дождь, ра́дуга, **снег**, моро́з, со́лнце.
Genitive	
Сейча́с нет Вчера́ не́ было За́втра не бу́дет	ве́тра, дождя́, ра́дуги, сне́га, моро́за, со́лнца.

B3 In each case, answer that the weather was the same yesterday, as in the model.

— Сего́дня ве́тер.

— Вчера́ то́же был ве́тер.

1. — Сего́дня нет дождя́.

2. — Сего́дня нет со́лнца.

3. — Сего́дня моро́з.

4. — Сегодня нет снега.

5. — Сегодня плохая погода.

B4 Now say that the weather will be completely different tomorrow.

— Сегодня дождь.

— А завтра дождя не будет. Будет хорошая погода.

1. — Сегодня холодно и ветер.

2. — Сегодня мороз.

3. — Сегодня тепло, солнце.

4. — Сегодня плохая погода, снег, дождь, ветер.

5. — Сегодня хорошая погода, солнце. На улице жарко.

B5 Study the forms of the verb хотеть.

Я хочу	играть в футбол.
Ты хочешь	читать.
Он/Она хочет	писать.
Мы хотим	танцевать.
Вы хотите	смотреть телевизор.
Они хотят	гулять.

Some people call this an "irregular verb." Others say that it just belongs to two conjugations. Explain this.

B6 Supply the correct pronoun in the space provided.

_____ хотя́т идти́ в кино́.
_____ хоти́м сейча́с танцева́ть.
_____ хочу́ идти́ домо́й.
_____ хо́чет слу́шать му́зыку.
_____ хо́чешь посмотре́ть но́вый фильм?
_____ хоти́те говори́ть по-ру́сски?

B7 Express a conclusion, following the example given.

Ма́ша: — Дай мне, пожа́луйста, кни́гу.
        — Ма́ша хо́чет чита́ть.

1. Пе́тя: Дай мне каранда́ш и ру́чку.
2. И́горь: Дай мне но́вый журна́л, пожа́луйста.
3. И́ра: Дай мне слова́рь.
4. Ната́ша и Ле́на: Да́йте нам, пожа́луйста, пле́ер.
5. Кири́лл: Дай мне мяч.
6. О́ля: Пожа́луйста, да́йте мне ка́рту метро́.

B8 Читáйте и отвечáйте:

1) Где в Росси́и нахóдится „пóлюс хóлода“?
2) Какóй гóрод сáмый холóдный?

Пóлюс хóлода

Росси́я нахóдится сéвернее Соединённых Штáтов
Амéрики. Большáя часть её террнтóрии лежи́т в зóне
„вéчной мерзлоты́“. В Сиби́ри нахóдится и „пóлюс
хóлода“ — сáмое холóдное мéсто в сéверном
полушáрии. Это гóрод Оймякóн. Зи́мняя температýра
в Оймякóне — -55° -70°.

C Talking about the Seasons

Ле́том у нас о́чень жа́рко.   It is very hot in our country in the summer.

C1   На друго́й день.

— Ну, а как сего́дня на у́лице?

— О, сего́дня тепло́. 50° по Фаренге́йту, со́лнце, ве́тра нет.

— Я не понима́ю, как э́то мо́жет быть: вчера́ бы́ло хо́лодно, а сего́дня настоя́щее **ле́то**.

— Да, тако́й у нас **кли́мат**.

— А у нас **зима́** — э́то зима́, хо́лодно и снег. А кака́я пого́да у вас **ле́том**?

— Ле́том у нас о́чень жа́рко... А у вас?

— У нас — **когда́ как**. Мо́жет быть и о́чень жа́рко, +30°, а мо́жет быть и хо́лодно — +15°, +18°.

— Да, ле́том +15° — э́то хо́лодно.

C2 Study how the names of seasons are used in different situations.

что?	когда?		
зима́	зимо́й	Я люблю	зи́му.
весна́	весно́й		весну́.
ле́то	ле́том		ле́то.
о́сень	о́сенью		о́сень.

C3 Кто како́е вре́мя го́да лю́бит?

Зима́. Я люблю́ зи́му. Зимо́й я игра́ю в хокке́й.

Весна́. Я люблю́ весну́. Весно́й тепло́, краси́во. Весно́й мы игра́ем в футбо́л.

Ле́то. Ле́том мы не у́чимся. У нас кани́кулы. Я о́чень люблю́ ле́то.

Осень. Мы лю́бим о́сень. Осенью лес о́чень краси́вый. Когда́ о́сенью стои́т **тёплая** пого́да с со́лнцем, тако́е вре́мя называ́ется „ба́бье ле́то". А как тако́е вре́мя называ́ется в Аме́рике?

C5 Скажи́те, когда́ э́то бы́ло?

C6 Скажи́те, э́то тепло́ и́ли хо́лодно?

— У нас зимо́й мо́жет быть -35 гра́дусов.
— Зимо́й -35° — э́то о́чень хо́лодно.

1. — У нас ле́том мо́жет быть +12°.

2. — У нас весно́й мо́жет быть -5°.

3. — У нас о́сенью мо́жет быть +20°.

4. — У нас зимо́й мо́жет быть +4°.

5. — У нас ле́том мо́жет быть +35°.

C7 Express a contrasting idea. Follow the example.

— Вчера́ бы́ло хо́лодно.

— Вчера́ бы́ло хо́лодно, а сего́дня тепло́, как весно́й.

1. — Вчера́ бы́ло жа́рко.

2. — Вчера́ бы́ло не о́чень тепло́.

3. — Вчера́ был снег, и температу́ра была́ -2°.

4. — Вчера́ бы́ло тепло́ и хорошо́.

C8 When Russians ask about or give the names of things, **they say:**

Как э́то называ́ется?

Как называ́ется э́та кни́га?

Эти цветы́ называ́ются **подсне́жники.**

The verb зову́т (**Меня́ зову́т...**) can only be used to refer to persons and animals.

C9 Зову́т и́ли называ́ется?

1. — Этот цвето́к _____ ли́лия.

2. — Как Вас _____ ?
   — Меня́ _____ Никола́й Ива́нович.

3. — Как _____ э́тот журна́л?
   — Он _____ „Приро́да и эколо́гия".

4. — Как _____ э́та му́зыка?
   — Это „Времена́ го́да" Чайко́вского.

Зима́ в Росси́и о́чень больша́я. В Москве́ она́ начина́-
ется в ноябре́ и конча́ется в ма́рте. И в ма́рте быва́ет
пра́здник — „Про́воды зимы́" (Farewell to Winter),
ещё он называ́ется „Ма́сленица" (Shrovetide). В э́то
вре́мя до́ма гото́вят мно́го блино́в с ма́слом, икро́й,
ры́бой, смета́ной, мёдом, варе́ньем.

D Phonetics and Reading

D1 Pronunciation Practice.

1. Practice the correct pronunciation of unstressed vowels after hard consonants.

мороз	моржи́	пого́да	поня́тно	кли́мат
краси́во	ле́том	немно́го	ра́дуга	ба́бочка

2. Practice the correct pronunciation of unstressed vowels after soft consonants.

весна́	весно́й	тепло́	температу́ра
ве́тер	о́сень	о́сенью	вре́мя
хоти́те	хо́чешь	хо́чет	телеви́зор

3. Review and practice the correct pronunciation of consonants that must be unvoiced at the end of a word.

тетра́дь	дождь	хо́лод	моро́з	раз
гриб	клуб	четве́рг	заво́д	ёж
друг	год	бага́ж	котте́дж	морж

4. Review and practice the correct intonation of these interrogative and declarative sentences.

— Сего́дня хо́лодно?
— Нет, сего́дня тёплая пого́да.

— За́втра бу́дет тепло́?
— Да, тепло́, но бу́дет ве́тер.

— В воскресе́нье бы́ло жа́рко?
— Да, бы́ло о́чень жа́рко.

— Вчера́ бы́ло жа́рко?
— Нет, тепло́.

— В сре́ду бу́дет дождь?
— Нет, в сре́ду не бу́дет дождя́.

5. Review and practice the correct intonation of these interrogative and declarative sentences.

— Что ты лю́бишь? Зи́му и́ли ле́то?

— Коне́чно, ле́то.

— Что он лю́бит? Футбо́л и́ли те́ннис?

— Коне́чно, футбо́л.

— Что она́ лю́бит де́лать? Петь и́ли танцева́ть?

— Коне́чно, танцева́ть.

— Что они́ лю́бят чита́ть? Кни́ги и́ли журна́лы?

— Коне́чно, журна́лы.

D2 Examine these weather forecasts from Russian newspapers. Although you won't know all the words, tell which forecast is for weather when you won't need an umbrella.

Румянец лета

В предстоящую неделю на европейской территории России облачно, временами пройдут дожди, температура

Погода недели с 3 по 9 июля

воздуха в среднем за неделю будет ниже средних многолетних значений на 1—2 градуса.

В Ленинградской, Псковской, Новгородской облас-

тях в начале недели местами небольшие дожди. Ночью 3—8 тепла, днем 13—17 тепла.

В Москве и области в начале недели кратковременные дожди, ночью 3—8 тепла, днем 13—18. В последующем преимущественно без осадков, постепенное повышение температуры. Ночью до 9—14 тепла, днем до 23—27 тепла. Температура воды в Москве-реке в черте города 19 градусов.

D3 If you want to understand the weather forecasts more completely, you should learn these useful words and phrases:

ве́тер ю́жный — wind from the south
се́верный — from the north
восто́чный — from the east
за́падный — from the west
си́льный — strong
сла́бый — weak

оса́дки — precipitation
переме́нная о́блачность — periodic cloudiness
времена́ми дождь — occasional rain
кратковре́менный дождь — brief showers

D4 Это одно маленькое стихотворение о зиме. Это стихотворение знают все русские мальчики и девочки. Его написал русский писатель Иван Захарович Суриков. Он жил в 19 веке.

Детство	Childhood
Вот моя деревня;	Here was my village;
Вот мой дом родной:	Here was my own home;
Вот качусь я в санках	Here's where I rode my sled
По горе крутой:	Down the steep mountain slope.
Вот свернулись санки,	Here's where the sled overturned,
И я на бок — хлоп!	And I turned over with a plop!
Кубарем качуся	Rolling head over heels
Под гору, в сугроб.	Into the foot of the snowdrift.
Всё лицо и руки	My face and arms
Залепил мне снег...	Were all covered with snow...
Мне в сугробе горе,	And I mourned in the snowdrift,
А ребятам смех!	While the other boys laughed.
И друзья-мальчишки,	And my friends, the boys
Стоя надо мной,	Standing over me,
Весело хохочут	Cheerfully roared with laughter
Над моей бедой.	At my misfortune.

(transl. by G. Morris)

In this lesson, you have learned:

1) how to ask and tell about the weather;
2) how to name and describe the seasons;
3) how to express your wishes;
4) how to ask about the names of things.

Use these drawings to answer the question: „Какáя сегóдня погóда?"

А **тепéрь** скажúте, какáя погóда сегóдня.
А какáя погóда былá вчерá?

Слова́рь

ба́бье ле́то   Indian Summer
*весно́й   in spring, in springtime
*ве́тер *(m)*   wind, breeze
времена́ го́да   seasons
*гра́дус *(m)*   degree
*дождь *(m)*   rain
*жа́рко   (it's) hot
*зима́ *(f)*   winter
*зимо́й   in winter, in wintertime
кани́кулы *(pl)*   vacation
кли́мат *(m)*   climate
когда́ как   different at different times
краси́во   beautifully
*лес *(m)*   woods, forest
*ле́то *(n)*   summer
*ле́том   in summer, in summertime
ли́лия *(f)*   lily
*моро́з *(m)*   frost (below freezing)
ноль *(m)*   none, zero
*о́сень *(f)*   fall, autumn
*о́сенью   in fall, in autumn
по   by
*пого́да *(f)*   weather
подсне́жник *(m)*   snowflake

пра́вило *(n)*   rule
приро́да *(f)*   nature
продолжа́ться (продолжа́юсь,
продолжа́ешься, продолжа́ются)   to
   continue
ра́дуга *(f)*   rainbow
*снег *(m)*   snow
стихотворе́ние *(n)*   poetry
*тако́й   such
*температу́ра *(f)*   temperature
*тепло́ *(n)*   warmth (above freezing)
*тепло́   (it is) warm
террито́рия *(f)*   territory
тёплый   warm
Уф!   Oh! (here)
Фаренге́йт (по Фаренге́йту)   Fahrenheit (according to Fahrenheit)
*хо́лод *(m)*   cold (below freezing)
*хо́лодно   (it is) cold
*хоте́ть (хочу́, хо́чешь, хо́чет, хоти́м,
   хоти́те, хотя́т)   to want
*Це́льсий (по Це́льсию)   Celsius
   (according to Celsius)
чуде́сный   marvelous

Урок 17
(Семнадцатый урок)

Кто чем занимается?

Section	Main Structures	Functions	Grammatical Concepts	Language & Culture
A	Здесь занимáются гимнáстикой, тéннисом.	Talking about activities	Using the verb занимáться with nouns in the instrumental case	Sports school
B	— Скóлько тебé лет? — Мне 8 лет.	Talking about age	Use of the dative case of personal pronouns when indicating age	Music schools
C	— Почемý тебé нрáвится гимнáстика? — Потомý что э́то красúвый вид спóрта.	Giving reasons	The interrogative word почемý and subordinate clauses with потомý что	Sports classifi- cations
D	**Phonetics and Reading** Pronunciation Practice Спортлотó in Russia		„Игры — хорóшая полúтика" Overview of the Lesson Словáрь	

Здесь занимаются гимнáстикой, тéннисом.

Here, they are involved in gymnastics and tennis.

A1 Сегóдня втóрник. Рýсские **шкóльники** и их друзья́ идýт в спортúвную шкóлу.

— Это спортúвная шкóла.

— А **что э́то такóе?**

— Спортúвные шкóлы — э́то шкóлы, где **ребя́та занимáются** спóртом: гимнáстикой, тéннисом, футбóлом. Вот здесь, **напримéр**, занимáются гимнáстикой.

— Мóжно посмотрéть, как идýт **заня́тия?**

— Конéчно! Пожáлуйста*.

---

* Here, пожáлуйста must be translated in some way other than "please" or "you're welcome."

A2 Sports School

Students who demonstrate a special talent in a sport can enroll in a sports school. Sports are not important in ordinary schools; so students who want to become good athletes, perhaps even world champions, enroll in these sports schools. Entrance is by exam, and only the best-qualified are chosen.

A student who cannot get into a special school can still participate in sports by joining a club. Some of these sports clubs charge fees, but they are not expensive.

A3 When you encounter an object or person you are not familiar with, you say: „Что э́то?" or "Кто э́то?" If you want to express the question more strongly, you say: „Что э́то тако́е?" or „Кто э́то тако́й/така́я/таки́е?"

A4 Ask a classmate to identify each of the pictures below by asking either: „Что э́то тако́е?" or „Кто э́то тако́й/така́я/таки́е?"

Тяжелоатле́т Алекса́ндр Курло́вич

Тенниси́стка Анна Смашно́ва

A5 Ask a classmate „Что э́то тако́е?" about objects around the classroom. He/She should know most classroom objects and be able to answer you correctly.

Что э́то тако́е?

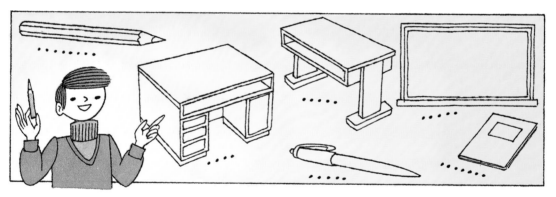

A6 The verb занима́ться requires the instrumental case.

Кто что де́лает?	
занима́ться	чем?
Я занима́юсь	спо́ртом.
Ты занима́ешься	гимна́стикой.
Он занима́ется	литерату́рой.
Она́ занима́ется	бе́гом.
Мы занима́емся	пла́ванием.
Вы занима́етесь	рисова́нием.
Они́ занима́ются	му́зыкой.

A7 Use the drawings to help you answer the questions below.

— Игорь занима́ется му́зыкой и́ли футбо́лом?

— Макси́м занима́ется **ватерпо́ло** и́ли гандбо́лом?

— Ко́ля, ты занима́ешься баскетбо́лом и́ли гимна́сти-
кой?

— Джон, ты занима́ешься бейсбо́лом и́ли футбо́лом?

— Ско́лько тебе́ лет?   "How old are you?"

— Мне 8 лет.   "I am eight years old."

B1 Разгово́р с де́вочкой-гимна́сткой.

— **Ско́лько тебе́ лет?**

— Мне 8 лет.

— И ско́лько вре́мени ты занима́ешься гимна́стикой?

— 2 го́да.

— Тебе́ нра́вится гимна́стика?

— Очень нра́вится.

— А что ты ещё лю́бишь?

— Я люблю́ шокола́д и... Шери́.

— А Шери́ — это и́мя?

— Да, это моя́ соба́ка.

B2 You have already encountered the dative form of personal pronouns. They are used with the verb нра́виться, which you learned in lesson 9. The dative pronouns are мне, тебе́, ему́, ей, нам, вам, им. They are always used in giving ages.

— Ско́лько тебе́ лет?   — Ско́лько вам лет?
— Мне 42 го́да.   — Мне 14 лет.

1	(21, 31, 41...)	год
2	(22, 32, 42...)	го́да
3	(23, 33, 43...)	го́да
5	(11 — 20, 25, 35, 45...)	лет

B3 Complete each sentence with an appropriate statement of age.

1. У меня́ есть брат. Он ещё ма́ленький, но уже́ хорошо́ говори́т. Ему́ то́лько...

2. Моя́ сестра́ у́чится в шко́ле. Она́ мно́го занима́ется литерату́рой и теа́тром. Ей...

3. Мой де́душка о́чень ста́рый. Он пло́хо ви́дит. Ему́...

4. У меня́ есть друг. Он у́чится в седьмо́м кла́ссе, ему́ сейча́с...

5. — Кто э́то?
   — Э́то мой брат. Он у́чится в университе́те и игра́ет в баскетбо́л в кома́нде университе́та. Ему́ сейча́с...

6. — Кто э́то?
   — Э́то наш учи́тель.
   — Учи́тель? А я ду́мал, что э́то учени́к. А ско́лько ему́ лет?
   — Не зна́ю, ему́, мо́жет быть...

How would you ask these people their age? What would they answer?

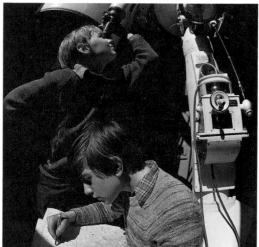

B5 What would a championship athlete in each of these sports answer?

1. — Сколько лет вы занимáетесь тéннисом?
2. — Сколько лет вы занимáетесь бóксом?
3. — Сколько лет вы занимáетесь футбóлом?
4. — Сколько лет вы занимáетесь плáванием?
5. — Сколько лет вы занимáетесь бейсбóлом?
6. — Сколько лет вы занимáетесь хоккéем?

B6 Music is taught in Russian schools only in the lower grades. Children who want to learn to play a musical instrument attend special music schools after the usual school day.

Егó сын ýчится в музыкáльной шкóле.

C Giving Reasons

— Почему́ тебе́ нра́вится
гимна́стика?

"Why do you like
gymnastics?"

— Потому́ что э́то краси́вый
вид спо́рта.

"Because it is a beautiful
(kind of) sport."

C1 В кла́ссе идёт заня́тие по **худо́жественной** гимна́стике.

— Тебе́ нра́вится худо́жественная гимна́стика?

— Да, нра́вится.

— А почему́?

— Потому́ что э́то краси́вый вид спо́рта, и все гим-
на́стки о́чень краси́вые.

— Да, э́то пра́вда. Вы мно́го занима́етесь?

— Вот посмотри́те на́ше расписа́ние.

— Да, вы мно́го рабо́таете. У вас ма́ло **свобо́дного**
вре́мени.

— Вре́мени о́чень ма́ло. Но гимна́стика — э́то моя́
жизнь.

C2 Find answers to the questions.

1. — Почему́ Ната́ша так мно́го занима́ется?

2. — Почему́ И́горь сейча́с идёт на **трениро́вку?**

3. — Почему́ ребя́та вчера́ пло́хо игра́ли?

4. — Почему́ И́ра не занима́ется спо́ртом?

5. — Почему́ Ка́тя не идёт гуля́ть на у́лицу?

а) — Потому́ что И́ра не лю́бит спорт. Она́ занима́ет-
ся му́зыкой.

б) — Потому́ что за́втра у И́горя игра́.

в) — Потому́ что она́ хо́чет **стать ма́стером спо́рта.**

г) — Потому́ что не́ было Ви́ктора, их **капита́на**.

д) — Потому́ что сейча́с она́ де́лает уро́ки.

C3 Do you have time?

— У вас есть вре́мя?

— Да, есть.

(— У меня́ нет вре́мени.)

— У вас есть свобо́дное вре́мя?

— У меня́ нет свобо́дного вре́мени.

(— У меня́ мно́го/ма́ло вре́мени.)

C4 Sports Classifications

Athletes in Russia receive titles to recognize their sports
achievements. The standards are uniform throughout the country.
The top category is Ма́стер спо́рта междунаро́дного кла́сса, followed by Ма́стер спо́рта, I разря́д, II разря́д, and III разря́д.
Athletes who are awarded these titles receive a special medal
(**значо́к**) and certificate.

Значки́ ма́стера спо́рта

C5 Мно́го и́ли ма́ло вре́мени?

1)

2) Ва́не 7 лет. Он занима́ется матема́тикой 2 часа́ в день.
Игорю 16 лет. Он занима́ется матема́тикой 1 час в день.

3) Ко́стя музыка́нт. Он занима́ется спо́ртом 1 час в день.
Анто́н хо́чет быть чемпио́ном. Он занима́ется спо́ртом 2 часа́ в день.

C6 Accept or decline these suggestions.

1. — У тебя́ есть вре́мя? Идём сего́дня на стадио́н?

2. — У тебя́ есть вре́мя? Я хочу́ посмотре́ть футбо́льный матч.

3. — У вас есть вре́мя? Мы хоти́м игра́ть в те́ннис.

4. — У тебя́ есть вре́мя? Идём в кино́?

5. — У вас есть вре́мя? Я хочу́ занима́ться вме́сте.

D Phonetics and Reading

D1 Pronunciation Practice.

1. Practice the correct pronunciation of unstressed vowels.

спорти́вная шко́ла   занима́ться ватерпо́ло
ма́стер спо́рта   худо́жественная гимна́стика
идти́ на трениро́вку   междунаро́дного кла́сса
капита́н кома́нды   расписа́ние трениро́вок

2. Practice the correct intonation of these interrogative and declarative sentences.

— Что э́то тако́е?
— Э́то но́вый журна́л.
— Кто э́то тако́й?
— Э́то наш учи́тель.
— Кто э́то така́я?
— Э́то **чемпио́нка** по худо́жественной гимна́стике.
— Кто э́то таки́е?
— Э́то мастера́ спо́рта по пла́ванию.

3. Practice the correct intonation of these interrogative and declarative sentences.

— Почему́ И́горь до́ма?
— Он занима́ется му́зыкой.
— Почему́ Оле́г пошёл на стадио́н?
— Он занима́ется спо́ртом.
— Почему́ они́ пло́хо игра́ли?
— У них не́ было капита́на.
— Почему́ Та́ня идёт в спорти́вную шко́лу?
— Она́ занима́ется спорти́вной гимна́стикой.
— Почему́ Ка́тя мно́го занима́ется пла́ванием?
— Она́ хо́чет стать ма́стером спо́рта.

D2 You already know many sports words. Here are some additional terms that are popular in Russia. Try to find out what the athletes who participate in these sports are called in Russian.

лёгкая атлéтика — track and field sports
плáвание — swimming
альпинúзм — mountain climbing
шáхматы — chess
шáшки — checkers
тяжёлая атлéтика — weight lifting
культурúзм — bodybuilding

лы́жи (равнúнные) — cross-country skiing
гóрные лы́жи — downhill skiing
фигýрное катáние — figure skating
конькú — ice-skating
бадминтóн — badminton
настóльный тéннис — table tennis

D3 Sports Lottery

The Спортлотó is popular in Russia, and there is a new game every week. A game card is reproduced below. Each number corresponds to a kind of sport. They are all printed on the opposite side of the lottery ticket. Learn the names of your favorite sports.

You must correctly select 5 of 36 or 6 of 45 numbers to win the grand prize. But you can win a much smaller amount by choosing 5, 4, or 3 correct numbers.

In this game, the winning numbers for the first try were 4, 8, 18, 21, 33; for the second try, they were 1, 10, 18, 21, 36. What sports do these numbers correspond to? What sports did the person who played this ticket choose? Did he/she win a lot?

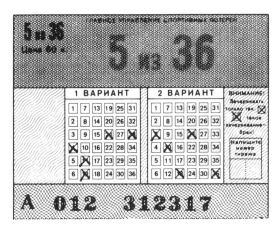

D4 Читáйте и скажи́те, как называ́ются э́ти и́гры? Каки́е ви́ды спóрта популя́рны в Сиэ́тле?

Игры — хорóшая поли́тика

В ию́ле 1990 гóда торжéственные фанфáры возвести́ли ми́ру об откры́тии вторы́х Игр дóброй вóли, котóрые состоя́лись в америкáнском гóроде Сиэ́тле.

В прогрáмму лéтних игр был включён зи́мний вид спóрта — фигу́рное катáние. Фигу́рное катáние и хоккéй — два ви́да спóрта, чрезвычáйно популя́рные в Сиэ́тле и сéверо-зáпадной чáсти США.

Культу́рная прогрáмма Игр былá óчень большóй. Приезжáл балéт Большóго теáтра, музéи Кремля́, котóрые потóм путешéствовали по Соединённым Штáтам. Гали́на Вóлчек привезлá в Сиэ́тл свой теáтр „Совремéнник“. В США приéхал совéтский цирк. И э́то ещё не вся культу́рная прогрáмма.

In this lesson, you have learned:

1) a new, stronger way to ask about an unfamiliar object or person;
2) how to talk about your activities;
3) how to talk about age;
4) how to give the reason for something.

Dramatize.

A Russian friend has come to your school, and you are showing him/her the places where you take part in sports. Introduce him/her to students who are also active in sports. Have him/her ask them their names, how old they are, and what sports they participate in and why.

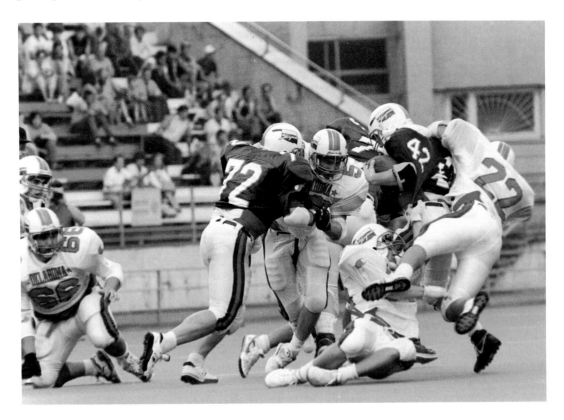

Слова́рь

бег *(m)* running
ватерпо́ло *(n, indecl.)* water polo
гимна́стка *(f)* gymnast
жизнь *(f)* life
занима́ться (занима́юсь, занима́ешься,
   занима́ются) to engage in, be oc-
   cupied with
заня́тие *(n)* class, activity
капита́н *(m)* captain
ма́стер спо́рта master of a sport
наприме́р for example
пла́вание *(n)* swimming

потому́ что because
рисова́ние *(n)* drawing
свобо́дный free
Ско́лько тебе́ лет? How old are you?
стать (ста́ну, ста́нешь, ста́нет) to
   become
трениро́вка *(f)* training, practice
уже́ already
худо́жественный artistic
Что э́то тако́е? What is this?
шко́льник *(m)* schoolboy, pupil

Урок 18
(Восемнадцатый урок)

Кем быть?

Section	Main Structures	Functions	Grammatical Concepts	Language & Culture
A	У вас мно́го институ́тов, учи́лищ. Я бу́ду врачо́м, как моя́ ма́ма.	Talking about choosing professions	The instrumental case in discussing a profession The genitive case with мно́го, ма́ло, ско́лько	Шко́ла, институ́т, университе́т
B	— В институ́те большо́й ко́нкурс, поэ́тому экза́мены о́чень тру́дные. — Расскажи́ о них.	Discussing outcomes and talking about what or whom	Using the conjunction поэ́тому Preposition о with the prepositional case	Competition to enroll in institutions of higher education
C	По́сле шко́лы все ребя́та реши́ли поступи́ть в институ́т.	Talking about decisions and intentions	Using the verb реши́ть with infinitives The preposition по́сле with the genitive case	Что тако́е ПТУ?
D	**Phonetics and Reading** Pronunciation Practice „Ко́нкурс красоты́"		„Начина́ю но́вую жизнь" **Overview of the Lesson** Слова́рь	

A Talking about Choosing Professions

У вас мно́го институ́тов, учи́лищ.	You have many institutes and specialized schools.
Я бу́ду врачо́м, как моя́ ма́ма.	I will be a doctor like my mother.

A1 Ребя́та разгова́ривают о профе́ссиях.

Куда́ пойти́ учи́ться

«...на брегах Невы, где, может быть, бродили вы?»

А если даже и не бродили, то прекрасную возможность учиться и работать в Ленинграде вы можете получить, поступив в ПТУ № 144 на базе ордена Трудового Красного Знамени комбината им. Тельмана.

УЧИЛИЩЕ ОБЪЯВЛЯЕТ

ПРИЕМ учащихся на новый 1991/92 учебный год с образованием 9—11 классов в возрасте с 14 лет и старше на обучение специальностям:

прядильщицы, ткача, отделочника ткани, контролера качества, оператора крутильного оборудования, оператора чесальных аппаратов, помощников мастеров (юношей, отслуживших в рядах СА).

Срок обучения от 4 до 10 месяцев.

Все зачисленные обеспечиваются 3-разовым питанием и получают доплату от базового предприятия в размере 55 руб. в месяц, а также 50% сумм, заработанных на производственной практике, пользуются всеми услугами, предоставляемыми рабочим комбината, льготным проездом в городском транспорте.

Принимаются иногородние с пропиской в общежитии.

Учащиеся имеют возможность совмещать учебу в училище с учебой на заочном или вечернем отделении вузов и техникумов.

За справками обращаться в приемную комиссию по адресу: 193224, Ленинград, Октябрьская наб., 48.

Телефоны: 266-25-34, 266-07-33, 266-26-00.

Проезд: от ст. метро «Пл. А. Невского» — авт. 120; от ст. метро «Ломоносовская» — авт. 5, 12, 97, 118. Остановка: ул. Тельмана.

Рекламное агентство «МИР».

— Как мно́го у вас институ́тов, те́хникумов, учи́лищ! Не зна́ешь, что **вы́брать**. Ты уже́ зна́ешь, кем бу́дешь?

— Да, я зна́ю. Я бу́ду врачо́м, как моя́ ма́ма.

— Это о́чень интере́сная профе́ссия.

— Да, ма́ма то́же так говори́т.

A2 Кем ты бу́дешь?

	Instrumental case
— Я бу́ду...	врачо́м. инжене́ром. учи́телем. **строи́телем.** **медсестро́й.** учи́тельницей. дипломáтом. адвокáтом.

A3 Expand on these sentences, following the example.

Моя́ мáма — медсестрá.

Моя́ мáма медсестрá, и я то́же бу́ду медсестро́й, как мáма.

1. Моя́ мáма — учи́тельница.
2. Мой пáпа — **фéрмер.**
3. Моя́ сестрá — адвокáт.
4. Мой брат — **хи́мик.**
5. Мой пáпа — мéнеджер.
6. Моя́ мáма — **секретáрь.**

A4 Additional professions.

машини́стка — typist
сле́сарь — locksmith
шахтёр — miner
то́карь — lathe operator
продаве́ц — salesclerk
рабо́чий — factory worker

A5 Скажи́те, кем они́ хотя́т быть?

— Моя́ сестра́ лю́бит шко́лу, она́ и до́ма „игра́ет" в шко́лу.
— Твоя́ сестра́ хо́чет быть учи́тельницей.

1. — Мой брат лю́бит **те́хнику** и маши́ны.
2. — Воло́дя Ивано́в лю́бит **поли́тику**, он чита́ет мно́го газе́т и журна́лов.
3. — Ната́ша лю́бит рабо́ту в больни́це.
4. — Ко́стя Петро́в лю́бит смотре́ть, как **стро́ят** но́вые дома́.
5. — И́горь чита́ет кни́ги то́лько по фи́зике и матема́тике.
6. — Мой па́па — фе́рмер. Он говори́т, что адвока́т — хоро́шая профе́ссия, а я ду́маю, что быть фе́рмером — то́же непло́хо.

A6 Шко́ла, институ́т, университе́т.

В Росси́и в шко́ле у́чатся 10—11 лет. Пото́м мо́жно идти́ в институ́т и́ли университе́т. А что тако́е институ́т? Что тако́е университе́т? В институ́те — одна́ профе́ссия: наприме́р, **медици́нский** институ́т, **строи́тельный** институ́т... В университе́те — мно́го профе́ссий: здесь у́чатся хи́мики, **фи́зики**, **филоло́ги**, **исто́рики**, **экономи́сты**...

A7 Genitive plural is used after the words ско́лько, мно́го, ма́ло.

	Nominative Singular	Genitive Plural
Masculine	институ́т учи́тель врач	институ́тов учителе́й враче́й
Feminine	шко́ла студе́нтка тетра́дь	школ студе́нток тетра́дей
Neuter	сло́во учи́лище упражне́ние	слов учи́лищ упражне́ний

A8 Отвеча́йте на вопро́сы.

— Ско́лько у вас в го́роде заво́дов?

— У нас в го́роде ма́ло заво́дов.

(— У нас в го́роде мно́го заво́дов.)

(— У нас в го́роде **не́сколько** заво́дов.)

1. — Ско́лько у вас на столе́ книг?

2. — Ско́лько у вас в го́роде библиоте́к?

3. — Ско́лько у нас в шко́ле ученико́в?

4. — Ско́лько у нас в кла́ссе ма́льчиков? А де́вочек?

5. — У вас до́ма мно́го словаре́й?

6. — У вас здесь мно́го уче́бников?

A9 Что они́ сказа́ли?

Ви́ктор ви́дит в магази́не значки́.

— Как мно́го здесь значко́в! Не зна́ешь, что вы́брать.

— Да, пра́вда.

(— Здесь не о́чень мно́го значко́в.)

Са́ша пе́рвый раз в библиоте́ке.

Дéдушка живёт в дерéвне. А сейчáс он в гóроде.

Ира и Лéна вúдят журнáлы в **киóске**.

Кóстя и Марк вúдят часы́ на у́лице Москвы́.

Алик и Рóнальд вúдят, как милиционéры разговáривают с **шофёром**.

A10 Ужé или ещё?

1. — 8 часóв, а ты _____ дóма?

    — Ничегó. Сегóдня у нас нет матемáтики и мóжно
    быть в шкóле в 9 часóв.

2. — _____ 6 часóв, а Натáши нет дóма. Где онá?

    — У них в шкóле сегóдня концéрт. Онá бýдет дóма
    в 7 часóв.

3. Мúша ýчит англúйский язы́к 1 год, но _____
    хорошó говорúт по-англúйски.

4. Мáша ýчит францýзский язы́к _____ 5 лет, но
    _____ плóхо понимáет по-францýзски.

5. Мой брат _____ мáленький. Емý 11 лет. Но он
    _____ знáет, кем бýдет. Он хóчет быть дипломáтом
    úли полúтиком.

B Discussing Outcomes and Talking about What or Whom

— В институ́те большо́й ко́нкурс, поэ́тому экза́мены о́чень тру́дные.

"There is a lot of competition to get into the institute. Therefore the exams are very difficult."

— Расскажи́ о них.

"Tell (me) about them."

B1 Ната́ша и Дайя́на разгова́ривают о **ко́нкурсе** в медици́нский институ́т.

— Скажи́, а **поступи́ть** в медици́нский институ́т тру́дно?

— Да, тру́дно. Там **всегда́** большо́й ко́нкурс. **Поэ́тому** экза́мены о́чень **тру́дные**.

— А каки́е э́то экза́мены? **Расскажи́** о них.

— В институ́те 4 экза́мена: **хи́мия**, **биоло́гия**, **ру́сский язы́к**, **фи́зика**.

В институ́те иду́т экза́мены.

B2 Popular Courses of Study

Education in universities and other institutions of higher education is free in Russia. Many students want to enroll, and the applicants are a very competitive group. The Institute of Cinematography, where movie actors, directors, and cameramen are trained, is perhaps the most popular—with as many as 100 applicants for each opening. Medical institutes, foreign language institutes, and the humanities departments of universities are also very popular. Economics is another favorite major, while engineering is low on the list of professions that are preferred by high school graduates.

Here is a page from a ninth-grade algebra textbook used in Russian schools. How does this compare with what you are studying in your own math classes?

866. а) $\begin{cases} (x-y)(x^2-y^2)=45, \\ x+y=5; \end{cases}$ б) $\begin{cases} x^2y^3=16, \\ x^3y^2=2; \end{cases}$

в) $\begin{cases} x^2y^3+x^3y^2=12, \\ x^2y^3-x^3y^2=4; \end{cases}$ г) $\begin{cases} x^{-1}+y^{-1}=5, \\ x^{-2}+y^{-2}=13. \end{cases}$

867. а) $\begin{cases} x^3+y^3=7, \\ x^3y^3=-8; \end{cases}$ б) $\begin{cases} x^3+y^3=9, \\ xy=2; \end{cases}$

в) $\begin{cases} x^2+y^4=5, \\ xy^2=2; \end{cases}$ г) $\begin{cases} x^2-xy=28, \\ y^2-xy=-12 \end{cases}$

868. Решите систему неравенств:

а) $\begin{cases} 2(3x-1)<3(4x+1)+16, \\ 4(2+x)<3x+8; \end{cases}$

б) $\begin{cases} 2x>3-\dfrac{13x-2}{11}, \\ \dfrac{x}{6}+\dfrac{2}{3}(x-7)<\dfrac{3x-20}{9}; \end{cases}$

в) $\begin{cases} \dfrac{x+1}{2}-\dfrac{x}{3}\geqslant\dfrac{x-1}{4}-x-2, \\ 0{,}5x<2-x; \end{cases}$

г) $\begin{cases} x-\dfrac{x+1}{2}-\dfrac{x+4}{3}\leqslant\dfrac{x-1}{4}-2, \\ 1{,}5x-2{,}5<x. \end{cases}$

869. Решите систему уравнений:

а) $\begin{cases} 4x_1-2x_2+3x_3-4x_4=14, \\ 2x_1-3x_2-2x_3-x_4=-1, \\ x_1+4x_2+2x_4=-1, \\ 2x_1-x_2+x_3=4; \end{cases}$

б) $\begin{cases} x_1+2x_2-x_3-2x_4=-6, \\ 3x_1-x_2+3x_3+x_4=4, \\ 2x_1+x_2-2x_3=2, \\ 2x_2-x_3+3x_4=3. \end{cases}$

B3 Names of institutes and departments.

меди́цинский	
педагоги́ческий	институ́т
экономи́ческий	
строи́тельный	
хими́ческий	факульте́т
физи́ческий	
юриди́ческий	

What kinds of professionals are trained in each of these institutes and departments?

What do these young people want to be?

B4 Study the use of the word **поэтому** in this example.

У Наташи мама врач. Поэтому Наташа тоже хочет быть врачом.

B5 Change these sentences using потому́ что instead of поэ́тому.

1. Ира о́чень лю́бит дете́й, поэ́тому она́ хо́чет поступи́ть в педагоги́ческий институ́т.

2. В медици́нский институ́т большо́й ко́нкурс, поэ́тому Ната́ша не зна́ет, посту́пит она́ в институ́т и́ли нет.

3. Воло́дя хо́чет поступи́ть в медици́нский институ́т, поэ́тому сейча́с он мно́го рабо́тает и хорошо́ у́чится.

4. Ему́ нра́вится спорт, поэ́тому он хо́чет быть тре́нером.

5. Серге́й лю́бит хи́мию, поэ́тому он хо́чет рабо́тать хи́миком.

6. Я люблю́ му́зыку, поэ́тому я хочу́ быть музыка́нтом.

7. Его́ оте́ц — строи́тель, поэ́тому он хо́чет поступи́ть в строи́тельный институ́т.

B6 Куда́ (в како́й институ́т) они́ хотя́т поступи́ть?

B7 The preposition **о** (before vowel sounds use **об**) requires the prepositional case.

	о чём?	о ком?
говори́ть чита́ть спра́шивать ду́мать **расска́зывать** **спо́рить**	об институ́те о рабо́те о профе́ссии об учи́лище об Ива́не о ма́тче	обо мне́ о тебе́ о нём (о ней) о нас о вас о них

B8 О ком они́ говоря́т? О чём они́ говоря́т?

1. — Тама́ра уже́ вы́брала профе́ссию, она́ сказа́ла, что хо́чет быть медсестро́й.

2. — Ива́н ещё не вы́брал, кем быть. Ему́ нра́вится заво́д, где рабо́тает его́ брат. Он хо́чет быть и́ли инжене́ром и́ли экономи́стом.

3. — На́ша шко́ла о́чень хоро́шая. У нас хоро́шие тре́неры по баскетбо́лу и футбо́лу.

4. — Москва́ — столи́ца Росси́и. В Москве́ мно́го институ́тов.

5. — Ната́ша хо́чет быть учи́тельницей, потому́ что она́ о́чень лю́бит шко́лу и дете́й.

6. — Вчера́ был интере́сный матч по футбо́лу. „Спарта́к" вы́играл со счётом 3:1.

B9 Continue the conversation according to the model.

— Вчера́ мы говори́ли о Ви́кторе.
— А что вы говори́ли о нём?
— Мы говори́ли, что он хо́чет поступи́ть в медици́нский институ́т.

1. — Вчера́ мы говори́ли о тебе́.
2. — Ната́ша вчера́ говори́ла об Оле́ге.
3. — Ребя́та говори́ли о Ната́ше.
4. — Ко́ля спра́шивал о Ната́ше.
5. — Ви́ктор вчера́ говори́л о вас.
6. — Вчера́ учи́тельница говори́ла о нас.

После школы все ребята   After completing school, all the kids
решили поступить в институт.   decided to enroll in an institute.

C1 Девочки разговаривают.

— А твои друзья уже **решили**, кем будут?

— Не **все**, конечно. Это большая **проблема**.

— Да, это проблема. А скажи, все ребята
после школы хотят поступить в институт?

— Нет, это не так. Например, Надя Соколова не
хочет учиться в институте.

— А что она хочет делать?

— Она хочет работать **парикмахером**, поэтому она
идёт в **ПТУ**.

— А другие ребята?

— Трудно сказать. Одни хотят учиться в институте, а
другие хотят работать и **зарабатывать деньги**.

— У нас тоже так.

[АБ] ПТУ — э́то профессиона́льно-техни́ческое учи́лище. В ПТУ мо́жно поступи́ть по́сле 8 кла́сса и учи́ться 3 го́да и́ли по́сле 10 кла́сса и учи́ться 1 год. Эти учи́лища гото́вят парикма́херов, строи́телей, **монта́жников, машини́стов, поваро́в** и т.д. Вот не́сколько **объявле́ний.**

Счастливый номер ПТУ

Ты переступил школьный порог и теперь перед выбором: кем быть? Задачка нешуточная: ведь работа по душе и по призванию — это, считай, полдела в жизни. «Думай—думай—думай!» — как поётся в известной песенке. А мы попробуем тебе помочь. Предлагаем — выбирай!

Хочешь всю жизнь иметь дело с живой природой? Убежать от городской суеты или, наоборот, творить прекрасные сады и парки в наших асфальтовых мегаполисах? Тогда КОСТИНСКОЕ ПТУ-29 (Рязанской области) — это то, что тебе нужно! Здесь готовят по специальностям:
— пчеловод,
— мастер-цветовод-садовод,
— мастер садово-паркового искусства.
Срок обучения от 10 месяцев до 3-х лет. Начало занятий 1 сентября и 15 декабря.
Адрес. 391131, Рязанская обл., Рыбновский район, п/о Костино, СПТУ-29.
Тел. для справок: 97-2-95.

А вот неисправимым романтикам, с детства мечтающим о море, команда: снимайтесь с якоря! НОВОЛАДОЖСКОЕ ПТУ-2 ждёт вас. Здесь те, кто окончил 11 классов, могут получить специальности:
— моторист-рулевой (1 год),
— повар для работы на судах морского и речного флота (1 год);
— судоводитель — пом. механика судов I—IV групп (2 г.).
Окончившие 9 классов тоже не расстанутся с мечтой о море — их ждут специальности:
— моторист-рулевой (2 года),
— матрос 1 класса — моторист 11 класса (3 года).
Адрес училища: 187416, Ленинградская обл., Волховский район, г. Новая Ладога, м-н «Ю», 23.
Тел. для справок в г. Новая Ладога: 3-03-35, 3-04-35.

...если считаешь, что у тебя способности к художественному рисунку, а за столом тебе в голову приходит «эстетическая» мысль: не смотри в тарелку — смотри на её отделку! — значит, тебе прямая дорога в ПТУ-21 (Новгородской обл.).
Училище готовит мастеров фарфоро-фаянсового производства по специальностям:

— переводчик рисунка.
— живописец.
Адрес училища. 174130, Новгородская обл., Новгородский район, п. Пролетарии, ул. Октябрьская, 6.
Тел. для справок: (81600) 44-6-92.

Кстати, если вспомнить времена, когда фарфор-фаянс можно было выбирать в магазине, бесспорной была истина: в красивой посуде любое блюдо вдвойне вкуснее. Может, с твоей помощью истина вернётся в нашу жизнь!

...ну, а тем, кто любит импровизировать, фантазировать, кто от скуки — на все руки, но при этом обладает художественным вкусом, советуем выбрать специальность декоратора-оформителя. Сдав вступительные экзамены — рисунок и живопись — за 1 год 10 месяцев (на базе полного среднего образования), в СПТУ-9 (г. Энгельс), вы сможете получить интересную профессию.
Адрес училища. 413105, г. Энгельс, Саратовская обл., 1-й микрорайон им. Урицкого, СПТУ-9.
Тел.: (74511) 6-52-42.

...«Вы плюс... электрификация всей страны!» Звучит? Тогда знайте: ПТУ № 200 объявляет набор по специальностям:
— электромонтажник по освещению, осветительным и силовым сетям и электрооборудованию,
— монтажник связи — линейщик.
Срок обучения от 10 месяцев до 3-х лет. Принимаются юноши с образованием 9—11 классов или уволенные в запас из рядов Советской Армии, проживающие в Москве и Московской области.
Адрес училища. 113534, г. Москва, ул. Кировоградская, 21.
Справки по тел. в Москве (095) 388-78-66.
Ну что, выбрали? Тогда ни пуха!

А. ЕПИХИНА.

C3 Complete these ideas using the verb **решить**.

— Мне о́чень нра́вится бокс. Поэ́тому я реши́л занима́ться бо́ксом.

1. Моя́ ма́ма — учи́тельница. Мне о́чень нра́вится э́та профе́ссия.
2. Мне о́чень нра́вится ру́сский язы́к.
3. Я люблю́ исто́рию.
4. Мой брат говори́т, что профе́ссия хи́мика о́чень интере́сная.
5. Он лю́бит матема́тику.

C4 The preposition **по́сле** is used with the genitive case.

когда́? по́сле чего́?			
по́сле	уро́ка	по́сле	уро́ков
	конце́рта		заня́тий (Ø)
	шко́лы		кани́кул (Ø)
	заня́тия		

(The symbol "Ø" means a "null" or "zero" ending. Linguists often describe a Russian noun form that ends in the stem consonant as having a "Ø ending." This "Ø ending" occurs in the nominative singular for masculine nouns and the genitive plural for feminine and neuter nouns.)

C5 Скажи́те, когда́ и́ли по́сле чего́ э́то бы́ло.

Мы говори́ли о профе́ссии учи́теля.
  — На уро́ке мы говори́ли о профе́ссии учи́теля.
(— По́сле уро́ков мы говори́ли о профе́ссии учи́теля.)

1. Мы говори́ли о му́зыке.
2. Мы говори́ли об арти́сте Хо́ффмане.
3. Анто́н и И́горь спо́рили о зада́че по матема́тике.
4. Ни́на и Мари́на говори́ли в шко́ле о ле́те.
5. Ма́ша и Ка́тя говори́ли об уро́ке исто́рии.
6. Я реши́л идти́ на стадио́н.

C6 Which caption belongs with each drawing?

1. У нас в семье́ все врачи́. Поэ́тому я то́же реши́л поступи́ть в медици́нский институ́т.
2. Все ду́мают, что Та́ня и О́ля — сёстры.
3. Хорошо́, когда́ все — друзья́.
4. Все мои́ друзья́ — хоро́шие спортсме́ны.

C7 Learn this proverb.

Оди́н за всех — все за одного́.

C8 Examine the way the word другóй is used below. You first encountered this word in the expression на другóй день (the next day/on another day) in lesson 13.

другóй мáльчик
другáя дéвочка
другóе упражнéние
другúе ребя́та

C9 Object to what is said in the sentences below. As in the model, point out the mistake.

— Кто э́то? Вúтя Николáев?
— Нет, э́то другóй мáльчик, Волóдя Петрóв.

1. — Кто э́то? Это Нáдя Вóлкова?
2. — Это áнгло-рýсский словáрь?
3. — Это газéта „Прáвда“?
4. — Это комáнда „Динáмо“?
5. — На фотогрáфии гóрод Москвá?
6. — Ты пúшешь упражнéние нóмер 4?
7. — Это нáши ребя́та игрáют в футбóл?

C10 Complete these sentences.

1. У нас в клáссе однú ребя́та óчень лю́бят математúку, а другúе...
2. У сестры́ в клáссе однú дéвочки хотя́т поступúть в медицúнский институ́т, а другúе...
3. Пóсле шкóлы однú ребя́та хотя́т идтú рабóтать, а другúе...
4. У нас в клáссе однú ученикú ужé вы́брали институ́т, а другúе...

D1 Pronunciation Practice.

1. Practice the correct pronunciation of the unstressed vowels.

a) экза́мен   факульте́т   секрета́рь   зараба́тывать
объявле́ние парикма́хер

b) быть адвока́том   быть диплома́том   быть машини́стом
быть экономи́стом быть монта́жником быть хи́миком
быть ме́неджером   быть фе́рмером   быть по́варом

2. Practice the correct pronunciation of these words and phrases without pauses in your flow of speech.

пробле́ма
больша́я пробле́ма
Это больша́я пробле́ма.

профе́ссия
интере́сная профе́ссия
У неё интере́сная профе́ссия.

ко́нкурс
большо́й ко́нкурс
В институ́т большо́й ко́нкурс.

де́ньги
зараба́тывать де́ньги
Ребя́та хотя́т зараба́тывать де́ньги.

факульте́т
педагоги́ческий факульте́т
Она́ вы́брала педагоги́ческии факульте́т.

учи́лище
профессиона́льно-техни́ческое учи́лище
У нас профессиона́льно-техни́ческое учи́лище.

3. Practice the correct intonation of these declarative sentences.

— Моя́ ма́ма учи́тельница. Я то́же бу́ду учи́тельни-
цей.
— Мой де́душка адвока́т. Я то́же бу́ду адвока́том.
— Мой па́па инжене́р. Я то́же бу́ду инжене́ром.
— Моя́ ба́бушка врач. Моя́ сестра́ то́же бу́дет
врачо́м.
— Мой брат строи́тель. Мой друг то́же бу́дет
строи́телем.

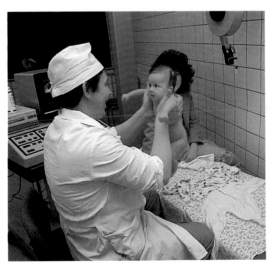

D2 В 1989-м году́ в Москве́ был пе́рвый ко́нкурс **красоты́**. Москви́чка Юлия Суха́нова ста́ла пе́рвой сове́тской **короле́вой** красоты́. Прочита́йте текст и скажи́те, чем хо́чет занима́ться Юлия Суха́нова, ско́лько лет Де́бби Те́рнер.

— Юля, что ты лю́бишь?

— Свобо́ду и незави́симость.

— Твой хара́ктер?

— Хочу́ быть уве́ренной в себе́. Мой при́нцип: «Доро́гу оси́лит иду́щий».

— Чем ты хо́чешь занима́ться по́сле шко́лы?

— Я о́чень люблю́ спорт, аэро́бику, хочу́ занима́ться эколо́гией. Но сейча́с я, мо́жет быть, бу́ду занима́ться рекла́мой.

А вот Юлия Суха́нова с короле́вой красоты́ США 1989-го го́да Де́бби Тёрнер. Ей 24 го́да. Она́ хо́чет быть ветерина́рным врачо́м. Де́бби — 63 (шестьдеся́т тре́тья) победи́тельница в исто́рии ко́нкурсов америка́нских краса́виц и то́лько 3 (тре́тья) негритя́нка, вы́игравшая э́тот ти́тул.

Начинáю нóвую жизнь

Юра лежáл на дивáне и дýмал: „У меня абсолю́тно нет харáктера. Жизнь моя́ идёт и идёт, а я ничегó не дéлаю: никакúх рекóрдов, ничегó интерéсного. Я читáл, что Мóцарт в три гóда писáл мýзыку, Пýшкин в пять лет писáл стихú по-францýзски. А я? А я письмó бáбушке по-рýсски пишý 10 дней.

И в шкóле ничегó хорóшего: по физкультýре — „двóйка“: забы́л дóма кéды, по литератýре — „трóйка“: не знал, когдá родúлся Пýшкин.

Нет! Так жить нельзя́. Начинáю нóвую жизнь. Какóй день у нас зáвтра? Пя́тница? Нет, в пя́тницу начинáть нóвую жизнь нехорошó. Нáдо э́то дéлать в понедéльник“.

Юра взял бумáгу, рýчку и написáл:

ПЛАН №1

1. Начать новую жизнь в понедельник.
2. Утром в 6 часов 15 минут делать гимнастику.
3. Заниматься спортом 2 часа каждый день.
4. Начать учить французский и немецкий языки.
5. Начать заниматься музыкой.
6. Писать письма бабушке: одно письмо в неделю.
7. Узнать, когда родился Пушкин.

В понедельник Юра не начал новую жизнь. Правда, он встал в 6 часов 15 минут и хотел начать новую жизнь по плану. По плану! А где же план?

На столе его не было. На диване тоже. В сумке, на шкафу, на окне — никакого результата.

— Ничего, — сказал Юра, — трудности только усиливают характер.

Юра взял новую бумагу и решительно написал:

ПЛАН №2

1. Найти план №1.
2. Начать новую жизнь (в понедельник).

In this lesson, you have learned:

1) how to discuss quantity, using the words **мно́го, ма́ло, ско́лько, не́сколько, все**;
2) how to talk about what or about whom, using the preposition **о**;
3) how to express the reason for an action, using **поэ́тому**;
4) how to express an intention or a decision to perform an action.

Прочита́йте разгово́ры. Скажи́те, о чём говоря́т ребя́та. Как ты ду́маешь, како́й институ́т они́ вы́брали? Что они́ реши́ли де́лать?

1. — Учи́тель — э́то о́чень хоро́шая профе́ссия. Когда́ в шко́ле рабо́тает хоро́ший учи́тель — ученики́ у́чатся хорошо́, им не тру́дно учи́ться.

2. — Я реши́ла быть врачо́м. Врачи́ живу́т и рабо́тают в го́роде и в дере́вне. Все хотя́т говори́ть с врачо́м, все лю́бят его́.

3. — Я не хочу́ учи́ться в институ́те. По́сле шко́лы есть мно́го рабо́ты и на заво́де и в магази́не. Я хочу́ рабо́тать и хорошо́ зараба́тывать.

Слова́рь

биоло́гия *(f)* biology
все all, everyone
*всегда́ always
*вы́брать (вы́беру, вы́берешь, вы́беру́т) to select, choose
де́ньги *(pl)* money
диплома́т *(m)* diplomat
*зада́ча *(f)* task
*зараба́тывать (зараба́тываю, зараба́тываешь, зараба́тывают) to earn
кем whom *(instr. of* кто)
кио́ск *(m)* stand, kiosk
ко́нкурс *(m)* competition
*медсестра́ *(f)* nurse
*не́сколько *(indef. number)* several
*парикма́хер *(m)* barber, hairdresser
педагоги́ческий pedagogical, teachers'
поли́тик *(m)* politician
*по́сле (+gen.) after
*поступи́ть (поступлю́, посту́пишь, посту́пят) to enroll in

*поэ́тому therefore
*пробле́ма *(f)* problem
профе́ссия *(f)* profession
ПТУ professional-technical school
*рассказа́ть (расскажу́, расска́жешь, расска́жут) to tell, narrate
расска́зывать (расска́зываю, расска́зываешь, расска́зывают) to tell, narrate
реши́ть (решу́, реши́шь, реша́т) to decide
секрета́рь *(m)* secretary
*спо́рить (спо́рю, спо́ришь, спо́рят) to argue
стро́ить (стро́ю, стро́ишь, стро́ят) to build
те́хника *(f)* technology
*тру́дный difficult
фе́рмер *(m)* farmer
хи́мик *(m)* chemist
шофёр *(m)* driver

Урок 19
(Девятнадцатый урок)

Письма домой

Section	Main Structures	Functions	Grammatical Concepts	Language & Culture
A	Я написа́л пи́сьма домо́й.	Expressing the completion or result of an action	Verbal aspects	Stamp collecting
B	— Кому́ ты написа́л пи́сьма? — Ма́ме, ба́бушке, сестре́ и дру́гу.	Naming the recipient of an action	Using the dative case to name the indirect object	Mailing addresses
C	— Мне на́до купи́ть пода́рки. — Хоро́шие пода́рки мо́жно купи́ть в магази́не о́коло гости́ницы «Украи́на».	Telling what needs to be done	Using the modal на́до The adverbs у́тром, днём, ве́чером, но́чью	Центра́льный де́тский музыка́льный теа́тр
D	Phonetics and Reading Pronunciation Practice Письмо́ в Росси́ю		Подпи́счик «ВМ» из шта́та Ога́йо Overview of the Lesson Слова́рь	

A Expressing the Completion or Result of an Action

Я написа́л пи́сьма домо́й.   I wrote (some) letters home.

A1 Кири́лл ви́дит Дэ́на на у́лице.

— Куда́ ты идёшь?
— На по́чту. Я написа́л пи́сьма домо́й и хочу́ **купи́ть** краси́вые ру́сские ма́рки.
— Я зна́ю ме́сто, где мо́жно купи́ть хоро́шие ма́рки.

A2 Russian verbs have two aspects, imperfective and perfective. Generally speaking, imperfective verbs may:

1) simply name the action that is occurring

— Что ты вчера́ де́лала?
— Я писа́ла письмо́.

2) view the action as a process

Я писа́ла письмо́ два часа́. Когда́ я писа́ла письмо́, я ду́мала о до́ме.

or 3) describe a recurring action

Ната́ша вчера́ и сего́дня писа́ла пи́сьма.

A perfective verb is used to emphasize the completeness or result of an action.

Вчера́ я написа́ла три письма́.

A3 Learn these pairs of imperfective and perfective verbs.

A4 Which of the drawings below correspond to the following descriptions?

1. Вчера́ Анто́н учи́л англи́йские слова́.
2. Кири́лл сде́лал больши́е краси́вые фотогра́фии.
3. Ната́ша 2 часа́ реша́ла зада́чи.
4. И́ра прочита́ла кни́гу.
5. В воскресе́нье мы с па́пой купи́ли соба́ку.

A5 Скажи́те, что вы занима́лись други́м де́лом.

(Note that you will be using only the imperfective aspect in these sentences, since you will be only naming the action.)

— Вчера́ я чита́л но́вый журна́л. А ты что де́лал?

— А я смотре́л телеви́зор.

1. — В воскресе́нье я писа́ла пи́сьма. А ты что де́лала?
2. — В четве́рг мы смотре́ли фильм. А вы что де́лали?
3. — Во вто́рник мы игра́ли в футбо́л. А ты что де́лал?
4. — Сего́дня у́тром я учи́ла стихотворе́ние. А ты что де́лала?
5. — Ве́чером мы слу́шали му́зыку. А ты что де́лал?

A6 Ask a classmate whether the action was completed.

— Вчера́ я чита́л интере́сную кни́гу.

— Ну и как? Ты прочита́л её?

— Да, прочита́л.

1. — Вчера́ я три часа́ писа́л пи́сьма. (написа́ть)

2. — В суббо́ту я учи́л но́вые слова́. (вы́учить)

3. — В сре́ду я де́лал упражне́ния. (сде́лать)

4. — Вчера́ я реша́ла зада́чи. (реши́ть)

5. — Вчера́ мы с Ирой покупа́ли ма́рки
на Но́вом Арба́те. (купи́ть)

6. — В понеде́льник мой брат учи́л
стихотворе́ние. (вы́учить)

A7 Посмотри́те на ма́рки и конве́рты (section A1). Скажи́те, каку́ю ма́рку, како́й конве́рт вы хоти́те купи́ть.

— Я хочу́ купи́ть вот э́ту ма́рку.

(— Я хочу́ купи́ть вот э́тот конве́рт.)

A8 Stamp collecting is a very popular hobby in Russia, and many
attractive stamps are issued each year. The former world
chess champion, **Анато́лий Ка́рпов**, has one of the best collections
in Russia.

B Naming the Recipient of an Action

— Кому́ ты написа́л пи́сьма?   "Who did you write letters to?"

— Ма́ме, ба́бушке, сестре́ и   "To mama, grandmother, my sis-
дру́гу.   ter, and a friend."

B1   Кири́лл и Дэн иду́т в магази́н, где мо́жно купи́ть краси́вые ма́рки.

— А **кому́** ты написа́л пи́сьма?

— О! Ма́ме, ба́бушке, сестре́ и дру́гу. Я написа́л, что в Москве́ не о́чень хо́лодно и что у меня́ **всё в поря́дке**. Кири́лл, посмотри́, как я написа́л ру́сский а́дрес. Пра́вильно?

— Нет, непра́вильно. Смотри́, я **покажу́** тебе́. По-ру́сски пи́шут так: снача́ла **назва́ние** страны́, и́ндекс и го́род, пото́м у́лица, но́мер до́ма и кварти́ры, а пото́м фами́лия и и́мя. Поня́тно?

— Да, **интере́сно**. У нас всё **наоборо́т**: снача́ла и́мя и фами́лия, а пото́м дом, у́лица, го́род, и́ндекс и страна́.

B2 The dative case is used to name the person to whom or for whom the action of the sentence occurred. Study these examples:

	кому́?	кому́?
Я написа́л письмо́ Я показа́л кни́гу Я купи́л слова́рь	дру́гу. учи́тельнице. Никола́еву.	бра́ту. сестре́. Никола́евой.*

B3 Ви́кторов Пётр Андре́евич живёт в Санкт-Петер-
бу́рге, Во́лкова Тама́ра Ива́новна — в Москве́,
Васи́льев Игорь — в Твери́, а За́йцева Ната́ша — в
Орле́.

As is frequently the case in Russia, the last names are given
first in the listings above. Describe how each person's name and
address would appear on an envelope.

---

* The dative form of feminine last names should be learned separately, since they do not follow the usual rules for
noun endings. You have now learned all the regular singular case forms of nouns.

В4 Кому́ и куда́ они́ пи́шут пи́сьма?

У Игоря брат живёт в Ми́нске.
— Игорь пи́шет пи́сьма бра́ту в Минск.

1. Ира: Моя́ подру́га сейча́с живёт в Москве́.

2. У Оле́га ба́бушка живёт в Тамбо́ве.

3. Наш учи́тель сейча́с в Санкт-Петербу́рге.

4. У Ле́ны ма́ма сейча́с в Ки́еве.

5. У Бори́са друг живёт сейча́с в дере́вне.

B5 Дэн купи́л сувени́ры па́пе, ма́ме, сестре́ и дру́гу. Как вы ду́маете, что кому́ он купи́л?

Шкату́лка

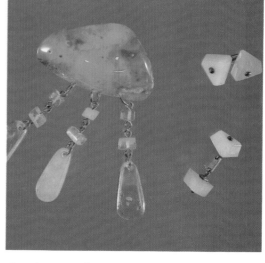

Янта́рная брошь

Плато́к

Кни́ги

B6 Ответьте, что вы покáжете то, о чём вас спрáшивают.

(Remember the accusative pronouns: егó, её, их.)

— У вас есть журнáл «Огонёк»?
— Да, есть. Сейчáс я покажý егó.

1. — У вас есть мáрки?
2. — У тебя́ есть расписáние на зáвтра?
3. — У вас есть шáхматы?
4. — У тебя́ есть кнúга «Войнá и мир»?
5. — У тебя́ есть большóй áнгло-рýсский словáрь?
6. — У вас есть значóк «Москóвский Кремль»?

B7 Russian buildings are numbered differently from those in the United States. The same building, no matter how large it is, has a single number, although there may be a thousand or more apartments. How are apartments numbered in large American cities?

The inhabitants of this apartment building (and there are more than a thousand apartments) have the same building number; only their apartment numbers are different.

— Мне на́до купи́ть пода́рки.   "I have to buy (some) presents."
— Хоро́шие пода́рки мо́жно   "You can buy good presents
   купи́ть в магази́не о́коло   in a store near the Hotel
   гости́ницы «Украи́на».   *Ukraine*."

C1 Кири́лл и Дэн на у́лице. Они́ купи́ли ма́рки.

— Ско́лько сейча́с вре́мени?

— 12 часо́в, а что?

— Сего́дня у нас экску́рсия в Кремль, ве́чером мы
  идём в Де́тский музыка́льный теа́тр, а мне ещё
  на́до купи́ть пода́рки.

— Хоро́шие пода́рки мо́жно купи́ть в магази́не «Ру́с-
  ский сувени́р».

— А где э́то?

— **Около** гости́ницы «Украи́на».

— Очень хорошо́.

C2 How to use the word на́до.

кому́? (dative)		что де́лать/сде́лать?
Мне Тебе́ Ему́, ей, Анто́ну, Ире Нам Вам Им, Анто́ну и Ире	на́до	написа́ть письмо́. купи́ть сувени́ры. сде́лать дома́шнее зада́ние. реши́ть зада́чу. занима́ться спо́ртом. вы́учить слова́.

C3 Кому́ что на́до сде́лать?

1. — У Иры за́втра контро́льный дикта́нт. Ей на́до...

2. — За́втра мы е́дем домо́й. Но нам ещё на́до...

3. — Мой брат хо́чет быть врачо́м, а поступи́ть в меди́цинский институ́т о́чень тру́дно. Поэ́тому ему́ на́до...

4. — Я хочу́ прочита́ть по-ру́сски но́вый текст. Мне на́до...

C4 Remember that a twenty-four hour day has four parts:

	когда́?
у́тро	у́тром
день	днём
ве́чер	ве́чером
ночь	но́чью

C5 Скажи́те, где и когда́ была́ Ната́ша? Пётр Ива́нович? Игорь?

C6 Па́вел Петро́вич о́чень лю́бит му́зыку. Когда́ он игра́ет?

C7 Посмотрите на карту-схему Санкт-Петербурга и скажите, где что находится.

Начните так: Гостиный двор находится на Невском проспекте.

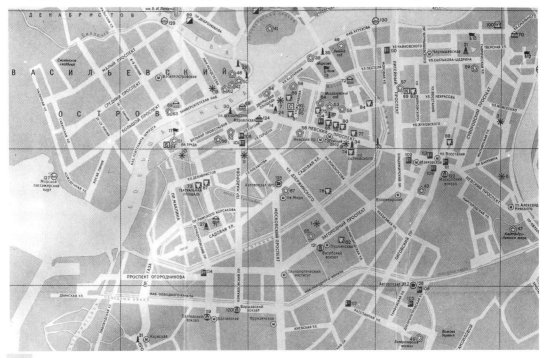

C8 Уникальный театр

В Москве есть уникальный театр. Это Центральный детский музыкальный театр. Он ставит балеты, оперы, музыкальные спектакли специально для детей.

Много лет этим театром руководит Наталья Ильинична Сац. Она фанатик своего дела, своего театра.

— Она может всё! — говорят люди о Сац, и это правда.

D Phonetics and Reading

D1 Pronunciation Practice.

1. Practice the pronunciation of these phrases without interruption in the flow of your speech.

написа́ть письмо́   реши́ть зада́чу   вы́учить стихотворе́ние
купи́ть пода́рок   прочита́ть кни́гу   сде́лать дома́шнее зада́ние

2. Practice the correct pronunciation of these unstressed vowels.

зада́ча   кварти́ра   пода́рок
конве́рт   дворе́ц   пионе́р
на́до   о́коло   ве́чером

3. Practice the correct intonation of these declarative sentences.

Я хочу́ написа́ть письмо́ ба́бушке.
Све́та хо́чет вы́учить но́вое стихотворе́ние.
И́горь хо́чет реши́ть тру́дную зада́чу.
Ребя́та хотя́т купи́ть ру́сские ма́рки.

4. Practice the correct intonation of these interrogative and declarative sentences.

— Кому́ ты реши́л зада́чу?
— Бра́ту.

— Кому́ она́ купи́ла пода́рки?
— Ма́ме и ба́бушке.

— Кому́ он написа́л письмо́?
— Учи́тельнице.

— Кому́ ты чита́ла стихотворе́ние?
— Дру́гу.

D2 Read this letter, using your glossary as needed. Then answer the question:
А почему́ вы у́чите ру́сский язы́к?

Здравствуй, дорогой Миша!

Ты спрашиваешь, почему я учу русский язык? У нас в школе можно учить французский, испанский и русский языки. Все думают, что русский язык трудный и не очень хотят учить его. А я решил заниматься русским языком, потому что я люблю всё трудное. Я учу русский язык год. Сейчас я понимаю, что русский язык не такой трудный, как говорят, и он мне очень нравится.

Я учу русский язык, потому что я хочу знать всё о России, хочу понимать вашу жизнь. Хочу говорить по-русски об Америке, о политике, культуре и спорте.

Я очень хочу увидеть Москву и Петербург, посмотреть ваш балет, хочу читать книги и журналы по-русски.

Напиши мне, какая у тебя семья, кто твои друзья, чем вы любите заниматься после школы. Какую музыку и какие книги ты любишь? Напиши, как тебе нравится английский язык. Сколько времени ты учишь его? В письме - моя фотография. Это я и моя семья.

С приветом
Рич Барли

D3 Read this interview with Henry Ziegler. It will help you to learn these words before you begin.

подпи́счик — subscriber

„ВМ" — initial letters of the name of the newspaper „Вече́рняя Москва́".

ПОДПИСЧИК «ВМ» ИЗ ШТАТА ОГАЙО

Он получает нашу газету уже не первый год и каждый год возобновляет подписку. Сам по себе этот факт ничем не примечательный — у «Вечерки» около полумиллиона подписчиков. Но дело в том, что он получает газету в городе Цинциннати, что в американском штате Огайо.

Генри Зиглер — преподаватель русского языка в школе «Принстон». Ему за шестьдесят, он энергичен, подвижен, говорит по-русски правильно, но, конечно, с акцентом.

— В школе около ста человек изучают русский. Преподавание ведется с 9-го по 12-й класс. В будущем году желающих, думается, будет еще больше.

— **Скажите, а у вас тоже пятибалльная система оценок?**

— Да. Только мы ставим буквы, а не цифры — А, В, С, D, F. А — соот-

ветствует пятерке, В — четверке, С — тройке, D — двойке.

— **А F — единице?**

— Нет, нулю. У нас нет единицы.

— **Скажите, а у вас в школе учатся дети миллионеров?**

— Мы не называем именно так, но дети богатых людей учатся. Однако это ничуть не отражается на их взаимоотношениях со сверстниками.

— **А сколько получаете вы как преподаватель?**

— 45 тысяч в год.

— **Сейчас группа ваших питомцев учится в московской средней школе № 1201, а вы в этой же школе преподаете английский язык. Вам интересно это?**

— Да, очень. И мы, гости из Америки, и наши советские друзья — ученики и взрослые — находим друг у друга много полезного и интересного.

В. ЧААВА.

НА СНИМКЕ: **Генри ЗИГЛЕР со своими учениками.**

Фото В. ГЕРДО.

Отве́тьте на э́ти вопро́сы:

1. Где рабо́тает Ге́нри Зи́глер?
2. Ско́лько ученико́в у Ге́нри Зи́глера?

Some of the most popular souvenirs that people buy when they visit Russia:

Полотéнце

Подстакáнник

Поднóс

Шкатýлка и бýсы

Тарéлка (настéнная)

Платóк

Overview of the Lesson

In this lesson, you have learned:

1) how to express an action with regard to aspect;
2) how to address an envelope in Russian correctly;
3) how to express what needs to be done.

Скажи́те, в како́й магази́н вы пойдёте, как вы бу́дете там разгова́ривать, е́сли:

1) вам на́до купи́ть футбо́льный мяч,

2) вам на́до купи́ть пода́рок бра́ту и сестре́,

3) вам на́до купи́ть большо́й а́нгло-ру́сский слова́рь.

Слова́рь

*ве́чером   in the evening

всё в поря́дке   everything's all right (all's in order)

*вы́учить (вы́учу, вы́учишь, вы́учат)   to learn

дворе́ц пионе́ров   young pioneers' palace

*для (+ *genitive*)   for

*днём   in the afternoon, during the day

и́ндекс   index (postal code)

*интере́сно   (it's) interesting

кому́ (*dative of* кто)   to *or* for whom

*купи́ть (куплю́, ку́пишь, ку́пят)   to buy

*на́до   (it's) necessary

назва́ние *(n)*   name, title

*наоборо́т   opposite, reverse

*но́чью   at night, during the night

*о́коло (+ *genitive*)   near, about

о́пера *(f)*   opera

пласти́нка *(f)*   record

подстака́нник *(m)*   glass holder

показа́ть (покажу́, пока́жешь, пока́жут)   to show

полоте́нце *(n)*   towel

*реша́ть (реша́ю, реша́ешь, реша́ют)   to solve, to decide

руководи́ть (руковожу́, руково́дишь, руково́дят)   to lead, to direct

*свой   one's own

*сде́лать (сде́лаю, сде́лаешь, сде́лают)   to do, to make

ска́терть *(f)*   tablecloth

*специа́льно   especially

ста́вить (ста́влю, ста́вишь, ста́вят) о́перу   to produce an opera

*стака́н *(m)*   glass

схе́ма *(f)*   map

*таре́лка *(f)*   plate, dish

уника́льный   unique

*у́тром   in the morning

фана́тик *(m)*   fanatic

Урок 20 (Двадцатый урок)

Review of Lessons 16-20

„Язы́к до Ки́ева доведёт".

"(Your) tongue will take you as far as Kiev."

In lessons 16 through 19, you learned about the educational system in Russia. You learned the difference between institutes and universities and know what a P.T.U. and a Russian music school are like. You learned to talk about choosing professions, about the weather, and about your favorite time of year. You also learned to address a letter in Russian and can even write a short Russian letter. As the Russian proverb goes, „Язы́к до Ки́ева доведёт".

In these lessons, you learned about 150 words. You should now be able to perform these language tasks:

I. FUNCTIONS

1. Talking about the weather (16: A, B)

EXERCISE 1. Respond by saying the weather yesterday was not at all like today.

— Сегóдня хóлодно.

— А вчерá бы́ло теплó.

1. — Сегóдня снег.
2. — Сегóдня вéтер.
3. — Сегóдня хорóшая погóда.
4. — Сегóдня сóлнце.
5. — Сегóдня жáрко.

Continue by expressing the same ideas about tomorrow's weather.

EXERCISE 2. Read and summarize this text in Russian.

Снег идёт

Осенью бы́ло хóлодно. Кáждый день шёл дождь. Всё бы́ло некраси́вое, чёрное: и дерéвня, и лес, и рекá.

А в дóме бы́ло теплó и хорошó. Тáня всё врéмя сидéла дóма, на у́лицу не хотéла идти́. Но вот мáма вдруг говори́т:

— Посмотри́, снег идёт!

Тáня посмотрéла на у́лицу: прáвда, шёл снег. Он шёл днём, вéчером и нóчью. А у́тром Тáня посмотрéла в окнó: „Ох, как краси́во!" Всё бы́ло бéлое, краси́вое: и дерéвня, и лес, и рекá.

— Здрáвствуй, зимá! — сказáла Тáня.

EXERCISE 3. Какáя погóда былá в Санкт-Петербýрге? На Кавкáзе? В Сибúри? В Узбекистáне?

В Санкт-Петербýрге был дождь и вéтер.

На Кавкáзе бы́ло жáрко.

В Сибúри бы́ло хóлодно, снег, морóз.

В Узбекистáне бы́ло сóлнце.

2. Talking about the seasons (16: C)

EXERCISE 4. Зима́? Зимо́й? Весна́? Весно́й? Ле́то? Ле́том? Осень? Осенью?

1. Как хорошо́, что сейча́с на у́лице _____ . _____ я
   люблю́ игра́ть в хокке́й.
2. Как хорошо́, что на у́лице сейча́с _____ . _____ мы
   не у́чимся, у нас кани́кулы.
3. Как хорошо́, что нет зимы́, и на у́лице _____ .
   _____ я игра́ю в те́ннис.
4. Как хорошо́, что на у́лице _____ . _____ я люблю́
   быть до́ма и чита́ть.

3. Asking about something unknown or unfamiliar (17: A)

EXERCISE 5. Use the question „Что э́то тако́е?" when you don't completely understand what the speaker is talking about.

— Мой брат у́чится в ПТУ.
— В ПТУ? А что э́то тако́е?

1. — Я купи́л э́ти пода́рки в ГУМе.
2. — Мне о́чень нра́вится Рокфе́ллер-центр.
3. — Мой друг хорошо́ игра́ет на балала́йке.
4. — Я о́чень люблю́ „ба́бье ле́то".
5. — Мой де́душка игра́ет в спортлото́.
6. — Я о́чень люблю́ блины́.

4. Talking about activities (16: B; 17: A)

EXERCISE 6. You are not quite sure that you heard the speaker correctly. Ask for clarification.

— Ната́ша занима́ется гимна́стикой.

— Гимна́стикой и́ли пла́ванием?

1. — И́горь занима́ется хи́мией.

2. — Бори́с и Ко́стя занима́ются бо́ксом.

3. — Лю́ба занима́ется матема́тикой.

4. — И́ра занима́ется англи́йском языко́м.

5. — Ка́тя хо́чет быть медсестро́й.

6. — Оле́г хо́чет быть учи́телем.

7. — Воло́дя хо́чет быть строи́телем.

EXERCISE 7. Express opposing ideas, following the model.

— И́горь хо́чет слу́шать му́зыку.

— А Никола́й хо́чет смотре́ть телеви́зор.

(— А Никола́й не хо́чет слу́шать му́зыку.)

1. — Я хочу́ игра́ть в ша́хматы.

2. — Ната́ша хо́чет де́лать уро́ки.

3. — Мы хоти́м игра́ть в футбо́л.

4. — И́горь хо́чет занима́ться му́зыкой.

5. — Та́ня и И́горь хотя́т писа́ть пи́сьма.

5. Talking about age (17: B)

EXERCISE 8. Continue each statement, assigning a suitable age to each person named.

Мой дéдушка ещё рабóтает. Емý нрáвится егó рабóта.
Емý 62 гóда.

1. Мой брат хóчет быть фи́зиком. Он ýчится в уни-
   верситéте.
2. Моя́ сестрá ещё мáленькая, онá ещё не ýчится в
   шкóле.
3. Мы живём в Сент-Лýисе, а моя́ бáбушка живёт во
   Флори́де.
4. У меня́ есть друг. Мы лю́бим игрáть вмéсте.
5. Мой брат днём рабóтает, а вéчером ýчится в кол-
   лéдже.

6. Giving reasons (17: C)

EXERCISE 9. Answer each question; then find the correct answer among the choices
given in the right-hand column and compare it with your own answer.

1. Почемý Гáля хóчет рабóтать в
   библиотéке?

2. Почемý Андрéй не хóчет игрáть
   в шáхматы?

3. Почемý Пáвел хóчет рабóтать
   на завóде?

4. Почемý ты не хóчешь купи́ть
   э́ту кни́гу?

5. Почемý Вóва не игрáет в футбóл, в хоккéй?

6. Почемý Ми́ша и Тóля всегдá
   вмéсте?

7. Почемý ребя́та нé были на
   стадиóне ýтром?

а) Потомý что он хóчет зарабáты-
   вать дéньги.

б) Потомý что у меня́ есть э́та
   кни́га.

в) Потомý что они́ друзья́.

г) Потомý что он не лю́бит
   спорт.

д) Потомý что он хóчет читáть
   кни́гу.

е) Потомý что шёл дождь.

ж) Потомý что онá лю́бит кни́ги.

EXERCISE 10. You did not hear the beginning of the discussion. Look at each response below, and determine what question was asked.

1. — Потому́ что я чита́л в газе́те, что фильм инте-
      ре́сный.
2. — Потому́ что у меня́ не́ было вре́мени.
3. — Потому́ что кинотеа́тр нахо́дится недалеко́, и я
      смотрю́ все но́вые фи́льмы.
4. — Потому́ что я не люблю́ фи́льмы о спо́рте.
5. — Потому́ что э́тот фильм смотре́ли мои́ друзья́.
6. — Потому́ что я смотре́л э́тот фильм.
7. — Потому́ что я люблю́ фи́льмы о спо́рте.
8. — Потому́ что мой друг смотре́л э́тот фильм. Он
      сказа́л, что фильм неинтере́сный.

EXERCISE 11. Кто поступи́л в медици́нский институ́т? в строи́тельный институ́т? в педагоги́ческий институ́т? в техни́ческое учи́лище? в **театра́льный** институ́т?

Да́ша: Я хочу́ рабо́тать в теа́тре.
Да́ша поступи́ла в театра́льный институ́т.

1. Ма́ша: Мне всегда́ нра́вилось рабо́тать в шко́ле.

2. Ира: **Ра́ньше** я рабо́тала медсестро́й в больни́-
             це, а сейча́с учу́сь в институ́те, хочу́ быть
             врачо́м.

3. И́горь: Мне о́чень нра́вится те́хника. Я всё чи-
             та́ю о те́хнике: как рабо́тают **компью́теры**
             и други́е маши́ны.

4. Ната́ша: Я хочу́ быть арти́сткой. Мне всё нра́вится
             в институ́те, где я учу́сь.

5. Оле́г: Я люблю́ смотре́ть на но́вые дома́. Сей-
             ча́с их де́лают о́чень бы́стро. Рабо́та
             строи́теля о́чень интере́сная.

Tell how you would congratulate each of these people. Here is what someone said to Да́ша.

— Да́ша, ты поступи́ла в театра́льный институ́т?
Поздравля́ю тебя́!

EXERCISE 12. Мари́я Ви́кторовна — фи́зик, Оле́г Никола́евич — адвока́т, Поли́на Серге́евна — учи́тель, Никола́й Ива́нович — инжене́р.
Кто из них сказа́л э́ти слова́?

1. — Я люблю́ дете́й. У меня́ есть сын и дочь. Я мате-
     ма́тик и рабо́таю в шко́ле № 24.

2. — Моя́ рабо́та интере́сная, но тру́дная. Мне мно́го
     дал юриди́ческий факульте́т.

3. — Мне нра́вится стро́ить дома́, заво́ды, шко́лы.

4. — Мне нра́вится всё но́вое, интере́сное. Я хочу́
     знать все секре́ты а́тома.

8. Discussing outcomes (18: B)

EXERCISE 13. Express a logical consequence.

Вчера́ ве́чером мы смотре́ли **бейсбо́льный** матч по
телеви́зору. Поэ́тому мы не вы́учили все слова́.

1. Вчера́ была́ о́чень плоха́я пого́да.
2. За́втра бу́дет контро́льная рабо́та по ру́сскому языку́.
3. Мы е́дем в Москву́ зимо́й.
4. За́втра на́ша **шко́льная** кома́нда игра́ет с кома́ндой
   шко́лы № 3.
5. В суббо́ту у ма́мы **день рожде́ния**.
6. Я о́чень люблю́ му́зыку.

9. Talking about decisions and intentions (18: C)

EXERCISE 14. Как вы ду́маете, что они́ реши́ли (с)де́лать?

Моя́ ма́ма рабо́тает в больни́це и о́чень мно́го расска́-
зывает о рабо́те. Я реши́ла **никогда́** не быть врачо́м.

1. Когда́ мой брат был ма́ленький, он был в ци́рке и
   там уви́дел кло́уна.
2. Зимо́й мои́ друзья́ бы́ли в Росси́и. Тепе́рь у них
   есть мно́го друзе́й в Москве́. Мой друг пи́шет в
   Москву́ пи́сьма по-ру́сски.
3. Бори́с прочита́л, что **меха́ники** хорошо́ зараба́тыва-
   ют.
4. Ната́ша о́чень лю́бит уро́ки по фи́зике и матема́ти-
   ке.
5. Бори́с всегда́ покупа́ет кни́ги по исто́рии.

10. Expressing the completion or result of an action (19: A)

EXERCISE 15. Examine each drawing and explain:
1) what each character is doing, and
2) what each character has just accomplished.

EXERCISE 16. Скажи́те, что он/она́ то́же занима́ется э́тим.

— Сего́дня я прочита́л англи́йский журна́л.
— Та́ня то́же чита́ет англи́йские журна́лы.
(— Та́ня то́же лю́бит чита́ть англи́йские журна́лы.)

1. Вчера́ я вы́учил мно́го слов.
2. Вчера́ Ка́тя сде́лала о́чень краси́вые фотогра́фии.
3. Вчера́ Игорь реши́л все тру́дные зада́чи по матема́-
   тике.
4. Ма́ша написа́ла мно́го пи́сем домо́й.
5. Та́ня купи́ла о́чень хоро́шие пода́рки.

EXERCISE 17. Ask how much time was spent on the following activities. Don't forget
that answers to the question „Ско́лько вре́мени?" must contain imperfective verbs.

— Мы сде́лали уро́ки.
— А ско́лько вре́мени вы их де́лали?

1. Я прочита́ла „Расска́зы" Че́хова.
2. Я реши́ла э́ту зада́чу.
3. Я написа́ла 4 письма́.
4. Я вы́учила все слова́.

EXERCISE 18. Ви́ктор Петро́в живёт в Ми́нске. У Ви́ктора есть сестра́, брат, оте́ц, мать, де́душка, друг и подру́га. Эти пи́сьма Ви́ктор написа́л, когда́ был в Ки́еве.

Скажи́те, кому́ како́е письмо́ он написа́л?

1. Ви́ктор написа́л письмо́ отцу́ Никола́ю Ива́новичу Петро́ву.

2. Он написа́л письмо́ ма́ме Анне Анато́льевне Петро́вой.

3. Он написа́л письмо́ де́душке Ива́ну Петро́вичу Петро́ву.

4. Ви́ктор написа́л письмо́ бра́ту Оле́гу Петро́ву.

5. Он написа́л письмо́ сестре́ Ире́ Петро́вой.

6. Ви́ктор написа́л письмо́ дру́гу Игорю Во́лкову.

7. Он написа́л письмо́ подру́ге Ната́ше Берёзкиной.

12. Telling what needs to be done (19: C)

EXERCISE 19. Скажи́те, что вам на́до сде́лать что́-то друго́е.

— Мне на́до вы́учить слова́.
— А мне на́до прочита́ть текст.

1. — Мне на́до написа́ть письмо́.	éхать
2. — Мне на́до прочита́ть но́вый журна́л.	вы́учить
	купи́ть
3. — Мне на́до купи́ть пода́рки бра́ту и сестре́.	идти́
	написа́ть
4. — Мне на́до сде́лать упражне́ние.	реши́ть
5. — Мне на́до идти́ в апте́ку.	нарисова́ть
6. — Мне на́до реши́ть 5 зада́ч.	прочита́ть
	сде́лать

EXERCISE 20. О чём они говорят?

— Хороший город Москва.
— Тебе нравится Москва? Я тоже её люблю.
Они говорят о Москве.

1. — Борис, ты смотрел, как наши ребята играли в футбол?
   — Смотрел.
   — Как они играли?
   — Неплохо.

2. — Катя, ты смотрела новый фильм?
   — Нет ещё. А что, хороший фильм?
   — Очень хороший. Надо посмотреть.

3. — Кому ты написал письмо?
   — Другу. Он живёт в Санкт-Петербурге.

4. — Ира, ты любишь музыку?
   — Да. Мне очень нравится музыка Чайковского.
   — Мне тоже. Я люблю его балет «Лебединое озеро».

5. — Наташа, ты уже прочитала журнал «Юность»?
   — Нет ещё.
   — Надо прочитать. Это очень хороший номер.

II. GRAMMATICAL FORMS AND VOCABULARY

Communication is not possible without a corresponding knowledge of
and an ability to use the grammatical system. Grammar, the way
sentence parts are interconnected, is a basic part of communication.
You have learned how nouns are declined and have begun to
understand the Russian system of aspects.

1. Here is a complete table of adjective and noun declensions.

Russian Singular Case Endings

Case names	Question words	Masculine (он)	Feminine (онá)	Neuter (онó)
Nominative	кто? что?	Ивáн дом	Нúна кáрта	окнó
Genitive	когó? чегó?	Ивáна дóма	Нúны кáрты	окнá
Accusative	когó? что?	Ивáна дом	Нúну кáрту	окнó
Dative	комý? чемý?	Ивáну дóму	Нúне кáрте	окнý
Instrumental	кем? чем?	Ивáном дóмом	Нúной кáртой	окнóм
Prepositional	(о) ком? (о) чём?	об Ивáне о дóме	о Нúне о кáрте	об окнé

EXERCISE 21. Give the case of each noun in bold print. Explain your answer.

Мой брат **Ива́н** у́чится в институ́те. У **Ива́на** есть де́-
вушка. Её зову́т **Тама́ра**. **Тама́ра** ча́сто спо́рит с **Ива́-
ном** о му́зыке, потому́ что **Ива́н** лю́бит спорт, а **Тама́-
ра** — му́зыку. Я хочу́ купи́ть **Ива́ну** кни́гу о му́зыке.
Вчера́ мы с **Тама́рой** говори́ли об **Ива́не**.

EXERCISE 22. As you read the following paragraph aloud, add the missing endings, and answer the question: „**Что ба́бушка понима́ет в футбо́ле?**"

Вчера́ мы с брат... бы́ли на стадио́н... . На стадио́н... я
ви́дел Ни́н... . Ни́н... то́же лю́бит футбо́л. Я ча́сто го-
ворю́ с Ни́н... о футбо́л... . Я люблю́ занима́ться фут-
бо́л... . А моя́ ба́бушка говори́т: „Не зна́ю, что де́лать
с э́тим футбо́л... . Тебе́ на́до занима́ться фи́зик... и ли-
терату́р...". А я говорю́: „Ничего́, ба́бушка. Быть **фут-
боли́ст...** то́же непло́хо". „Коне́чно, — говори́т ба́буш-
ка, — когда́ нет **головы́**, мо́жно быть футболи́ст...".

EXERCISE 23. Respond to the following questions, using nouns from the list at the right.

	зада́ча	цветы́
1. Что реша́ют?	письмо́	уро́к
2. О чём говоря́т?	фильм	пробле́ма
3. Что пи́шут?	слова́	язы́к
4. Кому́ пи́шут?	упражне́ние	пого́да
5. Что смо́трят?	лес	брат
6. Что рису́ют?	сын	ма́ма
7. Что у́чат?	му́зыка	сестра́
8. Что покупа́ют?	дере́вня	пода́рок

2. Plural noun forms. Remember that **мно́го, ма́ло, немно́го, не́сколько,** and **ско́лько** require the genitive plural.

EXERCISE 24. Answer quickly, without counting.

Ско́лько здесь маши́н, книг, журна́лов, велосипе́дов, пи́сем, домо́в, роз?

3. Test your knowledge of verb groups.

EXERCISE 25. Two hockey teams are coming onto the field. Which players belong to what team?

4. You have learned the prepositional case of personal pronouns.

EXERCISE 26. Обо мне? О тебе? О нём? О ней? О нас? О вас? О них?

1. — Та́ня, в како́й институ́т ты поступи́ла?
   — В педагоги́ческий.
   — Расскажи́ _____ .

2. — Па́вел, Мари́на ча́сто говори́т о тебе́.
   — Расскажи́, что она́ _____ говори́т.
   — Э́то секре́т.

3. — Ребя́та, я о вас вчера́ чита́ла в газе́те.
   — Расскажи́, что ты _____ чита́ла.

4. — Ве́ра, как хорошо́, что я тебя́ ви́жу. Я всё вре́мя
   ду́маю _____ .

5. — Ни́на, ты не зна́ешь, где сейча́с Оле́г и Ната́ша?
   — Они́ рабо́тают в Тольятти.
   — Расскажи́ _____ .

6. — Ни́на Ива́новна, сего́дня мы с Лю́дой говори́ли

   _____ .

   — А что вы обо мне́ говори́ли?

5. Your knowledge of syntax is already extensive. Test your knowledge of complex sentence constructions using **поэ́тому** or **потому́ что**.

EXERCISE 27. Replace the conjunction потому́ что with поэ́тому. Make all other necessary changes.

Я мно́го занима́юсь ру́сским языко́м, **потому́ что** я
хочу́ хорошо́ говори́ть по-ру́сски.
Я хочу́ хорошо́ говори́ть по-ру́сски, **поэ́тому** я мно́го
занима́юсь ру́сским языко́м.

1. Я занима́юсь спо́ртом 3 часа́ в день, потому́ что я
   хочу́ быть чемпио́ном по те́ннису.
2. Я реши́л поступи́ть в медици́нский институ́т, пото-
   му́ что я хочу́ быть врачо́м.
3. Я мно́го чита́ю о Росси́и, потому́ что у меня́ есть
   друг в Москве́.
4. Я сейча́с не иду́ гуля́ть, потому́ что мне на́до напи-
   са́ть пи́сьма домо́й.
5. Я мно́го занима́юсь грамма́тикой, потому́ что грам-
   ма́тика тру́дная.
6. До́ма я говорю́ по-ру́сски, потому́ что мой брат
   зна́ет ру́сский язы́к.

6. Work with the vocabulary of these units.

EXERCISE 28. Arrange these words into four groups according to subject.

бокс	тепло́	футбо́л
зимо́й	днём	хо́лодно
ве́тер	дождь	весно́й
жа́рко	ле́том	но́чью
о́сенью	ве́чером	лёгкая атле́тика
волейбо́л	пла́вание	у́тром

EXERCISE 29. Which word should be omitted in each group?

1. зима́, весна́, но́чью, ле́то, о́сень

2. тяжёлая атле́тика, худо́жественная гимна́стика, пла́-
   вание, заня́тие, культури́зм

3. педагоги́ческий, медици́нский, интере́сный, юриди́-
   ческий

4. врач, учи́тель, учени́к, медсестра́, инжене́р

5. мно́го, ма́ло, на́до, не́сколько, немно́го

III.   SUMMARY EXERCISES

EXERCISE 30. Мы **спроси́ли** не́сколько **челове́к:** „Почему́ вы у́чите
ру́сский язы́к?" Вот их отве́ты:

1. Я зна́ю испа́нский язы́к и хочу́ ещё знать ру́сский.

2. Мне нра́вятся ру́сские лю́ди и ру́сский язы́к.

3. Мои́ друзья́ у́чат ру́сский язы́к. Я то́же реши́л
   учи́ть э́тот язы́к.

4. Я хочу́ говори́ть по-ру́сски.

5. Я хочу́ чита́ть ру́сские журна́лы, газе́ты, кни́ги.

6. У меня́ есть друзья́ в Росси́и. Я хочу́ писа́ть им пи́сьма по-ру́сски.

7. Я хочу́ уви́деть Москву́ и Санкт-Петербу́рг и говори́ть там по-ру́сски.

8. У нас в семье́ оте́ц хорошо́ зна́ет ру́сский язы́к, и я то́же хочу́ его́ знать.

How would you answer the question?

EXERCISE 31. Act out these situations.

1. You are planning a trip to Russia in July and hope to visit the cities of Tashkent (Ташке́нт), Odessa (Оде́сса), Moscow (Москва́), and Saint-Petersburg (Санкт-Петербу́рг). Your friends ask you about the climate in these cities and what kind of weather you expect to encounter there. Tell them about temperatures, rainfall, etc.

2. You have just returned to Moscow (Москва́) from your trip to Tashkent (Ташке́нт) and Odessa (Оде́сса). A new friend in the capital asks you what the weather was like. In Tashkent (Ташке́нт), the temperature was unexpectedly comfortable—clear with a mild breeze. In Odessa (Оде́сса), it was cool and rainy, so you were unable to swim in the sea.

3. Your new friend in Saint-Petersburg (Санкт-Петербу́рг) asks you about the climate of your home town, and you are interested in what it is like in Saint-Petersburg. During your discussion, you compare the weather in your respective cities by season.

4. You are discussing professions with some of your classmates. One wants to be a doctor, another a lawyer, a third a teacher. Each of you expresses reasons for wanting to enroll in the institute that is appropriate for the profession chosen.

5. An older friend has returned to your Russian class after a year at the university. You ask him/her (for the benefit of the class) to tell in what department (факульте́т) he/she is studying and what profession he/she has chosen. Perhaps he/she will ask you about your plans for a profession.

Песни

Кали́нка

Ру́сская наро́дная пе́сня

Ах! Под сосно́ю под зелено́ю
Спать положи́те вы меня́;
Ай-лю́ли, лю́ли, ай-лю́ли, лю́ли,
Спать положи́те вы меня́.

Кали́нка, кали́нка, кали́нка моя́!
В саду́ я́года мали́нка, мали́нка моя́!

Ах! Сосёнушка ты зелена́я,
Не шуми́ ты надо мной!
Ай-лю́ли, лю́ли, ай-лю́ли, лю́ли,
Не шуми́ ты надо мной!

Кали́нка, кали́нка, кали́нка моя́!
В саду́ я́года мали́нка, мали́нка моя́!

Ах! Краса́вица, душа́-деви́ца,
Полюби́ же ты меня́!
Ай-лю́ли, лю́ли, ай-лю́ли, лю́ли!
Полюби́ же ты меня́!

Кали́нка, кали́нка, кали́нка моя́!
В саду́ я́года мали́нка, мали́нка моя́!

Катюша

Му́зыка М. Бла́нтера
Слова́ М. Исако́вского

Расцвета́ли я́блони и гру́ши,
Поплыли́ тума́ны над реко́й.
Выходи́ла на́ берег Катю́ша,
На высо́кий бе́рег, на круто́й.

Выходи́ла, пе́сню заводи́ла
Про степно́го си́зого орла́,
Про того́, кото́рого люби́ла,
Про того́, чьи пи́сьма берегла́.

Ой ты, пе́сня, пе́сенка деви́чья,
Ты лети́ за я́сным со́лнцем вслед.
И бойцу́ на да́льнем пограни́чье
От Катю́ши переда́й приве́т.

Пусть он вспо́мнит де́вушку
простую́,
Пусть услы́шит, как она́ поёт,
Пусть он зе́млю бережёт родну́ю,
А любо́вь Катю́ша сбережёт.

Расцвета́ли я́блони и гру́ши,
Поплыли́ тума́ны над реко́й.
Выходи́ла на́ берег Катю́ша,
На высо́кий бе́рег, на круто́й.

Не скоро

Рас_цве_та_ли яблони и гру_ши,
по_плы_ли ту_ма_ны над ре_кой Вы_хо_
_ди_ла на бе_рег Ка_тю_ша, на вы_со_кий
бе_рег, на кру_той. Вы_хо_ди_ла на бе_рег Ка_
_тю_ша, на вы_со_кий бе_рег, на кру_той.

Песня о друге

(Из кинофильма "Вертикаль")

Слова и музыка Владимира Высоцкого

Если друг оказался вдруг
И не друг и не враг — а так...
Если сразу не разберёшь,
Плох он или хорош,
Парня в горы тяни — рискни!
Не бросай одного его:
Пусть он в связке одной с тобой —
Там поймёшь, кто такой.

Если парень в горах — не ах,
Если сразу раскис — и вниз,
Шаг ступил на ледник — и сник,
Оступился — и в крик,
Значит, рядом с тобой — чужой,
Ты его не брани — гони:
Вверх таких не берут и тут
Про таких не поют.

Если ж он не скулил, не ныл,
Если хмур был и зол, но шёл,
А когда ты упал со скал,
Он стонал, но держал;
Если шёл он с тобой, как в бой,
На вершине стоял хмельной,
Значит, как на себя самого,
Положись на него.

Поворо́т

Му́зыка А. Ку́тикова, П. Подгороде́цкого
Слова́ А. Макаре́вича

Мы себе́ дава́ли сло́во
Не сходи́ть с пути́ прямо́го.
Но так уж суждено́. М-м-м
    Иль уж е́сли открове́нно —
    Всех пуга́ют переме́ны.
    Но тут уж всё равно́. М-м-м

    Вот но́вый поворо́т,
    И мото́р ревёт.
    Что он нам несёт:
    Про́пасть и́ли взлёт,
    Омут и́ли брод.
    Ты не разберёшь,
    Пока́ не повернёшь
    За поворо́т.

И пуга́ться нет причи́ны,
Если мы ещё мужчи́ны,
Мы кое-в-чём сильны́. М-м-м
    Поезжа́йте за воро́та
    И не бо́йтесь поворо́та,
    Пусть до́брым бу́дет путь. М-м-м

    Вот но́вый поворо́т,
    И мото́р ревёт.
    Что он нам несёт:
    Про́пасть и́ли взлёт,
    Омут и́ли брод.
    Ты не разберёшь,
    Пока́ не повернёшь
    За поворо́т.

Россия

Слова́ и му́зыка Игоря Талько́ва

Листа́я ста́рую тетра́дь
Расстре́лянного генера́ла,
Я тще́тно си́лился поня́ть,
Как ты смогла́ себя́ отда́ть
На растерза́ние ванда́лам.
　Из мра́чной глубины́ веко́в
　Ты поднима́лась исполи́ном,
　Твой Петербу́рг мири́л враго́в
　Высо́кой до́блестью полко́в
　В век золото́й Екатери́ны.

Росси́я!
Росси́я!

Свяще́нной му́зыкой времён
Над златогла́вою Москво́ю
Струи́лся колоко́льный звон,
Но, да́же са́мый ти́хий, он
Кому́-то не дава́л поко́я.
　А золоты́е купола́
　Кому́-то чёрный глаз слепи́ли;
　Ты раздража́ла си́лы зла и,
　Ви́дно, так их доняла́,
　Что ослепи́ть тебя́ реши́ли.

Росси́я!
Росси́я!

Разве́рзлись с тре́ском небеса́,
И с ви́згом ри́нулись отту́да,
Суба́я го́ловы церквя́м
И сла́вя но́вого царя́
Новоявле́нные иу́ды.
　Тебя́ связа́ли кумачо́м
　И опусти́ли на коле́ни,
　Сверкну́л топо́р над палачо́м,
　А пригово́р тебе́ прочёл
　Крова́вый царь — вели́кий ге́ний.

Росси́я!
Росси́я!

Листа́я ста́рую тетра́дь
Расстре́лянного генера́ла,
Я тще́тно си́лился поня́ть,
Как ты смогла́ себя́ отда́ть
На растерза́ние ванда́лам.
　О генера́льская тетра́дь —
　Забы́той пра́вды возрожде́нье,
　Как тяжело́ тебя́ чита́ть
　Обма́нутому поколе́нью.

Росси́я!

Appendix

Russian Names

Russian Feminine First Names and Nicknames (Diminutives)

First Names	Diminutive(s)
Алекса́ндра	Са́ша, Шу́ра
Анастаси́я	На́стя
А́нна	А́ня
Валенти́на	Ва́ля
Ве́ра	—
Викто́рия	Ви́ка
Гали́на	Га́ля
Да́рья	Да́ша
Евге́ния	Же́ня
Евдоки́я	Ду́ся
Екатери́на	Ка́тя
Еле́на	Ле́на
Елизаве́та	Ли́за
Зо́я	—
Ири́на	И́ра
Ксе́ния	Ксе́ня
Лари́са	Ла́ра
Ли́дия	Ли́да
Любо́вь	Лю́ба
Людми́ла	Лю́да, Лю́ся
Маргари́та	Ри́та
Мари́на	—
Мари́я	Ма́ша
Наде́жда	На́дя
Ната́лия	Ната́ша
Ни́на	—
О́льга	О́ля
Поли́на	По́ля
Светла́на	Све́та
Со́фья	Со́ня
Тама́ра	То́ма
Татья́на	Та́ня
Ю́лия	Ю́ля

Russian Masculine First Names and Nicknames (Diminutives)

First Names	Diminutive(s)
Алекса́ндр	Са́ша, Шу́ра
Алексе́й	Алёша
Анато́лий	То́ля
Андре́й	—
Анто́н	—
Бори́с	Бо́ря
Валенти́н	Ва́ля
Васи́лий	Ва́ся
Ви́ктор	Ви́тя
Влади́мир	Воло́дя, Во́ва
Вячесла́в	Сла́ва
Генна́дий	Ге́на
Григо́рий	Гри́ша
Дми́трий	Ди́ма
Евге́ний	Же́ня
Ива́н	Ва́ня
Игорь	—
Илья́	—
Кири́лл	—
Константи́н	Ко́стя
Лев	Лёва
Леони́д	Лёня
Макси́м	—
Михаи́л	Ми́ша
Ники́та	—
Никола́й	Ко́ля
Оле́г	Алик
Па́вел	Па́ша
Пётр	Пе́тя
Рома́н	Ро́ма
Серге́й	Серёжа
Юрий	Юра
Яков	Яша

Tables of Russian Grammar

Masculine Nouns

Number	Case	Inanimate ∅*	Animate ∅*	-ь	-й
Singular	Nominative	стол	учени́к	слова́рь	музе́й
	Genitive	стола́	ученика́	словаря́	музе́я
	Dative	столу́	ученику́	словарю́	музе́ю
	Accusative	стол	ученика́	слова́рь	музе́й
	Instrumental	столо́м	ученико́м	словарём	музе́ем
	Prepositional	о столе́	об ученике́	о словаре́	о музе́е
Plural	Nominative	столы́	ученики́	словари́	музе́и
	Genitive	столо́в	ученико́в	словаре́й	музе́ев
	Dative	стола́м	ученика́м	словаря́м	музе́ям
	Accusative	столы́	ученико́в	словари́	музе́и
	Instrumental	стола́ми	ученика́ми	словаря́ми	музе́ями
	Prepositional	о стола́х	об ученика́х	о словаря́х	о музе́ях

* Most masculine nouns have what is known as a "∅" ("zero" or "null") ending in the nominative singular.

Feminine Nouns

Number	Case	-а	-я	-ия	-ь
Singular	Nominative	па́рта	дере́вня	лаборато́рия	пло́щадь
	Genitive	па́рты	дере́вни	лаборато́рии	пло́щади
	Dative	па́рте	дере́вне	лаборато́рии	пло́щади
	Accusative	па́рту	дере́вню	лаборато́рию	пло́щадь
	Instrumental	па́ртой	дере́вней	лаборато́рией	пло́щадью
	Prepositional	о па́рте	о дере́вне	о лаборато́рии	о пло́щади
Plural	Nominative	па́рты	дере́вни	лаборато́рии	пло́щади
	Genitive	па́рт*	дереве́нь*	лаборато́рий*	площаде́й*
	Dative	па́ртам	деревня́м	лаборато́риям	площадя́м
	Accusative	па́рты	дере́вни	лаборато́рии	пло́щади
	Instrumental	па́ртами	деревня́ми	лаборато́риями	площадя́ми
	Prepositional	о па́ртах	о деревня́х	о лаборато́риях	о площадя́х

---

* Most feminine nouns have what is known as a "θ" ("zero" or "null") ending in the genitive plural.

Neuter Nouns

Number	Case	-о	-е	-ие
Singular	Nominative	письмо́	мо́ре	зда́ние
	Genitive	письма́	мо́ря	зда́ния
	Dative	письму́	мо́рю	зда́нию
	Accusative	письмо́	мо́ре	зда́ние
	Instrumental	письмо́м	мо́рем	зда́нием
	Prepositional	о письме́	о мо́ре	о зда́нии
Plural	Nominative	пи́сьма	моря́	зда́ния
	Genitive	пи́сем*	море́й*	зда́ний*
	Dative	пи́сьмам	моря́м	зда́ниям
	Accusative	пи́сьма	моря́	зда́ния
	Instrumental	пи́сьмами	моря́ми	зда́ниями
	Prepositional	о пи́сьмах	о моря́х	о зда́ниях

---

* Most neuter nouns have what is known as a "Ø" ("zero" or "null") ending in the genitive plural.

Hard Stem Adjectives

Case	Singular			Plural
	Masculine	*Feminine*	*Neuter*	
Nominative	но́вый*	но́вая	но́вое	но́вые
Genitive	но́вого	но́вой	но́вого	но́вых
Dative	но́вому	но́вой	но́вому	но́вым
Accusative				
(inanimate)	но́вый	но́вую	но́вое	но́вые
(animate)	но́вого	но́вую	—	но́вых
Instrumental	но́вым	но́вой	но́вым	но́выми
Prepositional	о но́вом	о но́вой	о но́вом	о но́вых

* Hard stem adjectives that are ending-accented have the ending -о́й in the masculine nominative singular and inanimate accusative singular: большо́й, плохо́й.

Soft Stem Adjectives

Case	Singular			Plural
	Masculine	*Feminine*	*Neuter*	
Nominative	си́ний*	си́няя	си́нее	си́ние
Genitive	си́него	си́ней	си́него	си́них
Dative	си́нему	си́ней	си́нему	си́ним
Accusative				
(inanimate)	си́ний	си́нюю	си́нее	си́ние
(animate)	си́него	си́нюю	—	си́них
Instrumental	си́ним	си́ней	си́ним	си́ними
Prepositional	о си́нем	о си́ней	о си́нем	о си́них

Personal Pronouns

Case							
Nominative	я	ты	он	она́	мы	вы	они́
Genitive	меня́	тебя́	(н)его́*	(н)её*	нас	вас	(н)их*
Dative	мне	тебе́	(н)ему́*	(н)ей*	нам	вам	(н)им*
Accusative	меня́	тебя́	(н)его́*	(н)её*	нас	вас	(н)их*
Instrumental	мной	тобо́й	(н)им*	(н)ей*	на́ми	ва́ми	(ни́ми)*
Prepositional	обо мне́	о тебе́	о нём*	о ней*	о нас	о вас	о них*

* The third person pronoun forms add an "н" when they serve as objects of prepositions.

Possessive Adjectives (Nominative Case Forms)

Person	Singular			Plural
	Masculine	*Feminine*	*Neuter*	
я	мой	моя́	моё	мои́
ты	твой	твоя́	твоё	твои́
он	его́	(Same for all genders and plural)		
она́	её	(Same for all genders and plural)		
мы	наш	на́ша	на́ше	на́ши
вы	ваш	ва́ша	ва́ше	ва́ши
они́	их	(Same for all genders and plural)		

Like all adjectives, the possessive adjectives must agree with the noun modified in case, number, and gender.

Singular Forms of the Possessive Adjective мой and наш

(мой, твой, and наш, ваш have the same endings in all cases)

		Singular		Plural
Case	Masculine	Feminine	Neuter	
Nominative	мой	моя́	моё	мой
	наш	на́ша	на́ше	на́ши
Genitive	моего́	мое́й	моего́	мои́х
	на́шего	на́шей	на́шего	на́ших
Dative	моему́	мое́й	моему́	мои́м
	на́шему	на́шей	на́шему	на́шим
Accusative				
(inanimate)	мой	мою́	моё	мой
	наш	на́шу	на́ше	на́ши
(animate)	моего́	мою́	—	мои́х
	на́шего	на́шу	—	на́ших
Instrumental	мои́м	мое́й	мои́м	мои́ми
	на́шим	на́шей	на́шим	на́шими
Prepositional	о моём	о мое́й	о моём	о мои́х
	о на́шем	о на́шей	о на́шем	о на́ших

Typical Verb Conjugation Patterns
(See the Dictionary for specific verbs)

PRESENT TENSE

	Conjungation I		Conjungation II	
	(non-reflexive)	(reflexive)	(non-reflexive)	(reflexive)
infinitive	знать	заниматься	говори́ть	учи́ться
я	зна́ю	занима́юсь	говорю́	учу́сь
ты	зна́ешь	занима́ешься	говори́шь	у́чишься
он/она́	зна́ет	занима́ется	говори́т	у́чится
мы	зна́ем	занима́емся	говори́м	у́чимся
вы	зна́ете	занима́етесь	говори́те	у́читесь
они́	зна́ют	занима́ются	говоря́т	у́чатся

PAST TENSE

Subject				
Masculine	знал	занима́лся	говори́л	учи́лся
Feminine	зна́ла	занима́лась	говори́ла	учи́лась
Neuter	зна́ло	занима́лось	говори́ло	учи́лось
Plural	зна́ли	занима́лись	говори́ли	учи́лись

Some Useful Classroom Expressions

Читáйте!	Read!
Пишúте!	Write!
Слýшайте!	Listen!
Повторя́йте!	Repeat!
Идúте к доскé!	Go to the board!
Садúтесь!	Sit down!
Открóйте кнúги!	Open your books!
Открóйте тетрáди!	Open your notebooks!
Закрóйте кнúги!	Close your books!
Тúхо!	Quitely! Be quiet!
Прáвильно!	Correct!
Молодéц!	Fine fellow! Fine girl!
Когó сегóдня нет?	Who's not here today?
Мóжно вы́йти?	May I leave the room?

Russian—English Vocabulary

This vocabulary contains all of the words encountered in
Lessons 1-20 and in the Pre-Lesson with the exception of first
names, patronymics and surnames, which can be found in a special
section, and vocabulary which occurs only in the reading passages
in section **D**. Some proper nouns (primarily names of countries,
states and cities) are capitalized in both English and Russian. In
other cases, capitalization follows the rules of the language in which
words are given. The lesson and section number where each word
first appeared is shown. "PL" refers to the Pre-Lesson. Where no
letter reference is given, the word first appeared at the very
beginning of the lesson.

Nouns are listed according to their nominative singular forms,
unless they do not normally use singular forms. The last consonant
that is retained in spelling the various case forms of the word is
followed by the symbol " | ". Fill (or fleeting) vowels are enclosed in
parentheses ( ). The spelling for the nominative and genitive
singular and for the nominative and genitive plural is given. The
singular and plural forms are separated by a semi-colon (;). When
the genitive plural is equal to the stem, this is shown by the symbol
"Ø". The genitive plural of feminine and neuter nouns that require
the addition of a fill vowel is provided, since the spelling cannot
always be deduced. Accents are marked throughout, except when
they occur on upper case letters or on monosyllabic forms.

Adjectives, ordinal numbers, and possessive adjectives are listed
in their masculine nominative singular forms and the final stem
element, which is retained in spelling their forms, is followed by
the symbol " | ". The spelling of the endings for feminine, neuter,
and plural forms in the nominative case is given.

For verbs, the final present tense stem consonant of the
infinitive is followed by the symbol " | " and the correct spelling of
the first and second person singular and third person plural of the
non-past is given. Stems which differ from the infinitive are given,
followed by a "+". Forms which are not consistent with these
principles are spelled out in their entirety.

The following abbreviations are used in this Russian-English vocabulary.

abbrev.	abbreviation	*m.*	masculine
acc.	accusative	*neg.*	negative
adj.	adjective	*n.*	neuter
adv.	adverb	*no.*	number
affirm.	affirmative	*ord.*	ordinal
card.	cardinal	*paren.*	parenthesis
compar.	comparative	*part.*	particle
conj.	conjunction	*pf.*	perfective
dat.	dative	*phr.*	phrase
det.	determinate	*pl.*	plural
f.	feminine	*poss.*	possessive
gen.	genitive	*pred.*	predicate
impf.	imperfective	*prep.*	preposition
indecl.	indeclinable	*prepos.*	prepositional
indef.	indefinite	*pron.*	pronoun
indet.	indeterminate	*rel.*	relative
instr.	instrumental	*s.f.*	short form
interj.	interjection	*v.*	verb
interrog.	interrogative		

A

a *(conj.)* 1B1 and, but

абсолю́т, -а; -ы, -ов *(m.)* PL absolute

абсолю́тно *(adv.)* 18D3 absolutely

авто́бус, -а; -ы, -ов *(m.)* PL bus

автомобили́ст, -а; -ы, -ов *(m.)* 12D3
   motorist

ага́ *(interj.)* 12A2 ahah

агроно́м, -а; -ы, -ов *(m.)* PL agronomist

адвока́т, -а; -ы, -ов *(m.)* PL lawyer

администра́ци|я, -и; -и, -й *(f.)* PL
   administration

а́дрес, -а; -а́, -о́в *(m.)* 4A4 address

Азербайджа́н, -а *(m.)* PL Azerbaidjan

Ази|я, -и *(f.)* PL Asia

акаде́мик, -а; -и, -ов *(m.)* PL
   academician

акаде́ми|я, -и; -и, -й *(f.)* PL academy

А как же...? *(phr.)* 14A1 And what
   about..?

акроба́т, -а; -ы, -ов *(m.)* 14C1
   acrobat

акт, -а; -ы, -ов *(m.)* PL act

актёр, -а; -ы, -ов *(m.)* PL actor

а́лгебр|а, -ы *(f.)* 7A4 algebra

алло́ *(interj.)* 3B1 hello

альпини́зм, -а *(m.)* 17D2 mountain-
   climbing

Алма-Ат|а́, -ы́ *(f.)* PL Alma-Ata

Аля́ск|а, -и *(f.)* PL Alaska

Аме́рик|а, -и *(f.)* PL America

америка́н(е)ц, -а; -ы, -ев *(m.)* PL
   American (male)

америка́нк|а, -и; -и, америка́нок *(f.)*
   PL American (female)

америка́нск|ий, -ая, -ое, -ие *(adj.)*
   8B1 American

Англи|я, -и *(f.)* PL England

англи́йск|ий, -ая, -ое, -ие *(adj.)* 6C1
   English

англича́нин, -а; англича́н|е, ∅ *(m.)* PL
   Englishman

англича́нк|а, -и; -и, англича́нок *(f.)* PL
   Englishwoman

а́нгло-ру́сск|ий, -ая, -ое, -ие *(adj.)* 9B3
   English-Russian

анте́нн|а, -ы; -ы, ∅ *(f.)* PL antenna

антраци́т, -а; -ы, -ов *(m.)* 11B7
   anthracite

аппара́т, -а; -ы, -ов *(m.)* PL apparatus

апре́л|ь, -я *(m.)* 15/13 April

апте́к|а, -и; -и, ∅ *(f.)* 3B6 drugstore,
   pharmacy

аре́н|а, -ы; -ы, ∅ *(f.)* PL arena

Арме́ни|я, -и *(f.)* PL Armenia

а́рми|я, -и; -и, -й *(f.)* 13A2 army

армяни́н, -а; армян|е, ∅ *(m.)* 15/13
   Armenian

арти́ст, -а; -ы, -ов *(m.)* PL actor

архите́ктор, -а; -ы, -ов *(m.)* 9C5
   architect

архитекту́р|а, -ы *(f.)* 18B6 architecture

ассамбле́|я, -и *(f.)* PL assembly

ассоциа́ци|я, -и; -и, -й *(f.)* PL
   association

ата́к|а, -и; -и, ∅ *(f.)* PL attack

атле́тик|а, -и *(f.)* PL athletics

атмосфе́р|а, -ы *(f.)* PL atmosphere

а́том, -а; -ы, -ов *(m.)* PL atom

аттракцио́н, -а; -ы, -ов *(m.)* PL
   attraction

акт, -а; -ы, -ов *(m.)* PL act

афи́ш|а, -и; -и, ∅ *(f.)* 6C3 playbill,
   poster

Ашхаба́д, -а *(m.)* PL Ashkhabad

аэро́бик|а, -и *(f.)* 18D2 aerobics

Б

ба́бочк|а, -и; -и, ба́бочек *(f.)* 16C4
   butterfly

ба́бушк|а, -и; -и, ба́бушек *(f.)* 3A1
   grandmother

ба́бье ле́то *(n. phr.)* 16C2 Indian summer

бага́ж, -а́ *(m.)* PL luggage, baggage

бадминто́н, -а *(m.)* PL badminton

ба́з|а, -ы; -ы, ∅ *(f.)* PL base

Байка́л, -а *(m.)* PL Lake Baikal

бакте́ри|я, -и; -и, -й *(f.)* PL bacteria

Баку́ *(indecl.)* PL Baku

балала́йк|а, -и; -и, балала́ек *(f.)* 19B5 balalaika

бале́т, -а; -ы, -ов *(m.)* PL ballet

Ба́лтик|а, -и *(f.)* PL Baltic Sea

Балтимо́р, -а *(m.)* 4C5 Baltimore

баскетбо́л, -а *(m.)* PL basketball

бассе́йн, -а; -ы, -ов *(m.)* 10/16 swimming pool

бег, -а *(m.)* 17A5 run, running

бе́жев|ый, -ая, -ое, -ые *(adj.)* 11B7 beige

бейсбо́л, -а *(m.)* PL baseball

бейсбо́льн|ый, -ая, -ое, -ые *(adj.)* 20/13 baseball

Белару́с|ь, -и *(f.)* PL Byelarus

бе́л|ый, -ая, -ое, -ые *(adj.)* 11B1 white

библиоте́к|а, -и; -и, ∅ *(f.)* 4A7 library

бизнесме́н, -а; -ы, -ов *(m.)* 7C3 businessman

биле́т, -а; -ы, -ов *(m.)* 12C3 ticket, pass

биологи́ческ|ий, -ая, -ое, -ие *(adj.)* 9C5 biological

биоло́ги|я, -и *(f.)* 18B1 biology

блин, -а́; -ы́, -о́в *(m.)* 16C10 pancake

бокс, -а *(m.)* PL boxing

боксёр, -а; -ы, -ов *(m.)* PL boxer

боле́ть (-ю, -ешь, -ют) за (+ *acc.*) *(impf.)* 13A3 to root for

больни́ц|а, -ы; -ы, ∅ *(f.)* 3B6 hospital

бо́льше *(compar.)* 9C5 more; larger

больш|о́й, -а́я, -о́е, -и́е *(adj.)* 9A1 big

бо́мб|а, -ы; -ы, ∅ *(f.)* PL bomb

борщ, -а́ *(m.)* PL borshch

Бо́стон, -а *(m.)* 8A1 Boston

Бра́йтон, -а *(m.)* 15/13 Brighton

брасле́т, -а; -ы, -ов *(m.)* 19B5 bracelet

брат, -а; бра́тья, -ев *(m.)* 3A1 brother

брысь *(interj.)* 2A9 scat

брюне́т, -а; -ы, -ов *(m.)* PL dark (-haired) man

бу́кв|а, -ы; -ы, ∅ *(f.)* 6C2 letter (of alphabet)

буке́т, -а; -ы, -ов *(m.)* PL bouquet

бума́г|а, -и *(f.)* 18D2 paper

буфе́т, -а; -ы, -ов *(m.)* 2B3 buffet, snack bar

быва́ть (-ю, -ешь, -ют) *(impf. v.)* 16C10 to be sometimes, visit

бы́стро *(adv.)* 11D4 quickly

быть (бу́д+ -у, -ешь, -ут) *(pf. v.)* 6B1 to be

В

в (+ *prepos.* or + *acc.*) *(prep.)* 2D3 in, into

ва́з|а, -ы; -ы, ∅ *(f.)* PL vase

вам *(pron.)* 9C1 *dat.* of вы

варе́нь|е, -я; -я, варе́ний *(n.)* 16C10 preserves

вас *(pron.)* 1B1 *acc./gen./prepos.* of вы

ваш, ва́ша, ва́ше, ва́ши *(adj.)* 3A7 your

вдруг *(adv.)* 20/2 suddenly

век, -а; -а́, -о́в *(m.)* 10 century

велосипе́д, -а; -ы, -ов *(m.)* 12C2 bicycle

весн|а́, -ы; вёсн|ы, вёсен *(f.)* 9B5 spring

весно́й *(adv.)* 16C2 in spring

ве́т(е)р, -а; -ы, -о́в *(m.)* 16B1 wind, breeze

ве́чер, -а; -а́, -о́в *(m.)* 1A5 evening

ве́чн|ый, -ая, -ое, -ые *(adj.)* 16D8 eternal

ве́чером *(adv.)* 19C4 in (during) the evening

взять (возьм+ -у́, -ёшь, -у́т) *(pf. v.)* 18D3 to take

вид, -а; -ы, -ов *(m.)* 13A2 kind

видеока́мер|а, -ы; -ы, ∅ *(f.)* 8A9 videocamera

видеомагнитофо́н, -а; -ы, -ов *(m.)* 10/16 videorecorder

ви́д|еть (ви́жу, -ишь, -ят) *(impf.)* 11A1 to see

ви́з|а, -ы; -ы, ∅ *(f.)* PL visa
визи́т, -а; -ы, -ов *(m.)* PL visit, call
Ви́лков|о, -а *(n.)* 12А6 Vilkovo
Ви́льнюс, -а *(m.)* PL Vilnius
Владивосто́к, -а *(m.)* 14А7 Vladivostok
вме́сте *(adv.)* 8С2 together
внук, -а; -и, -ов *(m.)* 3А9 grandson
вну́чк|а, -и; -и, вну́чек *(f.)* 3А9 granddaughter
вод|а́, -ы́; во́ды, ∅ *(f.)* 12А6 water
води́тел|ь, -я; -и, -ей *(m.)* 11В6 driver
во́дное по́ло *(indecl.)* 17А6 waterpolo
Во́лг|а, -и *(f.)* PL Volga
Волгогра́д, -а *(m.)* 20/25 Volgograd
волейбо́л, -а *(m.)* PL volleyball
волк, -а; -и, -о́в *(m.)* 2А7 wolf
вон *(adv.)* 4А10 over there
вопро́с, -а; -ы, -ов *(m.)* 6В2 question
восемна́дцат|ый, -ая, -ое, -ые *(ord. no.)* 18 eighteenth
во́сем|ь, восьми́ *(card. no.)* 13А4 eight
восемна́дцат|ь, -и *(card. no.)* 13А4 eighteen
во́семьдесят, восьми́десяти *(card. no.)* 13В5 eighty
воскресе́нь|е, -я *(n.)* 14А1 Sunday
восто́чн|ый, -ая, -ое, -ые *(adj.)* 16D1 east, eastern
восьм|о́й, -а́я, -о́е, -ы́е *(ord. no.)* 8 eighth
вот *(adv.)* 2С1 here (is)
врач, -а́; -и́, -е́й *(m.)* 3D2 doctor
времена́ми *(adv.)* 16D2 from time to time
времена́ го́да *(phr.)* 16С2 seasons
врем|я, вре́мени; времена́, времён *(n.)* 7В6 time
все *(pron.)* 18С1 all, everybody
всё *(pron.)* 11D4 all, everything
всё вре́мя *(phr.)* 7В6 all the time
всегда́ *(adv.)* 18В1 always
встать (вста́н+ -у, -ешь, -ут) *(pf. v.)* 18D3 to stand up, get up
вто́рник, -а *(m.)* 7А7 Tuesday
втор|о́й, -а́я, -о́е, -ы́е *(ord. no.)* 2 second

вчера́ *(adv.)* 13В1 yesterday
вчера́шн|ий, -яя, -ее, -ие *(adj.)* 14В6 yesterday's
вы *(pron.)* 3С5 you *(plural/polite)*
вы́брать (вы́бер+ -у, -ешь, -ут) *(pf.v.)* 18А1 to select, choose
вы́игра|ть (-ю, -ешь, -ют) *(pf. v.)* 15/18 to win
вы́игрыш, -а; -и, -ей *(m.)* 13D3 winnings
выступа́|ть (-ю, -ешь, -ют) *(impf. v.)* 14С1 to perform, speak
вы́уч|ить (-у, -ишь, -ат) *(pf. v.)* 19А3 to learn

Г

газ, -а *(m.)* PL gas
газе́т|а, -ы; -ы, ∅ *(f.)* 2В3 newspaper
ГАИ *(indecl. acronym)* 11А2 GAI, traffic police
га́лстук, -а; -и, -ов *(m.)* 20/15 tie, necktie
гандбо́л, -а *(m.)* PL handball
гара́ж, -а́; -и́, -е́й *(m.)* PL garage
гастроно́м, -а; -ы, -ов *(m.)* 4А7 delicatessen
где *(adv.)* 2С1 where, in what place
генера́л, -а; -ы, -ов *(m.)* PL general
геогра́фи|я, -и *(f.)* 7А7 geography
геоме́три|я, -и *(f.)* 7А4 geometry
гимна́стик|а, -и *(f.)* 13С5 gymnastics
гимна́стк|а, -и; -и, гимна́сток *(f.)* 17В1 gymnast
гита́р|а, -ы; -ы, ∅ *(f.)* 8А8 guitar
глаго́лиц|а, -ы *(f.)* PL Glagolytic alphabet
говор|и́ть (-ю́, -и́шь, -я́т) *(impf.)* 7В1 to speak, say, tell
год, -а; -ы, -о́в *(m.)* 9С5 year
гол, -а; -ы, -о́в *(m.)* PL goal
голов|а́, -ы́; го́ловы, голо́в *(f.)* 20/22 head
голуб|о́й, -а́я, -о́е, -ы́е *(adj.)* 11В1 light blue

гольф, -а *(m.)* PL golf

го́рн|ый, -ая, -ое, -ые *(adj.)* 17D2 mountain

го́род, -а; -á, -óв *(m.)* 2C5 city, town

господи́н, -а; господ|á, госпо́д *(m.)* 4A3 mister, Mr.

госпож|á, -и́; -и́, -éй *(f.)* 4A3 Miss; Mrs.

гости́ниц|а, -ы; -ы, ∅ *(f.)* 4B4 hotel

гото́в|ить (гото́влю, -ишь, -ят) *(impf.)* 14C3 to prepare

гра́дус, -а; -ы, -ов *(m.)* 16A1 degree

грамм, -а; -ы, -ов [грамм] *(m.)* PL gram

грамма́тик|а, -и *(f.)* 7A2 grammar

гриб, á; -ы́, -óв *(m.)* 14B4 mushroom

Гру́зи|я, -и *(f.)* PL Georgia

гуля́|ть (-ю, -ешь, -ют) *(impf.)* 12D3 to stroll, walk

ГУМ, -а *(m. acronym)* 4A8 GUM, State Department Store

Д

да *(adv.)* 1C1 yes

да|ва́ть (-ю, -ёшь, -ют) *(impf.)* 12D3 to give

дай *(impf.* of дать) 11A8 give

да́йте *(impf.* of дава́ть) 9B1 give

да́т|а, -ы; -ы, ∅ *(f.)* PL date

дать *(pf.)* 2D3 to give

да́ч|а, -и; -и, ∅ *(f.)* 14B4 dacha, country home

два *(card. no.)* 9D3 two; grade of two (D)

двадца́т|ый, -ая, -ое, -ые *(ord. no.)* 20 twentieth

два́дцат|ь, -и́ *(card. no.)* 13A4 twenty

двена́дцат|ый, -ая, -ое, -ые *(ord. no.)* 12 twelfth

двена́дцат|ь, -и *(card. no.)* 13A4 twelve

двер|ь, -и; -и, -éй *(f.)* 12D1 door

Двин|á, -ы́ PL Dvina

дво́ечник, -а; -и, -ов *(m.)* 9D3 D student (male)

дво́йк|а, -и; -и, дво́ек *(f.)* 9D3 two, grade of two (D)

двор(е́)ц, -á; -ы́, -óв *(m.)* 19C1 palace

де́вочк|а, -и; -и, де́вочек *(f.)* 13C1 girl, young girl

де́вушк|а, -и; -и, де́вушек *(f.)* 9B5 girl, young lady

девяно́ст|о, -а *(card. no.)* 13B5 ninety

де́вят|ь, -и́ *(card. no.)* 13A4 nine

девятна́дцат|ь, -и *(card. no.)* 13A4 nineteen

девятна́дцат|ый, -ая, -ое, -ые *(ord. no.)* 19 nineteenth

девя́т|ый, -ая, -ое, -ые *(ord. no.)* 9 ninth

де́душк|а, -и; -и, де́душек *(m.)* 3A1 grandfather

де́ла|ть (-ю, -ешь, -ют) *(impf.)* 6A2 to do, make

делега́ци|я, -и; -и, -й *(f.)* 2D3 delegation

де́л|о, -а; -á, ∅ *(n.)* 1A16 affair, pursuit

дельфи́н, -а; -ы, -ов *(m.)* PL dolphin

д(е)н|ь, -я; -и, -éй *(m.)* 1A5 day

день рожде́ния *(phr.)* 20/13 birthday

де́ньги, де́нег *(pl.)* 18C1 money

дере́вн|я, -и; -и, дереве́нь *(f.)* 2C5 village

де́рев|о, -а; дере́вь|я, -ев *(n.)* 4C3 tree

де́сят|ь, -и́ *(card. no.)* 13A4 ten

деся́т|ый, -ая, -ое, -ые *(ord. no.)* 10 tenth

де́т|и, -éй *(pl.)* 3A3 children

де́тск|ий, -ая, -ое, -ие *(adj.)* 1D4 children's

де́тский сад *(phr.)* 3A3 kindergarten

де́тств|о, -а *(n.)* 16D2 childhood

джаз, -а *(m.)* 7C5 jazz

дива́н, -а; -ы, -ов *(m.)* 18D3 divan, couch, sofa

дизайнер, -а; -ы, -ов *(m.)* 7C3 designer

дикта́нт, -а; -ы, -ов *(m.)* 6C2 dictation

диплома́т, -а; -ы, -ов *(m.)* 18A2 diplomat

дире́ктор, -а; -á, -óв *(m.)* PL director

дискотек|а, -и (f.) 15/16 discotheque

для (+ gen.) (prep.) 19C8 for

дневни́к, -а́; -и́, -о́в (m.) 2B1 diary,
daybook

Днепр, -а́ (m.) PL Dnieper

Днестр, -а́ (m.) PL Dnestr

днём (adv.) 19C4 in (during) the
afternoon

до (prep.) 20 until

довести́ (дове́д+ -у́, -ёшь, -у́т) (pf.) 20
to get (here)

до свида́ния (phr.) 1A13 goodbye

до́бр|ый, -ая, -ое, -ые (adj.) 1A5 good,
kind

дожд|ь, -я́; -и́, -е́й (m.) 16B2 rain

до́ктор, -а; -а́, -о́в (m.) PL doctor

до́ллар, -а; -ы, -ов (m.) PL dollar

дом, -а; -а́, -о́в (m.) 2C5 house,
building

до́ма (adv.) 3B1 at home

дома́шн|ий, -яя, -ее, -ие (adj.) 15/5
home

домо́й (adv.) 12A6 homeward

Дон, До́на (m.) PL Don

доро́г|а, -и; -и, ∅ (f.) 15/13 road

доро́гу оси́лит иду́щий (phr.) 18B2 the
one who goes will reach the end of the
road

дорог|о́й, -а́я, -о́е, -и́е (adj.) 6A6 dear;
expensive

доск|а́, -и́; до́ски, досо́к (f.) 2B3 board,
chalkboard

доч|ь, -ери; -ери, -ере́й (f.) 3A9
daughter

дра́м|а, -ы; -ы, ∅ (f.) PL drama

друг, -а; друзь|я́, друзе́й (m.) 8A2
friend

друг|о́й, -а́я, -о́е, -и́е (adj.) 13B1 other,
another

дру́жб|а, -ы (f.) 5/12 friendship

друзья́ (pl.) 17A1 see друг

ду́ма|ть (-ю, -ешь, -ют) (indet. impf.)
11C1 to think

дура́к, -а́; -и́, -о́в (m.) 2A9 fool

Душанбе́ (indecl.) PL Dushanbe

дуэ́т, -а; -ы, -ов (m.) PL duet

Е, Ё

евре́|й, -я; -и, -ев (m.) 15/13 Jew

Евро́п|а, -ы (f.) PL Europe

его́ (pron.) 2A1 acc./gen. of он

его́ (adj.) 7B6 his

едини́ц|а, -ы; -ы, ∅ (f.) 2C8 one, grade
of one (F)

еди́н|ый, -ая, -ое, -ые (adj.) 12C3
united; common

её (pron.) 2A1 acc./gen of она́

её (adj.) 11A3 her

ей (pron.) 9C2 dat. of она́

ёж, -а́; еж|и́, ежей (m.) 2C5 hedgehog

е́зд|ить (е́зжу, -ишь, -ят) (indet. impf.)
11D4 to go, ride, drive

ему́ (pron.) 9C2 dat. of он

Ерева́н, -а (m.) PL Yerevan

есть (impf.) 4D4 to be, is

е́хать (е́д+ -у, -ешь, -ут) (det. impf.)
11D4 to go by vehicle, ride

ещё (adv.) 7B1 still, furthermore

Ж

жа́рко (s.f. adj.) 16A3 (it's) hot

же (emphatic part.) 12B1

жела́|ть (-ю, -ешь, -ют) (impf.) 15/4 to
wish

желе́зная доро́га (phr.) 15/13 railroad

жёлт|ый, -ая, -ое, -ые (adj.) 11B1
yellow

жен|а́, -ы́; жёны, ∅ (f.) 3A9 wife

же́нск|ий, -ая, -ое, -ие (adj.) 13C1
womanly, female

же́нщин|а, -ы; -ы, ∅ (f.) 3C8 woman

жизн|ь, -и; -и, -ей (f.) 17C1 life

жира́ф, -а; -ы, -ов (m.) 9C5 giraffe

жить (жив+ -у́, -ёшь, -у́т) (impf.) 4C1
to live

жонглёр, -а; -ы, -ов (m.) 14C1 juggler

журна́л, -а; -ы, -ов (m.) PL journal,
magazine

журнали́стик|а, -и (f.) 9C5 journalism

З

за (+ *acc.*) *(prep.)* 13A3 for

забы́ть (забу́д+ -у, -ешь, -ут) *(pf.)* 14A1 to forget

заво́д, -а; -ы, -ов *(m.)* 3B6 plant, factory, mill

за́втра *(adv.)* 13A1 tomorrow

зада́ни|е, -я; -я, -й *(n.)* 15/5 task, job

зада́ч|а, -и; -и, ∅ *(f.)* 18C5 problem, task, aim

закрыва́|ться (-ется, -ются) *(impf.)* 12D1 to close

зал, -а; -ы, -ов *(m.)* 10/25 hall, auditorium

занима́|ться (-юсь, -ешься, -ются) *(impf.)* 17A1 to be occupied with

заня́ти|я, -й *(pl.)* 17A1 occupation; activity; class

за́падн|ый, -ая, -ое, -ые *(adj.)* 16D1 west, western

зараба́тыва|ть (-ю, -ешь, -ют) *(impf.)* 18C1 to earn

за́(я)ц, за́йц|а; -ы, -ев *(m.)* 2A7 hare

звать (зов+ -у́, -ёшь, -у́т) *(impf.)* 1B1 to call, name

звезд|а́, -ы́; звёзд|ы, ∅ *(f.)* 9A1 star

зда́ни|е, -я; -я, -й *(n.)* 9A2 building, edifice

здесь *(adv.)* 4A10 here, in this place

здра́вствуй(те) (greeting) 1A1 hello

зелён|ый, -ая, -ое, -ые *(adj.)* 11B1 green

зим|а́, -ы́; зи́мы, ∅ *(f.)* 16C1 winter

зи́мн|ий, -яя, -ее, -ие *(adj.)* 16B8 winter

зимо́й *(adv.)* 16C2 in winter

зна|ть (-ю, -ешь, -ют) *(impf.)* 3C1 to know

знак, -а; -и, -ов *(m.)* 11A1 sign

знач(о́)к, -а́; -и́, -о́в *(m.)* 7C2 badge, pin

зову́т 1B1 *see* звать

золот|о́й, -а́я, -о́е, -ы́е *(adj.)* 15/20 gold(en)

зо́н|а, -ы; -ы, ∅ *(f.)* 16B8 zone

зооло́ги|я, -и *(f.)* 7A7 zoology

И, Й

и *(conj.)* 1A1 and

и т. д. *(abbrev.* from и так да́лее*)* 18C2 et cetera; and so forth

игр|а́, -ы́; и́гр|ы, ∅ *(f.)* 10/33 game

игра́|ть (-ю, -ешь, -ют) *(impf.)* 8B1 to play

иде́|я, -и; -и, -й *(f.)* PL idea, notion, concept

ид|ти́ (-у́, -ёшь, -у́т) *(det. impf.)* 12A2 to go on foot

иду́щ|ий, -ая, -ее, -ие *(v. adj.)* 18D2 the one who is going

извини́те *(imper.)* 4A1 excuse me

изде́ли|е, -я; -я, -й *(n.)* 4D3 wares, manufactured goods

икр|а́, -ы́ *(f.)* 16C10 caviar

и́ли *(conj.)* 5/11 or

им *(pron.)* 9C2 *dat.* of они́

и́м|я, и́мени; имена́, имён *(n.)* 1A2 name

и́ндекс, -а *(m.)* 19B1 index, postal code

инди́ец, инди́йца; инди́йц|ы, -ев *(m.)* PL Indian

индиа́нк|а, -и; -и, индиа́нок *(f.)* PL Indian

Инди|я, -и *(f.)* PL India

инжене́р, -а; -ы, -ов *(m.)* 3D2 engineer

институ́т, -а; -ы, -ов *(m.)* PL institute

интере́с, -а; -ы, -ов *(m.)* PL interest

интере́сно *(adv.)* 19B1 (it's) interesting

интере́сн|ый, -ая, -ое, -ые *(adj.)* 18A1 interesting

инъе́кци|я, -и; -и, -й *(f.)* PL injection

Ирку́тск, -а *(m.)* 12D1 Irkutsk

испа́нск|ий, -ая, -ое, -ие *(adj.)* 7A8 Spanish

исто́рик, -а; -и, -ов *(m.)* 18A6 historian

истори́ческ|ий, -ая, -ое, -ие *(adj.)* 9C5 historical

исто́ри|я, -и *(f.)* 7A4 history

их *(pron.)* 11A3 their

К

Кавка́з, -а *(m.)* PL Caucasus

ка́жд|ый, -ая, -ое, -ые *(adj.)* 15/4 each, every

Казахста́н, -а *(m.)* PL Kazakhstan

как *(adv.)* 1A16; 8A2 how, like

как|о́й, -а́я, -о́е, -и́е *(adj.)* 9A1 what, what kind of

Ка́м|а, -ы *(f.)* PL Kama

Кана́д|а, -ы *(f.)* PL Canada

кана́д(е)ц, -а; -ы, -ев *(m.)* PL Canadian (male)

кана́дк|а, -и; -и, кана́док *(f.)* PL Canadian (female)

кани́кул|ы, ∅ *(pl.)* 16C2 vacation, holidays

капита́н, -а; -ы, -ов *(m.)* 17C2 captain

каранда́ш, -а́; -и́, -е́й *(m.)* 2B3 pencil

карата́ *(indecl.)* 13C5 karate

ка́рт|а, -ы; -ы, ∅ *(f.)* 4B4 map

карти́н|а, -ы; -ы, ∅ *(f.)* 4B4 painting, picture

ка́рт|ы, ∅ *(pl.)* 19D3 playing cards

Каспи́йское мо́ре *(phr.)* PL Caspian Sea

ката́ни|е, -я; -я, -й *(n.)* 17D2 skating, rolling

кафе́ *(indecl.)* 4A7 cafe

кварти́р|а, -ы; -ы, ∅ *(f.)* 4B4 apartment

ке́ды *(pl.)* 18D3 sports shoes

кем *(pron.)* 18 *instr.* of кто

Ки́ев, -а *(m.)* PL Kiev

Ки́евская Русь *(phr.)* PL Kievan Rus

киломе́тр, -а; -ы, -ов *(m.)* 15/6 kilometer

кино́ *(indecl.)* 7C2 movie, movie theater

кинотеа́тр, -а; -ы, -ов *(m.)* 4A4 movie theater

кио́ск, -а; -и, -ов *(m.)* 18A9 kiosk, booth

Кыргызста́н, -а *(f.)* PL Kirgizstan

кири́ллиц|а, -ы *(f.)* PL Cyrillic alphabet

Кишинёв, -а *(m.)* PL Kishinev

класс, -а; -ы, -ов *(m.)* PL classroom; class group

классифика́ци|я, -и; -и, -й *(f.)* 17C4 classification

кли́мат, -а *(m.)* 16C1 climate

кло́ун, -а; -ы, -ов *(m.)* 14C4 clown

клуб, -а; -ы, -ов *(m.)* 3B6 club

ключ, -а́; -и́, -е́й *(m.)* 10/23 key

кни́г|а, -и; -и, ∅ *(f.)* 2B3 book

когда́ *(adv.)* 14A7 when, at what time

когда́ как *(phr.)* 16C1 it depends

кого́ *(acc./gen.* of кто*)* 7A5

ко́лледж, -а; -ы, -ей *(m.)* 5/22 college

кольц|о́, -а́; ко́льца, коле́ц *(n.)* 2C5 ring

кома́нд|а, -ы; -ы, ∅ *(f.)* 13A1 team, command, order

ко́микс, -а; -ы, -ов *(m.)* 9D2 comic strip

коммуника́ци|я, -и *(f.)* PL communication

ко́мнат|а, -ы; -ы, ∅ *(f.)* 2C5 room

ко́мпас, -а; -ы, -ов *(m.)* 10/22 compass

кому́ *(pron.)* 19B1 *dat.* of кто

компью́тер, -а; -ы, -ов *(m.)* 20/11 computer

конве́рт, -а; -ы, -ов *(m.)* 4B4 envelope

кон(е́)ц, -а́; -ы́, -о́в *(m.)* 12B8 end

коне́чно *(adv.)* 8A6 of course

ко́нкурс, -а; -ы, -ов *(m.)* 18B1 competition

контро́л|ь, -я *(m.)* PL control

контро́льн|ый, -ая, -ое, -ые *(adj.)* 12A6 planned, scheduled

конфе́т|а, -ы; -ы, ∅ *(f.)* 7C4 candy

конча́|ться (-ется, -ются) *(impf.)* 16C10 to end, be ended

конце́рт, -а; -ы, -ов *(m.)* 12B3 concert

конёк|й, -о́в *(pl.)* 17D2 skates

коре́йск|ий, -ая, -ое, -ие *(adj.)* 11C1 Korean

кори́чнев|ый, -ая, -ое, -ые *(adj.)* 11B1 brown

короле́в|а, -ы; -ы, ∅ *(f.)* 18D2 queen

корт, -а; -ы, -ов *(m.)* PL court (for sports)

ко́смос, -а *(m.)* PL space, cosmos

костю́м, -а; -ы, -ов *(m.)* 2C5 suit, costume

кот, -á; -ы́, -óв (m.) PL cat, tomcat

котóр|ый, -ая, -ое, -ые (pron.) 16A1 which, who

коттéдж, -а; -и, -ей (m.) 4C7 cottage

кóшк|а, -и; -и, кóшек (f.) 2C5 cat

крáсн|ый, -ая, -ое, -ые (adj.) 9A1 red

красиво (adv.) 16A1 beautifully

красив|ый, -ая, -ое, -ые (adj.) 9A1 beautiful, handsome

красот|á, -ы́ (f.) 18D2 beauty

кратковрéменн|ый, -ая, -ое, -ые (adj.) 16D2 momentary, transitory

Крéмл|ь, -я́ (m.) 4D2 Kremlin

крокодил, -а; -ы, -ов (m.) 2A7 crocodile

крыш|а, -и; -и, Ø (f.) 4C3 roof, housetop

кто (pron.) 2A1 who

кудá (adv.) 12A6 which way, to where

культýр|а, -ы (f.) PL culture

культуризм, -а (m.) PL bodybuilding

куп|ить (куплю́, -ишь, -ят) (pf.) 19A1 to buy, purchase

Л

лаборатóри|я, -и; -и, -й (f.) 2B3 laboratory

лáгер|ь, -я; -и, -ей (m.) 2C5 camp

лáдно (affirm. part.) 14C1 all right, very well

лáмп|а, -ы; -ы, Ø (f.) 2B3 lamp

Лáтви|я, -и (f.) PL Latvia

латинск|ий, -ая, -ое, -ие (adj.) 15/17 Latin

лёгк|ий, -ая, -ое, -ие (adj.) 17D2 light

леж|áть (-ý, -ишь, -áт) (impf.) 16B8 to lie, be lying

Лéн|а, -ы (f.) PL Lena

Ленингрáд, -а (m.) PL Leningrad

Лéнинские гóры (phr.) 9C5 Lenin hills

лес, -а; -á, -óв (m.) 16C2 woods, forest

лет 9B5 see год

лéт|о, -а; -а, Ø (n.) 16C1 summer

лéтом (adv.) 16C1 in summer

лили|я, -и; -и, -й (f.) 16C9 lily

лилóв|ый, -ая, -ое, -ые (adj.) 11B7 violet

Литв|á, -ы́ (f.) PL Lithuania

литератýр|а, -ы (f.) 7A4 literature

лов|ить (ловлю́, -ишь, -ят) (pf.) 14B4 to fish

лóзунг, -а; -и, -ов (m.) 6C3 slogan

лóшад|ь, -и; -и, -éй (f.) 14C2 horse

лыж|и, Ø (pl.) 16C4 skis

люб|ить (люблю́, -ишь, -ят) (impf.) 7B4 to love, like

люд|и, -éй (pl. of человéк) 14B4 people

М

мавзолé|й, -я; -и, -ев (m.) 4D2 mausoleum

магазин, -а; -ы, -ов (m.) 3B6 store

магнитофóн, -а; -ы, -ов (m.) 8A8 tape recorder

ма|й, -я (m.) PL May

майóр, -а; -ы, -ов (m.) PL major

мáленьк|ий, -ая, -ое, -ие (adj.) 9A1 little, small

мáло (adv.) 7B1 few, little

мáльчик, -а; -и, -ов (m.) 2A9 boy

мáм|а, -ы; -ы, Ø (f.) PL mama

мáрк|а, -и; -и, мáрок (f.) 4D3 stamp

Марс, -а (m.) PL Mars

март, -а (m.) 16C10 March

Мáслениц|а, -ы (f.) 16C10 Shrovetide

мáсл|о, -а (n.) 16C10 butter

мáстер, -а; -á, -óв (m.) 3D2 foreman; expert, master

мáстер спóрта (phr.) 17C2 master of sport

математик|а, -и (f.) 7A2 mathematics

математическ|ий, -ая, -ое, -ие (adj.) 9C5 mathematical

матрёшк|а, -и; -и, матрёшек (f.) 9B3 nested Russian doll

матч, -а; -и, -ей (m.) 13B1 match

мат|ь, мáтери; мáтер|и, -ей (f.) 3A9 mother

маши́н|а, -ы; -ы, ∅ (f.) 4B4 car, machine, automobile

маши́ни́ст, -а; -ы, -ов (m.) 18C2 machinist

маши́ни́стк|а, -и; -и, маши́ни́сток (f.) 18A4 typist

МГУ (indecl. acronym) 6A8 MGU, Moscow State University

медици́нск|ий, -ая, -ое, -ие (adj.) 18A6 medical

ме́дленно (adv.) 12A6 slowly

мёд, -а (m.) 16C10 honey

медве́д|ь, -я; -и, -ей (m.) 14C1 bear

медсестр|а́, -ы́; медсёстры, медсестёр (f.) 18A2 nurse

междунаро́дн|ый, -ая, -ое, -ые (adj.) 17C3 international

ме́неджер, -а; -ы, -ов (m.) 3A12 manager

меня́ (pron.) 1B1 acc./gen. of я

мерзлот|а́, -ы́; -ы, ∅ (f.) 16B8 frost

ме́ст|о, -а; -а́, ∅ (n.) 16B8 place, spot, site

мета́лл, -а (m.) PL metal

метро́ (n.) PL subway

меха́ник, -а; -и, -ов (m.) 20/14 mechanic

милиционе́р, -а; -ы, -ов (m.) 4D2 policeman, militiaman

миллио́н, -а; -ы, -ов (m.) 2D3 million

ми́л|я, -и; -и, ∅ (f.) 11D4 mile

Минск, -а (m.) PL Minsk

ми́нус, -а; -ы, -ов (m.) 15/10 minus

мину́т|а, -ы; -ы, ∅ (f.) 11A1 minute

мир, -а (m.) 1D2 peace; world

мира́ж, -а́; -и, -ей (m.) PL mirage, optical illusion

мне (pron.) 9B1 dat. of я

мно́го (indef. no.) 2D3 many, much, a lot

мо́д|а, -ы (f.) PL mode, fashion, style

мо́жет быть 11C1 perhaps, maybe

мо́жно (pred.) 11A1 one may, one can

мо|й, -я, -ё, -и (pron.) 3A1 my

Молдо́в|а, -ы (f.) PL Moldova

молод(е́)ц, -а́; -ы́, -о́в (m.) 7B6 fine fellow, fine girl

монасты́р|ь, -я́; -и́, -е́й (m.) 9A2 monastery

мо́нголо-тата́рск|ий (adj.) PL Mongol-Tatar

монта́жник, -а; -и, -ов (m.) 18C2 assembler

мо́р|е, -я; -я́, -е́й (n.) PL sea

морж, -а́; -и́, -е́й (m.) 16A8 walrus

моро́з, -а (m.) 16A2 frost, freeze

Москв|а́, -ы́ (f.) PL Moscow

москви́чк|а, -и; -и, москви́чек (f.) 4A1 Moscovite (female)

москви́ч, -а́; -и́, -е́й (m.) 4A2 Moscovite (male)

моско́вск|ий, -ая, -ое, -ие (adj.) 9A2 Moscow

мото́р, -а; -ы, -ов (m.) PL motor

мотоци́кл, -а; -ы, -ов (m.) 8A5 motorcycle

мочь (могу́, мо́ж+ -ешь, мо́гут) (impf.) 13B6 to be able

муж, -а; мужь|я́, муже́й (m.) 3A9 husband

мужск|о́й, -а́я, -о́е, -и́е (adj.) 13 masculine, male

мужчи́н|а, -ы; -ы, ∅ (m.) 13A12 man, male

музе́|й, -я; -и, -ев (m.) 4A7 museum

му́зык|а, -и (f.) 7C5 music

музыка́льн|ый, -ая, -ое, -ые (adj.) 17B7 musical

музыка́нт, -а; -ы, -ов (m.) PL musician

мы (pron.) 4C1 we

мя́гк|ий, -ая, -ое, -ие (adj.) PL soft

мя́с|о, -а (n.) 2C5 meat

мяч, -а́; -и́, -е́й (m.) 4B4 ball

Н

на (+prepos.) (prep.) 2D3 on, in, at

на (+ acc.) (prep.) 12B2 onto, to, into

надзе́мн|ый, -ая, -ое, -ые (adj.) 15/13 elevated, above ground

на́до *(pred.)* 18D3 necessary, needed

найти́ (найд+ -у́, -ёшь, -у́т) *(pf.)* 18D3 to find

назва́ни|е, -я; -я, -й *(n.)* 19B1 name, title

называ́|ть (-ю, -ешь, -ют) *(pf. v.)* 12A6 to be called

называ́|ться (-ется, -ются) *(impf.)* 9B5 to be called

нале́во *(adv.)* 9A1 left, on/to the left

нам *(pron.)* 9C1 *dat.* of мы

наоборо́т *(adv.)* 19B1 on the contrary

написа́ть (напишу́, напиш+ -ешь, -ут) *(pf.)* 16D3 to write

напра́во *(adv.)* 9A1 right, on/to the right

наприме́р *(paren.)* 17A1 for example

нарисова́ть (нарису́+ -ю, -ешь, -ют) *(pf.)* 9D2 to draw

насте́нн|ый, -ая, -ое, -ые *(adj.)* 19D4 wall

насто́льн|ый, -ая, -ое, -ые *(adj.)* 17D2 table, desk

настоя́щ|ий, -ая, -ее, -ие *(adj.)* 13 real

наход|и́ться (нахожу́сь, нахо́дишься, -ятся) *(impf.)* 2D3 to be located

нача́ть (начн+ -у́, -ёшь, -у́т) *(pf.)* 18D3 to begin

начина́|ть (-ю, -ешь, -ют) *(impf.)* 18D3 to begin

начина́|ться (-ется, -ются) *(impf.)* 16C10 to begin, be begun

наш, -а, -е, -и *(pron.)* 3A1 our

не *(part.)* 2B1 not

небольш|о́й, -а́я, -о́е, -и́е *(adj.)* 9C1 not large, small

Нев|а́, -ы́ *(f.)* PL Neva

недалеко́ *(adv.)* 20/10 not far away

неде́л|я, -и; -и, ∅ *(f.)* 18D2 week

незави́симост|ь, -и *(f.)* 18D2 independence

неинтере́сн|ый, -ая, -ое, -ые *(adj.)* 20/11 not interesting

некраси́в|ый, -ая, -ое, -ые *(adj.)* 20/2 not beautiful

нельзя́ *(pred.)* 11A1 (it is) impossible, not permitted

неме́цк|ий, -ая, -ое, -ие *(adj.)* 11C1 German

немно́го *(adv.)* 7B4 a bit, some

непло́хо *(adv.)* 12D3 not bad, pretty good

неплох|о́й, -а́я, -о́е, -и́е *(adj.)* 10/22 not bad

непра́вд|а, -ы; -ы, ∅ *(f.)* 11C3 untruth, falsehood

непра́вильно *(adv.)* 13C6 incorrect(ly)

не́сколько *(indef. no.)* 18A8 several, some

нет *(neg.)* 1C1 no, (there is) no

нетру́дн|ый, -ая, -ое, -ые *(adj.)* 9C3 not difficult, easy

неудовлетвори́тельно *(adv.)* 2C8 unsatisfactory, grade of two (D)

нехорошо́ *(adv.)* 18D3 not good, not well

никак|о́й, -а́я, -о́е, -и́е *(adj.)* 18D3 no, not any

никогда́ *(adv.)* 20/14 never

ничего́ *(adv./pred.)* 3C4 (it's) nothing, all right

ничья́ *(pron.)* 13A3 tie score, draw

но *(conj.)* 7B1 but

Новосиби́рск, -а 14A7 Novosibirsk

но́в|ый, -ая, -ое, -ые *(adj.)* 9A2 new

нол|ь, -я́; -и́, -е́й *(m.)* 16A2 none, zero

но́мер, -а; -а́, -о́в *(m.)* 12D3 number, issue

но́т|ы, ∅ *(pl.)* 4D3 sheet music, notes

ноч|ь, -и; -и, -е́й *(f.)* 14A4 night

но́чью *(adv.)* 19C4 at (during) the night

ноя́бр|ь, -я́ *(m.)* 16C10 November

нра́в|иться (нра́влюсь, -ишься, -ятся) *(impf.)* 9C1 to be pleasing

ну *(part.)* 8B1 well

O

о (+ *prepos.*) *(prep.)* 16D3 about

о́блачност|ь, -и *(f.)* 16D1 cloudiness

объе́кт, -а; -ы, -ов *(m.)* PL object

объявле́ни|е, -я; -я, -й *(n.)* 18C2 announcement

оде́жд|а, -ы *(f.)* 4D3 clothes, garments

Оде́сс|а, -ы *(f.)* PL Odessa

оди́н, одна́, одно́, одни́ *(card. no.)* 11A1 one (some)

оди́ннадцат|ый, -ая, -ое, -ые *(ord. no.)* 11 eleventh

оди́ннадцат|ь, -и *(card. no.)* 13A4 eleven

одна́жды *(adv.)* 11D4 once

о́зер|о, -а; озёр|а, Ø *(n.)* PL lake

Ок|а́, -и́ *(f.)* PL Oka

окн|о́, а́; о́кна, о́кон *(n.)* 2B3 window

о́коло *(prep.)* 19C1 near (+ *gen.*)

октя́бр|ь, -я́ *(m.)* 15/13 October

оли́вков|ый, -ая, -ое, -ые *(adj.)* 11B7 olive-colored

Омск, -а *(m.)* 14A7 Omsk

он *(pron.)* 2C1 he, it

она́ *(pron.)* 2C1 she, it

они́ *(pron.)* 2C6 they

оно́ *(pron.)* 2C2 it

о́пер|а, -ы; -ы, Ø *(f.)* 19C8 opera

ора́нжев|ый, -ая, -ое, -ые *(adj.)* 11B7 orange-colored

Ор(ё)л, Орла́ *(m.)* 19B3 Oryol

орке́стр, -а; -ы, -ов *(m.)* PL orchestra

оса́дк|и, оса́дков *(pl.)* 16D1 precipitation

о́сен|ь, -и *(f.)* 16C2 fall, autumn

о́сенью *(adv.)* 16C2 in fall, in autumn

остано́в|ить (остановлю́, -ишь, -ят) *(pf.)* 11D4 to stop

осторо́жно *(adv.)* 12D1 careful, carefully

отве́т, -а; -ы, -ов *(m.)* 8A9 answer

отвеча́|ть (-ю, -ешь, -ют) *(impf.)* 4D2 to answer

от(е́)ц, -а́; -ы́, -о́в *(m.)* 3A9 father

откры́тк|а, -и; -и, откры́ток *(f.)* 4B4 postcard

откры́ть (откро+ -ю, -ешь, -ют) *(impf.)* 9C5 to open

отли́чник, -а; -и, -ов *(m.)* 9D3 A student (male)

отли́чниц|а, -ы; -ы, Ø *(f.)* 9D3 A student (female)

отли́чно *(adv.)* 2C8 excellent(ly); grade of five (A)

отстаю́щ|ий, -ая, -ее, -ие *(adj.)* 9D3 slow, backwards

о́тчеств|о, -а; -а, Ø *(n.)* 1B4 patronymic

о́фис, -а; -ы, -ов *(m.)* 3B6 office

ох *(interj.)* 19D3 oh

охо́тник, -а; -и, -ов *(m.)* 15/4 hunter

о́чень *(adv.)* 2A2 very

очк|о́, -а́; -и́, -о́в *(n.)* 13D3 point

П

па́п|а, -ы; -ы, Ø *(m.)* 3A1 papa

Пари́ж, -а *(m.)* 8A1 Paris

парикма́хер, -а; -ы, -ов *(m.)* 18C1 barber, hairdresser

парк, -а; -и, -ов *(m.)* 4A7 park

па́рт|а, -ы; -ы, Ø *(f.)* 2B3 desk (for two)

па́рти|я, -и; -и, -й *(f.)* 15/18 game, set

партнёр, -а; -ы, -ов *(m.)* PL partner

парфюме́рн|ый, -ая, -ое, -ые *(adj.)* 4D3 perfume

педагоги́ческ|ий, -ая, -ое, -ие *(adj.)* 18B3 pedagogical

пе́рв|ый, -ая, -ое, -ые *(ord. no.)* 1 first

переме́нн|ый, -ая, -ое, -ые *(adj.)* 16D1 periodic

пиани́но *(indecl.)* 8B2 piano, spinet

пик, -а; -и, -ов *(m.)* 12C3 rush hour; peak

пикни́к, -а́; -и́, -о́в *(m.)* 14B4 picnic

пинг-по́нг, -а *(m.)* PL ping pong

пионе́р, -а; -ы, -ов *(m.)* 19C1 pioneer (children's organization member)

пиро́г, -а; -и́, -о́в *(m.)* 4B4 pie, pastry

писа́тел|ь, -я; -и, -ей *(m.)* 16D2 writer

писа́ть (пиш+ -у́, -ешь, -ут) *(impf.)* 6A1 to write

письм|о́, -а́; пи́сьма, пи́сем *(n.)* 2C2 letter

пи́щ|а, -и *(f.)* PL food

пла́вани|е, -я *(n.)* 17A5 swimming

плака́т, -а; -ы, -ов *(m.)* 4D3 placard, poster

план, -а; -ы, -ов *(m.)* 18D3 plan

пласти́нк|а, -и; -и, пласти́нок *(f.)* 19D4 record

плат(о́)к, -а́; -и́, -о́в *(m.)* 19B5 shawl; kerchief

пле́ер, -а; -ы, -ов *(m.)* 8A2 walkman

пло́хо *(adv.)* 2C8 poor(ly), grade of two (D)

плох|о́й, -а́я, -о́е, -и́е *(adj.)* 7B6 poor

пло́щад|ь, -и; -и, -е́й *(f.)* 2C5 square

плюс, -а; -ы, -ов *(m.)* 15/10 plus

по (+ *dat.*) *(prep.)* 16A1 on, along, by

по-англи́йски *(adv.)* 6B1 in English

победи́тельниц|а, -ы; -ы, ∅ *(f.)* 18D1 winner

победи́|ть (-и́шь, -я́т) *(pf.)* 13B1 to conquer, win

по́вар, -а; -а́, -о́в *(m.)* 18C2 cook

повторе́ни|е, -я *(n.)* 5 repetition

пого́д|а, -ы *(f.)* 16A1 weather

погоди́: ну, погоди́ 3D2 just you wait

пода́р(о)к, -а; -и, -ов *(m.)* 4B! gift, present

подпи́счик, -а; -и, -ов *(m.)* 19D3 subscriber

подру́г|а, -и; -и, ∅ *(f.)* 8A1 friend (girl)

подсне́жник, -а; -и, -ов *(m.)* 16C8 snowdrop

подстака́нник, -а; -и, -ов *(m.)* 19D4 glass holder

пойти́ (пойд+ -у́, -ёшь, -у́т) *(pf.)* 18A1 to go

пожа́луйста *(particle)* 3B9 please

поздравля́|ть (-ю, -ешь, -ют) *(impf.)* 13B1 to congratulate

пока́ *(adv.)* 1A16 for the present

показа́ть (покаж+ -у́, -ешь, -ут) *(pf.)* 19B1 to show

покупа́|ть (-ю, -ешь, -ют) *(impf.)* 3A12 to buy, shop for

поликли́ник|а, -и; -и, ∅ *(f.)* 3B6 clinic

поли́тик, -а; -и, -ов *(m.)* 17A5 politician

поли́тик|а, -и *(f.)* PL politics

полоте́нц|е, -а; -а, полоте́нец *(n.)* 19D4 towel

полице́йск|ий, -ая, -ое, -ие *(adj.)* 11D4 policeman

полуша́ри|е, -я; -я, -ев *(n.)* 16B8 hemisphere

по́люс, -а; -ы, -ов *(m.)* 16B8 pole

помо́чь (помогу́, помо́ж+ -ешь, помо́гут) *(pf.)* 11A6 to help

понеде́льник, -а; -и, -ов *(m.)* 7A7 Monday

понима́|ть (-ю, -ешь, -ют) *(impf.)* 5/17 to understand

поня́тно *(s.f. adj.)* 6C1 (it's) understood

попуга́|й, -я; -и, -ев *(m.)* 7D2 parrot

популя́рн|ый, -ая, -ое, -ые *(adj.)* 13A2 popular

пораже́ни|е, -я; -я, -й *(n.)* 13D3 defeat

поросён(о)к, -а; порося́т|а, ∅ *(m.)* 9C3 piglet

портре́т, -а; -ы, -ов *(m.)* PL portrait

портфе́л|ь, -я; -и, -ей *(m.)* 2C5 briefcase

по-ру́сски *(adv.)* 6B1 in Russian

поря́д(о)к, -а; -и, -ов *(m.)* 19B1 order

по́сле (+*gen.*) *(prep.)* 18C1 after

посмотр|е́ть (-ю́, -ишь, -ят) *(pf.)* 9A1 to look

пост, -а́; -ы́, -о́в *(m.)* PL post

постро́|ить (-ю, -ишь, -ят) *(pf.)* 9C5 to build

поступ|и́ть (поступлю́, посту́пишь, -ят) *(pf.)* 18B1 to enroll in

пото́м *(adv.)* 14C1 then, afterwards

потому́ (что) *(conj.)* 17C1 because

по-францу́зски *(adv.)* 7B5 in French

почему́ *(adv.)* 12A6 why

по́чт|а, -ы; -ы, ∅ *(f.)* 3B6 post office

почти́ *(adv.)* 11D4 almost, nearly

почто́в|ый, -ая, -ое, -ые *(adj.)* 4D3 postage, postal

поэ́т, -а; -ы, -ов *(m.)* 15/24 poet

поэ́тому *(adv.)* 18B1 therefore

пра́вд|а, -ы *(f.)* 6D4 truth; it's true

пра́вил|о, -а; -а, ∅ *(n.)* 16A5 rule

пра́вильно *(adv.)* 9C1 correct(ly)

пра́здник, -а; -и, -ов *(m.)* 16C10 holiday

пра́ктик|а, -и; -и, ∅ *(f.)* 7B6 practice

предложёни|е, -я; -я, -й *(n.)* 6C2
  sentence
президёнт, -а; -ы, -ов *(n.)* 11D4
  president
привёт, -а *(m.)* 1A16 hi; greeting
  с привётом 19D2 best regards
приёхать (приёд+ -у, -ешь, -ут) *(pf.)*
  16A1 to arrive
принцип, -а; -ы, -ов *(m.)* 18D2 principle
прирóд|а, -ы *(f.)* 16C9 nature|
прия́тно *(s.f. adj.)* 2A2 (it's) pleasant
проблём|а, -ы; -ы, ∅ *(f.)* 18C1 problem
проводи́ть врéмя *(phr.)* 14B4 to pass,
  spend time
прóвод|ы, -ов *(pl. noun)* 16C10 send-off,
  seeing off
прогрáмм|а, -ы; -ы, ∅ *(f.)* 14C1
  program
продав(é)ц, -á; -ы́, -óв *(m.)* 18A4
  salesclerk, salesperson
продолжá|ться (-ется, -ются) *(impf.)*
  16B1 to continue
продýкт|ы, -ов *(pl. noun)* PL produce;
  groceries
продýкци|я, -и *(f.)* PL production;
  output
продю́сер, -а; -ы, -ов *(m.)* 7C3 producer
проéкт, -а; -ы, -ов *(m.)* 3D4 project,
  design
проснý|ться (-ýсь, -ёшься, -ýтся) *(pf.)*
  14A1 to awaken (oneself)
проспéкт, -а; -ы, -ов *(m.)* 1D2
  boulevard, avenue
протéст, -а; -ы, -ов *(m.)* PL protest,
  remonstrance
профессионáльно-техни́ческ|ий *(adj.)*
  18C2 professional-technical
профéсси|я, -и; -и, -й *(f.)* 18A1
  profession
прочитá|ть (-ю, -ешь, -ют) *(pf.)* 8C4 to
  read
пря́мо *(adv.)* 9A2 directly
ПТУ *(indecl. acronym)* 18C1 Professional
  Technical Institute
пýблик|а, -и *(f.)* PL public
пут|ь, -и́; -и́, -éй *(m.)* 12A2 path, way

пятёрк|а, -и *(f.)* 9D3 five, grade of five
  (A)
пятнáдцат|ь, -и *(card. no.)* 13A4 fifteen
пятнáдцат|ый, -ая, -ое, -ые *(card. no.)*
  15 fifteenth
пя́тниц|а, -ы *(f.)* 7A7 Friday
пя́т|ый, -ая, -ое, -ые *(card. no.)* 5 fifth
пя́т|ь, -и́ *(card. no.)* 9D3 five; grade of
  five (A)
пятьдеся́т, пяти́десяти *(card. no.)* 13B4
  fifty

Р

рабóт|а, -ы; -ы, ∅ *(f.)* 3C8 work, job
рабóта|ть (-ю, -ешь, -ют) *(impf.)* 5/17
  to work
рабóч|ий, -ая, -ее, -ие *(m. noun/adj.)*
  18A4 worker, factory worker
рáдио *(indecl.)* 6A7 radio
рáдуг|а, -и; -и, ∅ *(f.)* 16B2 rainbow
ракéтк|а, -и; -и, ракéток *(f.)* 15/5
  racquet
раз, -а; -ы́, раз *(adv.)* 11D4 once
рáзве *(particle)* 13A3 really, actually
разговáрива|ть (-ю, -ешь, -ют) *(impf.)*
  14B1 to converse
разговóр, -а; -ы, -ов *(m.)* 15/20
  conversation
разря́д, -а; -ы, -ов *(m.)* 17C3 rank,
  category
рáньше *(adv.)* 20/11 earlier
расписáни|е, -я; -я, -й *(n.)* 7A7
  schedule
рассказáть (расскаж+ -ý, расскáжешь,
  -ут) *(pf.)* 18B1 to narrate
расскáзыва|ть (-ю, -ешь, -ют) *(impf.)*
  18B7 to narrate
ребя́т|а, ∅ *(pl. n.)* 1A6 kids, fellows
рéгби *(indecl.)* PL rugby
результáт, -а; -ы, -ов *(m.)* 18D3 result
рек|á, -и́; рéки, ∅ *(f.)* 9C1 river
реклáм|а, -ы; -ы, ∅ *(f.)* 6C3 advertising
рекóрд, -а; -ы, -ов *(m.)* 18D3 record

респу́блик|а, -и; -и, ∅ *(f.)* PL republic

рестора́н, -а; -ы, -ов *(m.)* 4A7 restaurant

реша́|ть (-ю, -ешь, -ют) *(impf.)* 19A3 to decide, solve

реши́тельно *(adv.)* 18D3 resolutely, decisively

реш|и́ть (-у́, -и́шь, -а́т) *(pf.)* 18C1 to decide, solve

рисова́ни|е, -я *(m.)* 17A5 drawing, sketching

рисова́ть (рису́+ -ю, -ешь, -ют) *(impf.)* 7C5 to draw

рису́н(о)к,-а; -и, -ов *(m.)* 20/24 drawing, sketch

ро́бот, -а; -ы, -ов *(m.)* 4B4 robot

род|и́ться (рожу́сь, -и́шься, -я́тся) *(impf.)* 18D3 to be born

родн|о́й, -а́я, -о́е, -ы́е *(adj.)* 7B4 native

рожде́ни|е, -я *(n.)* 20/13 birth

ро́з|а, -ы; -ы, ∅ *(f.)* PL rose

ро́зов|ый, -ая, -ое, -ые *(adj.)* 11B7 pink

рок-конце́рт, -а; -ы, -ов *(m.)* 15/14 rock concert

рок-н-ро́л, -а *(m.)* 6B6 rock and roll

ро́кер, -а; -ы, -ов *(m.)* 3A12 motorcycle club member

Росси́|я, -и *(f.)* PL Russia

Росто́в, -а *(m.)* PL Rostov

руба́шк|а, -и; -и, руба́шек *(f.)* 19D4 shirt

рук|а́, -и́; ру́ки, ∅ *(f.)* 13C4 hand

руковод|и́ть (руковожу́, -и́шь, -я́т) *(impf.)* 19C8 to direct, lead

ру́сск|ая, -ой; -ие, -их *(f.)* PL Russian (female)

ру́сск|ий, -ого; -ие, -их *(m.)* PL Russian (male)

ру́сск|ий, -ая, -ое, -ие *(adj.)* PL Russian

ру́сско-англи́йск|ий, -ая, -ое, -ие *(adj.)* 10/22 Russian-English

Рус|ь, Руси́ *(f.)* PL Rus

ру́чк|а, -и; -и, ру́чек *(f.)* 2B3 pen

ры́б|а, -ы *(f.)* 14B4 fish

ры́н(о)к, -а; -и, -ов *(m.)* 4A7 market

С

с (+*instr.*) *(prep.)* 14B1 with, along with

сади́сь *(imper.)* 12C1 sit down, be seated

сала́т, -а; -ы, -ов *(m.)* PL salad; lettuce

сала́тн|ый, -ая, -ое, -ые *(adj.)* 11B7 light green, lettuce-colored

салю́т, -а; -ы, -ов *(m.)* PL salute

самолёт, -а; -ы, -ов *(m.)* 2C5 airplane

са́м|ый, -ая, -ое, -ые *(adj.)* 9C5 the most, the very

Санкт-Петербу́рг, -а *(m.)* PL St. Petersburg

Свердло́вск, -а *(m.)* 14A7 Sverdlovsk

свет, -а *(m.)* 12B8 world, light

свобо́д|а, -ы *(f.)* 18D2 freedom

свобо́дн|ый, -ая, -ое, -ые *(adj.)* 17C1 free

сво|й, -я́, -ё, -и́ *(adj.)* 19C8 one's own

сде́ла|ть (-ю, -ешь, -ют) *(pf.)* 19A3 to do, make

се́верн|ый, -ая, -ое, -ые *(adj.)* 16B8 north, northern

сего́дня *(adv.)* 12A6 today

седьм|о́й *(ord. no.)* 7 seventh

сейча́с *(adv.)* 2D3 now, right away

секре́т, -а; -ы, -ов *(m.)* PL secret

секрета́р|ь, -я́; -и́, -е́й *(m.)* 18A3 secretary

семна́дцат|ь, -и *(card. no.)* 13A4 seventeen

семна́дцат|ый, -ая, -ое, -ые *(ord. no.)* 17 seventeenth

сем|ь, -и́ *(card. no.)* 13A4 seven

се́мьдесят, семи́десяти *(card. no.)* 13B5 seventy

семь|я́, -и́; се́мьи, семе́й *(f.)* 3A1 family

Сент-Лу́ис, -а *(m.)* 20/8 St. Louis

се́рвис, -а *(m.)* 11D2 service

се́р|ый, -ая, -ое, -ые *(adj.)* 14B3 grey

сестр|а́, -ы́; сёстры, сестёр *(f.)* PL sister

сза́ди *(adv.)* 9C1 behind

Сиби́р|ь, -и *(f.)* PL Siberia

сигаре́т|а, -ы; -ы, ∅ *(f.)* 3A12 cigarette

сигна́л, -а; -ы, -ов *(m.)* 12D3 signal

сид|е́ть (сижу́, -и́шь, -я́т) *(impf.)* 15/4 to sit, be sitting

си́льн|ый, -ая, -ое, -ые *(adj.)* 16D2 strong

симфони́ческ|ий, -ая, -ое, -ие *(adj.)* 7C5 symphony, symphonic

си́н|ий, -яя, -ее, -ие *(adj.)* 11B1 blue, dark blue

систе́м|а, -ы; -ы, ∅ *(f.)* PL system

Сиэ́тл, -а *(m.)* 17D4 Seattle

скажи́, скажи́те *(imper.)* 3B1 say, tell me

сказа́ть (скаж+ -у́, ска́жешь, -ут) *(pf.)* 3B1 to say, tell

ска́терт|ь, -и; -и, -е́й *(f.)* 19D4 table cloth

ско́лько *(interrog.)* 14A1 how much, how many

скри́пк|а, -и; -и, скри́пок *(f.)* 8B2 violin

сла́б|ый, -ая, -ое, -ые *(adj.)* 16D2 weak

сле́дующ|ий, -ая, -ее, -ие *(adj.)* 12D1 next, following

сле́сар|ь, -я; -я, -е́й *(m.)* 18A4 metal craftsman, locksmith

слова́р|ь, -я́; -и́, -е́й *(m.)* 2B3 dictionary

сло́в|о, -а; -а́, ∅ *(n.)* 6B2 word

случ|и́ться (-и́тся) *(pf.)* 11D4 to happen, occur

слу́ша|ть (-ю, -ешь, -ют) *(impf.)* 6A1 to listen to

смета́н|а, -ы *(f.)* 16C10 sour cream

смотр|е́ть (-ю, -ишь, -ят) *(impf.)* 7C2 to look, look at

снача́ла *(adv.)* 14C1 first, at first

снег, -а *(m.)* 16B2 snow

соба́к|а, -и; -и, ∅ *(f.)* 2C5 dog

собира́|ть (-ю, -ешь, -ют) *(impf.)* 7C2 to collect, gather

собо́р, -а; -ы, -ов *(m.)* 4D2 cathedral

сове́тск|ий, -ая, -ое, -ие *(adj.)* PL Soviet

со́д|а, -ы *(f.)* PL baking soda

соединённ|ый PL united

со́лнц|е, -а; -а, ∅ *(n.)* 9B5 sun

со́рок, -а́ *(card. no.)* 13B5 forty

сорт, -а; -а́, -о́в *(m.)* PL kind, sort

социалисти́ческ|ий, -ая, -ое, -ие *(adj.)* PL socialist(ic)

сою́з, -а; -ы, -ов *(m.)* PL union

спаси́бо *(particle)* 1A16 thanks

спекта́кл|ь, -я; -и, -ей *(m.)* PL play, performance

специа́льн|ый, -ая, -ое, -ые *(adj.)* 14C3 special

специа́льно *(adv.)* 19C8 especially, specially

спо́нсор, -а; -ы, -ов *(m.)* 3A12 sponsor

спо́р|ить (-ю, -ишь, -ят) *(impf.)* 18B7 to argue

спорт, -а *(m.)* PL sport(s)

спортза́л, -а; -ы, -ов *(m.)* 2B3 gym, gymnasium

спортлото́ *(indecl. n.)* 17D3 sports loto

спорти́вн|ый, -ая, -ое, -ые *(adj.)* 4D3 sports

спортто́вар|ы, -ов *(pl. n.)* 4D3 sporting goods

спортсме́н, -а; -ы, -ов *(m.)* 3A7 athlete, sportsman

спра́шива|ть (-ю, -ешь, -ют) *(impf.)* 4D2 to ask

спрос|и́ть (спрошу́, -ишь, -ят) *(pf.)* 20/30 to ask

спу́тник, -а; -и, -ов *(m.)* PL companion; satellite

сред|а́, -ы́ *(f.)* 7A7 Wednesday

СССР *(indecl. acronym)* PL U.S.S.R.

ста́в|ить (ста́влю, -ишь, -ят) *(impf.)* 19C8 to stage, produce

стадио́н, -а; -ы, -ов *(m.)* PL stadium

стальн|о́й, -а́я, -о́е, -ы́е *(adj.)* 11B7 steel, steel-colored

станда́рт, -а; -ы, -ов *(m.)* PL standard

ста́нци|я, -и; -и, -й *(f.)* 12D1 station

стака́н, -а; -ы, -ов *(m.)* 19D4 drinking glass

ста́р|ый, -ая, -ое, -ые *(adj.)* 9A2 old

старт, -а; -ы, -ов *(m.)* PL start

стартова́ть (старту́+ -ю, -ет, -ют) *(impf.)* 15/13 to start

стать (ста́н+ -у, -ешь, -ут) *(pf.)* 17C2 to become

стих|и́, -о́в *(pl.)* 18D2 verses, poetry

стихотворе́ни|е, -я; -я, -й *(n.)* 16D1 poem, verse

сто *(card. no.)* 13B5 hundred

стол, -а́; -ы́, -о́в *(m.)* 2B3 table

столи́ц|а, -ы; -ы, ∅ *(f.)* 4D2 capital

столо́в|ая, -ой; -ые, -ых *(f.)* 2B3 dining room

сто|я́ть (-ю́, -и́шь, -я́т) *(impf.)* 11A1 to stand, be standing

стран|а́, -ы́; стра́ны, ∅ *(f.)* 2C5 country

строи́тел|ь, -я; -и, -ей *(m.)* 18A2 builder

строи́тельн|ый, -ая, -ое, -ые *(adj.)* 18A6 building

стро́|ить (-ю, -ишь, -ят) *(impf.)* 18A5 to build

студе́нт, -а; -ы, -ов *(m.)* PL college student (male)

студе́нтк|а, -и; -и, студе́нток *(f.)* 3D2 college student (female)

суббо́т|а, -ы *(f.)* 7A7 Saturday

субъе́кт, -а; -ы, -ов *(m.)* PL subject

сувени́р, -а; -ы, -ов *(m.)* PL souvenir

су́мк|а, -и; -и, су́мок *(f.)* 2B3 bag

схе́м|а, -ы; -ы, ∅ *(f.)* 19C7 diagram, sketch, map

счастли́в|ый, -ая, -ое, -ые *(adj.)* 12A2 happy, fortunate, lucky

счёт, -а; -а́, -о́в *(m.)* 13A3 score

США *(indecl. acronym)* PL U.S.A.

сын, -а; сынов|ья́, сынове́й *(m.)* 3A9 son

сюда́ *(adv.)* 12C1 to here

Т

таба́к, -а́ *(m.)* 4D3 tobacco

табли́ц|а, -ы; -ы, ∅ *(f.)* 17C4 table

Таджикиста́н, -а *(m.)* PL Tadzhikistan

так *(adv.)* 11B1 so

так|о́й, -а́я, -о́е, -и́е *(pron.)* 16A1 such

такси́ *(indecl. n.)* 12Q taxi

Та́ллинн, -а *(m.)* PL Tallinn

там *(adv.)* 4A10 there, in that place

Тамбо́в, -а *(m.)* 19B4 Tambov

танцева́ть (танцу́+ -ю, -ешь, -ют) *(impf.)* 7C5 to dance

таре́лк|а, -и; -и, таре́лок *(f.)* 19D4 plate

тата́рин, -а; тата́р|ы, ∅ *(m.)* 15/13 Tatar

Ташке́нт, -а *(m.)* PL Tashkent

Тбили́си *(indecl.)* PL Tbilisi

Твер|ь, -и́ *(f.)* 19B3 Tver

твёрд|ый, -ая, -ое, -ые *(adj.)* PL hard

твой, твоя́, твоё, твои́ *(pron.)* 1B5 your

теа́тр, -а; -ы, -ов *(m.)* 3B6 theater

театра́льн|ый, -ая, -ое, -ые *(adj.)* 20/11 theater, theatrical

тебя́ *(pron.)* 1B1 *acc./gen.* of ты

текст, -а; -ы, -ов *(m.)* PL text; written selection

телеви́зор, -а; -ы, -ов *(m.)* PL television

телегра́мм|а, -ы; -ы, ∅ *(f.)* PL telegram

телефо́н, -а; -ы, -ов *(m.)* 4A4 telephone

те́м|а, -ы; -ы, ∅ *(f.)* PL theme

температу́р|а, -ы *(f.)* 16A1 temperature

те́ннис, -а *(m.)* PL tennis

тепе́рь *(adv.)* 16Q now

тепло́ *(pred.)* 16A2 (it's) warm

тепл|о́, -а́ *(n.)* 16A3 warmth

термо́метр, -а; -ы, -ов *(m.)* PL thermometer

террито́ри|я, -и; -и, -й *(f.)* 16A5 territory

тетра́д|ь, -и; -и, -ей *(f.)* 2B1 notebook

те́хник|а, -и *(f.)* 18A5 technics; technology

те́хникум, -а; -ы, -ов *(m.)* 8C4 technical school

техни́ческ|ий, -ая, -ое, -ие *(adj.)* 20/11 technical

тёпл|ый, -ая, -ое, -ые *(adj.)* 16C2 warm

тигр, -а; -ы, -ов *(m.)* 14C2 tiger

това́рищ, -а; -и, -ей *(m.)* 1A6 comrade

то́же *(adv.)* 3C1 also

то́кар|ь, -я; -и, -ей *(m.)* 18A4 turner, lathe operator

то́лько *(adv.)* 11A1 only, just

Тольятти *(indecl. n.)* 11C5 Tolyatti

том, -а; -а́, -о́в *(m.)* PL tome, volume

томáт, -а; -ы, -ов *(m.)* PL tomato

торт, -а; -ы, -ов *(m.)* 6D2 torte, pastry cake

тост, -а; -ы, -ов *(m.)* PL toast

тóчно *(adv.)* 13C1 exact(ly)

трамвá|й, -я; -и, -ев *(m.)* 12C2 streetcar

трéнер, -а; -ы, -ов *(m.)* 17B1 trainer, coach

тренирóвк|а, -и; -и, тренирóвок *(f.)* 17C2 training, practice

трéт|ий, -ья, -ье, -ьи *(ord. no.)* 3 third

три *(card. no.)* 9D3 three; grade of three (C)

трúдцат|ь, -и́ *(card. no.)* 13B5 thirty

тринáдцат|ь, -и *(card. no.)* 13A4 thirteen

тринáдцат|ый, -ая, -ое, -ые *(ord. n.)* 13 thirteenth

трóйк|а, -и; -и, трóек *(f.)* 9D3 three, grade of three (C)

троллéйбус, -а; -ы, -ов *(m.)* 12C2 trolleybus

труд, -á; -ы́, -óв *(m.)* 7A7 labor

трýдно *(adv.)* 8C1 with difficulty

трýдност|ь, -и; -и, -ей *(f.)* 18D3 difficulty

трýдн|ый, -ая, -ое, -ые *(adj.)* 18B1 difficult

туалéт, -а; -ы, -ов *(m.)* 2B3 toilet

турúст, -а; -ы, -ов *(m.)* 4D2 tourist, hiker

Туркмéни|я, -и *(f.)* PL Turkmenia

ты *(pron.)* 3C1 you *(singular/familiar)*

тяжёл|ый, -ая, -ое, -ые *(adj.)* 17D2 heavy

У

у (+ *gen.*) *(prep.)* 8A1 by, near

увéренн|ый, -ая, -ое, -ые в себé *(adj.)* 18D2 confident, sure

увúд|еть (увúжу, -ишь, -ят) *(pf.)* 19D2 to see, catch sight of

удовлетворúтельно *(adv.)* 2C8 satisfactorily, grade of three (C)

ужé *(adv.)* 17B3 already

Узбекистáн, -а *(m.)* PL Uzbekistan

узнá|ть (-ю, -ешь, -ют) *(pf.)* 18D3 to find out, learn

Украйн|а, -ы *(f.)* PL Ukraine

украйн(е)ц, -а; -ы, -ев *(m.)* 15/13 Ukrainian (male)

ýлиц|а, -ы; -ы, ∅ *(f.)* 3B6 street

ýмн|ый, -ая, -ое, -ые *(adj.)* 13A12 intelligent

универмáг, -а; -и, -ов *(m.)* 4A7 department store

университéт, -а; -ы, -ов *(m.)* 5/22 university

универсáм, -а; -ы, -ов *(m.)* 4A7 self-service grocery store

уникáльн|ый, -ая, -ое, -ые *(adj.)* 19C8 unique

упражнéни|е, -я; -я, -й *(n.)* 2C3 exercise

урá *(interj.)* 7D2 hurrah

Урáл, -а *(m.)* PL Ural

урóк, -а; -и, -ов *(m.)* 1 lesson

усúлива|ть (-ю, -ет, -ют) *(impf.)* 18D3 to strengthen

ýтр|о, -а; -а, ∅ *(n.)* 1A5 morning

ýтром *(adv.)* 19C4 in (during) the morning

уф *(interj.)* 16A1 ugh

Уф|á, -ы́ *(f.)* 14A7 Ufa

учéбник, -а; -и, -ов *(m.)* 2B3 textbook

ученúк, -á; -и́, -óв *(m.)* 7B6 pupil, school student (male)

ученúц|а, -ы; -ы, ∅ *(f.)* 7B6 pupil, school student (female)

учúлищ|е, -а; -а, ∅ *(n.)* 13C3 school (for professional training)

учúтел|ь, -я; -я́, -éй *(m.)* 6B5 teacher

учúтельниц|а, -ы; -ы, ∅ *(f.)* 3A7 teacher

учúтельск|ий, -ая, -ое, -ие *(adj.)* 18B6 teachers', of teachers

уч|úть (-ý, -ишь, -ат) *(impf.)* 7A1 to study, learn

уч|úться (-ýсь, -ишься, -атся) *(impf.)* 8C1 to study, learn

Ф

фа́брик|а, -и; -и, ∅ *(f.)* 3B6 factory

фаза́н, -а; -ы, -ов *(m.)* 15/4 pheasant

факульте́т, -а; -ы, -ов *(m.)* 9C5 department

фами́ли|я, -и; -и, -й *(f.)* 1A7 family name, last name

фана́т, -а; -ы, -ов *(m.)* 13C2 fanatic, strong fan

фана́тик, -а; -и, -ов *(m.)* 19C8 fan

Фаренге́йт, -а *(m.)* 16A1 Fahrenheit

фа́ртук, -а; -и, -ов *(m.)* 19D4 apron

фе́рмер, -а; -ы, -ов *(m.)* 18A3 farmer

фигу́рн|ый, -ая, -ое, -ые *(adj.)* 17D2 figure

фи́зик, -а; -и, -ов *(m.)* 18A6 physicist

фи́зик|а, -и *(f.)* 7A7 physics

физи́ческ|ий, -ая, -ое, -ие *(adj.)* 9C5 physics

физкульту́р|а, -ы *(f.)* 7A7 physical education

филологи́ческ|ий, -ая, -ое, -ие *(adj.)* 9C5 philological

фило́лог, -а; -и, -ов *(m.)* 18A6 philologist

филосо́фи|я, -и *(f.)* 5/10 philosophy

фильм, -а; -ы, -ов *(m.)* 10/13 film

финиши́ровать (финиши́ру+ -ю, -ешь, -ют) *(impf.)* 15/13 to finish

фиоле́тов|ый, -ая, -ое, -ые *(adj.)* 11B7 violet

фи́рм|а, -ы; -ы, ∅ *(f.)* 3B6 firm, company

Флори́д|а, -ы *(f.)* 20/8 Florida

фо́кус, -а; -ы, -ов *(m.)* 15/18 magic trick

фо́кусник, -а; -и, -ов *(m.)* 14C2 magician

фонта́н, -а; -ы, -ов *(m.)* PL fountain

фо́рм|а, -ы; -ы, ∅ *(f.)* PL form, shape

фотоаппара́т, -а; -ы, -ов *(m.)* 8A9 camera

фото́граф, -а; -ы, -ов *(m.)* PL photographer

фотогра́фи|я, -и; -и, -й *(f.)* PL photography

фра́з|а, -ы; -ы, ∅ *(f.)* PL phrase

францу́зск|ий, -ая, -ое, -ие *(adj.)* 7A8 French

фрукт, -а; -ы, -ов *(m.)* PL fruit

фу *(interj.)* 2A9 scat (to a dog)

футбо́л, -а *(m.)* PL soccer

футболи́ст, -а; -ы, -ов *(m.)* 20/22 soccer player

футбо́льн|ый, -ая, -ое, -ые *(adj.)* 15/13 soccer

Х

ха́ки *(indecl. adj.)* 11B7 khaki-colored

хара́ктер, -а; -ы, -ов *(m.)* PL character

хи́мик, -а; -и, -ов *(m.)* 18A3 chemist

хими́ческ|ий, -ая, -ое, -ие *(adj.)* 9C5 chemical

хи́ми|я, -и *(f.)* PL chemistry

хлеб, -а *(m.)* 8A6 bread

хокке́|й, -я *(m.)* PL hockey

хо́лод, -а *(m.)* 16A2 cold

хо́лодно *(pred.)* 16A1 (it's) cold

холо́дн|ый, -ая, -ое, -ые *(adj.)* 16B8 cold

хор, -а; -ы, -ов *(m.)* PL choir, chorus

хоро́ш|ий, -ая, -ее, -ие *(adj.)* 2A9 good

хорошо́ *(adv.)* 1A16; 2C8 good, well; grade of four (B)

хот|е́ть (хочу́, хо́чешь, хо́чет; -и́м, -и́те, -я́т) *(impf.)* 16B1 to want

Храм Васи́лия Блаже́нного *(phr.)* 10/21 Cathedral of Vasily the Blessed

хулига́н, -а; -ы, -ов *(m.)* PL hooligan, ruffian

худо́жественн|ый, -ая, -ое, -ые *(adj.)* 17C1 artistic

Ц

цар|ь, -я́; -и́, -е́й *(m.)* PL tsar, czar

цвет(о́)к, -а́; цвет|ы́, -о́в *(m.)* 4B1; 16C3; 11B8 flower, blossom; color

Це́льси|й, -я *(m.)* 16A1 Celsius

цеме́нт, -а *(m.)* PL cement

центр, -а; -ы, -ов *(m.)* PL center; downtown

центра́льн|ый, -ая, -ое, -ые *(adj.)* 13A2 central

цивилиза́ци|я, -и; -и, -й *(f.)* PL civilization

цирк, -а; -и, -ов *(m.)* PL circus

ЦСКА *(indecl. acronym)* 13A1 Army Central Sports Club

Ч

час, -а; -ы́, -о́в *(m.)* 11D4 hour

час|ы́, -о́в *(pl. n.)* 14A6 watch, clock

чей, чья, чьё, чьи *(pron.)* 11A1 whose

чек, -а; -и, -ов *(m.)* PL check

челове́к, -а; лю́ди, -е́й *(m.)* 20/30; 11D4 person, man

чем 16B8 *instr.* of что

чемпио́н, -а; -ы, -ов *(m.)* PL champion

чемпиона́т, -а; -ы, -ов *(m.)* 15/13 championship

чемпио́нк|а, -и; -и, чемпио́нок *(f.)* 17D1 female champion

чёрн|ый, -ая, -ое, -ые *(adj.)* PL black

черче́ни|е, -я *(n.)* 7A7 drawing

четве́рг, -а́ *(m.)* 7A7 Thursday

четвёрк|а, -и *(f.)* 9D3 four, grade of four (C)

четвёрт|ый, -ая, -ое, -ые *(ord. no.)* 4 fourth

четы́ре *(card. no.)* 9D3 four; grade of four (C)

четы́рнадцат|ь, -и *(card. no.)* 13A4 fourteen

четы́рнадцат|ый, -ая, -ое, -ые *(ord. no.)* 14 fourteenth

чита́|ть (-ю, -ешь, -ют) *(impf.)* 6A1 to read

что *(conj.)* 7B6 that

что *(pron.)* 2B1 what

чуде́сн|ый, -ая, -ое, -ые *(adj.)* 16B1 marvelous

Чуко́тк|а, -и *(f.)* 16A5 Chukotka

Ш

ша́пк|а, -и; -и, ша́пок *(f.)* 4B4 hat

шарм, -а *(m.)* PL charm

ша́хмат|ы, ∅ *(pl.)* 14B4 chess

шахтёр, -а; -ы, -ов *(m.)* 18A4 miner

ша́шк|и, ша́шек *(pl.)* 17D3 checkers

шестна́дцат|ь, -и *(card. no.)* 13A4 sixteen

шестна́дцат|ый, -ая, -ое, -ые *(ord. no.)* 16 sixteenth

шест|о́й, -а́я, -о́е, -ы́е *(ord. no.)* 6 sixth

шест|ь, -и́ *(card. no.)* 13A4 six

шестьдеся́т, шести́десяти *(card. no.)* 13B5 sixty

шкату́лк|а, -и; -и, шкату́лок *(f.)* 19B5 box, case

шкаф, -а; -ы́, -о́в *(m.)* 18D3 cupboard, dresser

шко́л|а, -ы; -ы, ∅ *(f.)* 1C4 school

шко́льник, -а; -и, -ов *(m.)* 17A1 schoolchild

шко́льн|ый, -ая, -ое, -ые *(adj.)* 20/13 school

шок, -а; -и, -ов *(m.)* PL shock

шокола́д, -а *(m.)* 7C4 chocolate

шокола́дн|ый, -ая, -ое, -ые *(adj.)* 6D3 chocolate

шофёр, -а; -ы, -ов *(m.)* 18A9 driver (of taxi, bus, etc.)

штат, -а; -ы, -ов *(m.)* 13D5 state

шторм, -а; -ы, -ов *(m.)* PL storm

Щ

щи, щей *(pl.)* PL shchi, a soup

Э

эй *(interj.)* 12C1 Hey!

эква́тор, -а *(m.)* PL equator

экза́мен, -а; -ы, -ов *(m.)* PL examination

эколо́ги|я, -и *(f.)* PL ecology

эконо́мик|а, -и *(f.)* PL economics

эконо́мист, -а; -ы, -ов *(m.)* 18A6 economist

экономи́ческ|ий, -ая, -ое, -ие *(adj.)* 9C5 economic

экску́рси|я, -и; -и, -й *(f.)* 12B3 excursion

эксперимéнт, -а; -ы, -ов *(m.)* PL experiment

экспéрт, -а; -ы, -ов *(m.)* PL expert

э́кспорт, -а; -ы, -ов *(m.)* PL export

эмигрáнт, -а; -ы, -ов *(m.)* PL emigrant

электротовáр|ы, -ов *(pl. n.)* 4D3 electrical appliances

Эстóни|я, -и *(f.)* PL Estonia

э́то *(pron.)* 1A1 this; this is

э́тот, э́та, э́то, э́ти *(pron.)* 9B1 this

Ю

ю́жн|ый, -ая, -ое, -ые *(adj.)* 16D1 south, southern

ю́мор, -а *(m.)* PL humor

юриди́ческ|ий, -ая, -ое, -ие *(adj.)* 18B3 legal

юри́ст, -а; -ы, -ов *(m.)* PL lawyer

Я

я *(pron.)* 2A2 I

язы́к, -á; -и́, -óв *(m.)* 6C1 language

Ялт|а, -ы *(f.)* PL Yalta

япóнск|ий, -ая, -ое, -ие *(adj.)* 11C1 Japanese

я́сл|и, -ей *(pl.)* 3A3 day nursery

English—Russian Vocabulary

This vocabulary contains most of the words encountered in Lessons 1-20 and in the Pre-Lesson with the exception of most of the geographical names and proper nouns refering to persons. Some other words that are used infrequently in everyday Russian have also been omitted. The lesson and section number where each word first appeared is shown. "PL" refers to the Pre-Lesson. Where no letter reference is given, the word first appeared at the very beginning of the lesson.

Nouns are listed according to their nominative singular forms, unless they do not normally use singular forms. The last consonant that is retained in spelling the various case forms of the word is followed by the symbol "|". Fill (or fleeting) vowels are enclosed in parentheses ( ). The spelling for the nominative and genitive singular and for the nominative and genitive plural is given. The singular and plural forms are separated by a semi-colon (;). When the genitive plural is equal to the stem, this is shown by the symbol "Ø". The genitive plural of feminine and neuter nouns that require the addition of a fill vowel is provided, since the spelling cannot always be deduced. Accents are marked throughout, except when they occur on upper case letters or on monosyllabic forms.

Adjectives, ordinal numbers, and possessive adjectives are listed in their masculine nominative singular forms and the final stem element, which is retained in spelling their forms, is followed by the symbol "|". The spelling of the endings for feminine, neuter, and plural forms in the nominative case is given.

For verbs, the final present tense stem consonant of the infinitive is followed by the symbol "|" and the correct spelling of the first and second person singular and third person plural of the non-past is given. Stems which differ from the infinitive are given, followed by a "+". Forms which are not consistent with these principles are spelled out in their entirety.

The following abbreviations are used in this English-Russian vocabulary.

abbrev.	abbreviation	*m.*	masculine
acc.	accusative	*neg.*	negative
adj.	adjective	*n.*	neuter
adv.	adverb	*no.*	number
affirm.	affirmative	*ord.*	ordinal
card.	cardinal	*paren.*	parenthesis
compar.	comparative	*part.*	particle
conj.	conjunction	*pf.*	perfective
dat.	dative	*phr.*	phrase
det.	determinate	*pl.*	plural
f.	feminine	*poss.*	possessive
gen.	genitive	*pred.*	predicate
impf.	imperfective	*prep.*	preposition
indecl.	indeclinable	*prepos.*	prepositional
indef.	indefinite	*pron.*	pronoun
indet.	indeterminate	*rel.*	relative
instr.	instrumental	*s.f.*	short form
interj.	interjection	*v.*	verb
interrog.	interrogative		

A

able 13B6 *(impf.)* мочь (могу́, мо́ж+
 -ешь, мо́гут)

about 16D3 *(prep.)* о (+ *prepos.*)

above ground 15/13 *(adj.)* надзе́мн│ый,
 -ая, -ое, -ые

absolute PL *(m.)* абсолю́т, -а; -ы, -ов

absolutely 18D3 *(adv.)* абсолю́тно

academician PL *(m.)* акаде́мик, -а; -и,
 -ов

academy PL *(f.)* акаде́ми│я, -и; -и, -й

acrobat 14C1 *(m.)* акроба́т, -а; -ы, -ов

act PL *(m.)* акт, -а; -ы, -ов

activity 17A1 *(pl.)* заня́ти│я, -й

actor PL *(m.)* актёр, -а; -ы, -ов

actor PL *(m.)* арти́ст, -а; -ы, -ов

actually 13A3 *(particle)* ра́зве

address 4A4 *(m.)* а́дрес, -а; -а́, -о́в

administration PL *(f.)* администра́ци│я,
 -и; -и, -й

advertising 6C3 *(f.)* рекла́м│а, -ы; -ы, Ø

aerobics 18D2 *(f.)* аэро́бик│а, -и

affair 1A16 *(n.)* де́л│о, -а; -а́, Ø

after, afterwards 18C1 *(prep.)* по́сле
 (+ *gen.*)

after 14C1 *(adv.)* пото́м

agronomist PL *(m.)* агроно́м, -а; -ы,
 -ов

ahah 12A2 *(interj.)* ага́

aim 18C5 *(f.)* зада́ч│а, -и; -и, Ø

airplane 2C5 *(m.)* самолёт, -а; -ы, -ов

Alaska PL *(f.)* Аля́ск│а, -и

algebra 7A4 *(f.)* а́лгебр│а, -ы

all 11D4 *(pron.)* всё

all 18C1 *(pron.)* все

all right 3C4 *(adv./pred.)* ничего́

all right 14C1 *(affirm. part.)* ла́дно

all the time 7B6 *(phr.)* всё вре́мя

almost 11D4 *(adv.)* почти́

along 16A1 *(prep.)* по (+ *dat.*)

already 17B3 *(adv.)* уже́

also 3C1 *(adv.)* то́же

always 18B1 *(adv.)* всегда́

America PL *(f.)* Аме́рик│а, -и

American (male) PL *(m.)* америка́н(е)ц,
 -а; -ы, -ев

American (female) PL *(f.)* америка́нк│а,
 -и; -и, америка́нок

American 8B1 *(adj.)* америка́нск│ий,
 -ая, -ое, -ие

and 1A1 *(conj.)* и

and 1B1 *(conj.)* а

 and what about...? 14A1 *(phr.)* а как
 же...?

 and so forth 18C2 *(abbrev.)* и так
 да́лее (и т. д.)

announcement 18C2 *(n.)* объявле́ни│е,
 -я; -я, -й

another 13B1 *(adj.)* друг│о́й, -а́я, -о́е,
 -и́е

answer 8A9 *(m.)* отве́т, -а; -ы, -ов

answer 4D2 *(impf.)* отвеча́│ть (-ю, -ешь,
 -ют)

antenna PL *(f.)* анте́нн│а, -ы; -ы, Ø

anthracite 11B7 *(m.)* антраци́т, -а; -ы,
 -ов

apartment 4B4 *(f.)* кварти́р│а, -ы; -ы, Ø

apparatus PL *(m.)* аппара́т, -а; -ы, -ов

April 15/13 *(m.)* апре́л│ь, -я

apron 19D4 *(m.)* фа́ртук, -а; -и, -ов

architect 9C5 *(m.)* архите́ктор, -а; -ы,
 -ов

architecture 18B6 *(f.)* архитекту́р│а, -ы

arena PL *(f.)* аре́н│а, -ы; -ы, Ø

argue 18B7 *(impf.)* спо́р│ить (-ю, -ишь,
 -ят)

Armenia PL *(f.)* Арме́ни│я, -и

Armenian 15/13 армяни́н, -а; армя́н│е,
 Ø

army 13A2 *(f.)* а́рми│я, -и; -и, -й

Army Central Sports Club 13A1 *(indecl.
 acronym)* ЦСКА

arrive 16A1 *(pf.)* прие́хать (прие́д+ -у,
 -ешь, -ут)

artistic 17C1 *(adj.)* худо́жественн|ый, -ая, -ое, -ые

Ashkhabad PL *(m.)* Ашхаба́д, -а

Asia PL *(f.)* Ази|я, -и

ask 4D2 *(impf.)* спра́шива|ть (-ю, -ешь, -ют)

ask 20/30 *(pf.)* спрос|и́ть (спрошу́, -ишь, -ят)

assembly PL *(f.)* ассамбле́|я, -и; -и, -й

assembler 18C2 *(m.)* монта́жник, -а; -и, -ов

assignment 15/5 *(n.)* зада́ни|е, -я; -я, -й

association PL *(f.)* ассоциа́ци|я, и; -и, -й

at 1C4 *(prep.)* в (+ *prepos.*)

at 2D3 *(prep.)* на (+ *prepos.*)

athlete 3A7 *(m.)* спортсме́н, -а; -ы, -ов

athletics PL *(f.)* атле́тик|а, -и

atmosphere PL *(f.)* атмосфе́р|а, -ы

atom PL *(m.)* а́том, -а; -ы, -ов

attack PL *(f.)* ата́к|а, -и; -и, Ø

attraction PL *(m.)* аттракцио́н, -а; -ы, -ов

auditorium 10/25 *(m.)* зал, -а; -ы, -ов

automobile 4B4 *(f.)* маши́н|а, -ы; -ы, Ø

automobile 11D4 *(m.)* автомоби́л|ь, -я; -и, -ей

automobile 11D4 *(adj.)* автомоби́льн|ый, -ая, -ое, -ые

automobile driver 12D3 *(m.)* автомобили́ст, -а; -ы, -ов

autumn 16C2 *(f.)* о́сен|ь, -и

avenue 1D2 *(m.)* проспе́кт, -а; -ы, -ов

awaken (oneself) 14A1 *(pf.)* просн|у́ться (-у́сь, -ёшься, -у́тся)

Azerbaidjan PL *(m.)* Азербайджа́н, -а

B

bacteria PL *(f.)* бакте́ри|я, -и; -и, -й

bad, not good *or* well 18D3 *(adv.)* нехорошо́

bad 2C8 *(adv.)* пло́хо

badge 7C2 *(m.)* знач(о́)к, -а́; -й, -о́в

badminton PL *(m.)* бадминто́н, -а

bag 2B3 *(f.)* су́мк|а, -и; -и, су́мок

baggage PL *(m.)* бага́ж, -а́

baking soda PL *(f.)* со́д|а, -ы

Baku PL *(indecl.)* Баку́

balalaika 19B5 *(f.)* балала́йк|а, -и; -и, балала́ек

ball 4B4 *(m.)* мяч, -а́; -й, -е́й

ballet PL *(m.)* бале́т, -а

Baltic Sea PL *(f.)* Ба́лтика, -и

Baltimore 4C5 *(m.)* Ба́лтимор, -а

barber 18C1 *(m.)* парикма́хер, -а; -ы, -ов

base PL *(f.)* ба́за, -ы; -ы, Ø

baseball PL *(m.)* бейсбо́л, -а

baseball 20/13 *(adj.)* бейсбо́льн|ый, -ая, -ое, -ые

basketball PL *(m.)* баскетбо́л, -а

be 6B1 *(impf., pf.)* быть (бу́д+ -у, -ешь, -ут)

be sometimes 16C10 *(impf.)* быва́|ть (-ю, -ешь, -ют)

bear 14C1 *(m.)* медве́д|ь, -я; -и, -ей

beautiful 9A1 *(adj.)* краси́в|ый, -ая, -ое, -ые

beautifully 16A1 *(adv.)* краси́во

beauty 18D2 *(f.)* красот|а́, -ы

because 17C1 *(conj.)* потому́ (что)

become 17C2 *(pf.)* стать (ста́н+ -у, -ешь, -ут)

begin 16C10 *(impf.)* начина́|ться (-ется, -ются)

begin 18D3 *(impf.)* начина́|ть (-ю, -ешь, -ют)

begin 18D3 *(pf.)* нача́ть (начн| -у́, -ёшь, -у́т)

behind 9C1 *(adv.)* сза́ди

beige 11B7 *(adj.)* бе́жев|ый, -ая, -ое, -ые

bicycle 12C2 *(m.)* велосипе́д, -а; -ы, -ов

big 9A1 *(adj.)* больш|о́й, -а́я, -о́е, -и́е

bigger 9C5 *(compar.)* бо́льше

biological 9C5 *(adj.)* биологи́ческ|ий, -ая, -ое, -ие

biology 18B1 *(f.)* биологи|я, -и
birth 20/13 *(n.)* рожде́ни|е, -я
birthday 20/13 *(phr.)* день рожде́ния
bit, a bit 7B4 *(adv.)* немно́го
black PL *(adj.)* чёрн|ый, -ая, -ое, -ые
blackboard 2B3 *(f.)* доск|а́, -и́; до́ски, досо́к
blossom 16C3 *(m.)* цвет(о́)к, -а; цвет|ы́, -о́в
blue (light) 11B1 *(adj.)* голуб|о́й, -а́я, -о́е, -ы́е
blue (dark) 11B1 *(adj.)* си́н|ий, -яя, -ее, -ие
board 2B3 *(f.)* доск|а́, -и́; до́ски, досо́к
bodybuilding PL *(m.)* культури́зм, -а
bomb PL *(f.)* бо́мб|а, -ы; -ы, Ø
book 2B3 *(f.)* кни́г|а, -и; -и, Ø
booth 18A9 *(m.)* кио́ск, -а; -и, -ов
born: to be born 18D3 *(impf. n.)* род|и́ться (рожу́сь, -и́шься, -я́тся)
borshch PL *(m.)* борщ, -а́
Boston 8A1 *(m.)* Бо́стон, -а
boulevard 1D2 *(m.)* проспе́кт, -а; -ы, -ов
bouquet PL *(m.)* буке́т, -а; -ы, -ов
box 19B5 *(f.)* шкату́лк|а, -и; -и, шкату́лок
boxer PL *(m.)* боксёр, -а; -ы, -ов
boxing PL *(m.)* бокс, -а
boy 2A9 *(m.)* ма́льчик, -а; -и, -ов
bracelet 19B5 *(m.)* брасле́т, -а; -ы, -ов
bread 8A6 *(m.)* хлеб, -а
breeze 16B1 *(m.)* ве́т(е)р,-а; -ы, -о́в
brief 16D1 *(adj.)* кратковре́менн|ый, -ая, -ое, -ые
briefcase 2C5 *(m.)* портфе́л|ь, -я; -и, -ей
Brighton 15/13 *(m.)* Бра́йтон, -а
brother 3A1 *(m.)* брат, -а; бра́ть|я, -ев
brown 11B1 *(adj.)* кори́чнев|ый, -ая, -ое, -ые
brunette PL *(m.)* брюне́т, -а; -ы, -ов
buffet 2B3 *(m.)* буфе́т, -а; -ы, -ов
build 18A5 *(impf.)* стро́|ить (-ю, -ишь, -ят)
build 9C5 *(pf.)* постро́|ить (-ю, -ишь, -ят)

builder 18A2 *(m.)* строи́тел|ь, -я; -и, -ей
building 2C5 *(m.)* дом, -а; -а́, -о́в
building 9A2 *(n.)* зда́ни|е, -я; -я, -й
building 18A6 *(adj.)* строи́тельн|ый, -ая, -ое, -ые
bus PL *(m.)* авто́бус, -а; -ы, -ов
business 1A13 *(n.)* де́л|о, -а; -а́, Ø
businessman 7C3 *(m.)* бизнесме́н, -а; -ы, -ов
but 1B1 *(conj.)* а
but 7B1 *(conj.)* но
butter 16C10 *(n.)* ма́сл|о, -а
butterfly 16C4 *(f.)* ба́бочк|а, -и; -и, ба́бочек
buy 19A1 *(pf.)* куп|и́ть (куплю́, ку́пишь, -ят)
buy 3A12 *(impf.)* покупа́|ть (-ю, -ешь, -ют)
by 8A1 *(prep.)* у (+ *gen.*)
by 16A1 *(prep.)* по (+ *dat.*)
Byelarus PL *(f.)* Беларус|ь, -и

C

cafe 4A7 *(indecl.)* кафе́
call PL *(m.)* визи́т, -а; -ы, -ов
call 1B1 *(impf.)* звать (зов| -у́, -ёшь, -у́т)
called, is called 9B5 *(impf.)* называ́|ться (-ется, -ются)
  to be called 12A6 *(impf.)* называ́|ть (-ю, -ешь, -ют)
camera 8A9 *(m.)* фотоаппара́т, -а; -ы, -ов
camp 2C5 *(m.)* ла́гер|ь, -я; -и, -е́й
can 13B6 *(impf.)* мочь (могу́, мо́ж+ -ешь, мо́гут)
  one can 11A2 *(pred.)* мо́жно
Canada PL *(f.)* Кана́д|а, -ы
Canadian (male) PL *(m.)* кана́д(е)ц, -а; -ы, кана́дцев
Canadian (female) PL *(f.)* кана́дк|а, -и; -и, кана́док
candy 7C4 *(f.)* конфе́т|а, -ы; -ы, Ø

capital 4D2 *(f.)* столи́ц|а, -ы; -ы, Ø

captain 17C2 *(m.)* капита́н, -а; -ы, -ов

car 4B4 *(f.)* маши́н|а, -ы; -ы, Ø

car 11D4 *(m.)* автомоби́л|ь, -я; -и, -ей

car 11D4 *(adj.)* автомоби́льн|ый, -ая, -ое, -ые

cards (playing) 19D3 *(pl.)* ка́рт|ы, Ø

careful, carefully 12D1 *(adv.)* осторо́жно

case, box 19B5 *(f.)* шкату́лк|а, -и; -и, шкату́лок

Caspian Sea PL Каспи́йское мо́ре

cat PL *(m.)* кот, -а́; -ы́, -о́в

cat 2C5 *(f.)* ко́шк|а, -и; -и, ко́шек

category 17C3 *(m.)* разря́д, -а; -ы, -ов

cathedral 4D2 *(m.)* собо́р, -а; -ы, -ов

Cathedral of Vasily the Blessed 10/21 *(phr.)* Храм Васи́лия Блаже́нного

Caucasus PL *(m.)* Кавка́з, -а

caviar 16C10 *(f.)* икр|а́, -ы́

Celsius 16A1 *(m.)* Це́льси|й, -я

cement PL *(m.)* цеме́нт, -а; -ы, -ов

center PL *(m.)* центр, -а; -ы, -ов

central 13A2 *(adj.)* центра́льн|ый, -ая, -ое, -ые

century 10 *(m.)* век, -а; -а́, -о́в

certainly 8A6 *(adv.)* коне́чно

certainly 3B8 *(particle)* пожа́луйста

chalkboard 2B3 *(f.)* доск|а́, -и́; до́ски, досо́к

champion (male) PL *(m.)* чемпио́н, -а; -ы, -ов

champion (female) 17D1 *(f.)* чемпио́нк|а, -и; -и, чемпио́нок

championship 15/13 *(m.)* чемпиона́т, -а; -ы, -ов

character PL *(m.)* хара́ктер, -а; -ы, -ов

charm PL *(m.)* шарм, -а

check PL *(m.)* чек, -а; -и, -ов

checkers 17D3 *(pl.)* ша́шк|и, ша́шек

cheer (for) 13A3 *(impf.)* боле́ть (-ю, -ешь, -ют) за (+ *acc.*)

chemical 9C5 *(adj.)* хими́ческ|ий, -ая, -ое, -ие

chemist 18A3 *(m.)* хи́мик, -а; -и, -ов

chemistry PL *(f.)* хи́ми|я, -и

chess 14B4 *(pl.)* ша́хмат|ы, Ø

childhood 16D2 *(n.)* де́тств|о, -а

children 3A3 *(pl.)* де́т|и, -е́й

children 1D4 *(adj.)* де́тск|ий, -ая, -ое, -ие

chocolate 7C4 *(m.)* шокола́д, -а

chocolate 6D3 *(adj.)* шокола́дн|ый, -ая, -ое, -ые

choir PL *(m.)* хор, -а; -ы́, -о́в

choose 18A1 *(pf.)* вы́брать (вы́бер|у, -ешь, -ут)

chorus PL *(m.)* хор, -а; -ы́, -о́в

Chukotka 16A5 *(f.)* Чуко́тк|а, -и

cigarette 3A12 *(f.)* сигаре́т|а, -ы; -ы, Ø

circus PL *(m.)* цирк, -а; -и, -ов

city 2C5 *(m.)* го́род, -а; -а́, -о́в

civilization PL *(f.)* цивилиза́ци|я, -и; -и, -й

class (group; room) PL *(m.)* класс, -а; -ы, -ов

class (lesson) 1 *(m.)* уро́к, -а; -и, -ов

class (lesson) 17A1 *(pl.)* заня́ти|я, -й

classification 17C4 *(f.)* классифика́ци|я, -и; -и, -й

classroom PL *(m.)* класс, -а; -ы, -ов

climate 16C1 *(m.)* кли́мат, -а

clinic 3B6 *(f.)* поликли́ник|а, -и; -и, Ø

clock 14A6 *(pl.)* час|ы́, -о́в

close 12D1 *(impf.)* закрыва́|ться (-ется, -ются)

clothes 4D3 *(f.)* оде́жд|а, -ы

cloudiness 16D1 *(f.)* о́блачност|ь, -и

clown 14C4 *(m.)* кло́ун, -а; -ы, -ов

club 3B6 *(m.)* клуб, -а; -ы, -ов

coach 17B1 *(m.)* тре́нер, -а; -ы, -ов

cold 16A2 *(m.)* хо́лод, -а

cold 16A1 *(pred.)* хо́лодно

cold 16B8 *(adj.)* холо́дн|ый, -ая, -ое, -ые

collect 7C2 *(impf.)* собира́|ть (-ю, -ешь, -ют)

college 5/22 *(m.)* ко́лледж, -а; -ы, -ей

color 11B8 *(m.)* цвет(о́)к, -а́; цвет|ы́, -о́в

comic strip 9D2 *(m.)* ко́микс, -а; -ы, -ов

command 13A1 *(f.)* кома́нд|а, -ы; -ы, Ø

common 12C3 *(adj.)* еди́н|ый, -ая, -ое, -ые

communication PL *(f.)* коммуника́ци|я, -и

companion PL *(m.)* спу́тник, -а; -и, -ов

company 3D2 *(f.)* фи́рма, -ы; -ы, Ø

compass 10/22 *(m.)* ко́мпас, -а; -ы, -ов

competition 18B1 *(m.)* ко́нкурс, -а; -ы, -ов

computer 20/11 *(m.)* компью́тер, -а; -ы, -ов

comrade 1A6 *(m.)* това́рищ, -а; -и, -ей

concept PL *(f.)* иде́|я, -и; -и, -й

concert 12B3 *(m.)* конце́рт, -а; -ы, -ов

confident 18D2 *(adj.)* уве́ренн|ый, -ая, -ое, -ые

congratulate 13B1 *(impf.)* поздравля́|ть (-ю, -ешь, -ют)

conquer 13B1 *(pf.)* побед|и́ть (-и́шь, -я́т)

continue 16B1 *(impf.)* продолжа́|ться (-ется, -ются)

contrary, on the contrary 19B1 *(adv.)* наоборо́т

control PL *(m.)* контро́л|ь, -я

conversation 15/20 *(m.)* разгово́р, -а; -ы, -ов

converse 14B1 *(impf.)* разгова́рива|ть (-ю, -ешь, -ют)

cook 18C2 *(m.)* по́вар, -а; -а́, -о́в

correctly 9C1 *(adv.)* пра́вильно

cosmos PL *(m.)* ко́смос, -а

costume 2C5 *(m.)* костю́м, -а; -ы, -ов

cottage 4C7 *(m.)* котте́дж, -а; -и, -ей

couch 18D3 *(m.)* дива́н, -а; -ы, -ов

country 2C5 *(f.)* дере́вн|я, -и; -и, дереве́нь

country (nation) 2C5 *(f.)* стран|а́, -ы́; стра́|ны, Ø

country home 14B4 *(f.)* да́ча, -и; -и, Ø

course, of course 8A6 *(adv.)* коне́чно

court (for sports) PL *(m.)* корт, -а; -ы, -ов

crocodile 2A7 *(m.)* крокоди́л, -а; -ы, -ов

culture PL *(f.)* культу́р|а, -ы

cupboard 18D3 *(m.)* шкаф, -а; -ы́, -о́в

Cyrillic (alphabet) PL *(f.)* кири́ллица, -ы

czar PL *(m.)* царь, -я́; -и́, -е́й

D

D student 9D3 *(m.)* дво́ечник, -а; -и, -ов

D (grade of two) 9D3 *(f.)* дво́йк|а, -и; -и, двоек

dacha 14B4 *(f.)* да́ча, -и; -и, Ø

dance 7C5 *(impf.)* танцева́ть (танцу́+ -ю, -ешь, -ют)

dark(-haired) man PL *(m.)* брюне́т, -а; -ы, -ов

date PL *(f.)* да́та, -ы; -ы, Ø

daughter 3A9 *(f.)* доч|ь, -ери; -ери, -ере́й

day 1A5 *(m.)* д(е)н|ь, -я́; -и́, -е́й
the next day 13B1 на друго́й день

daybook 2B1 *(m.)* дневни́к, -а́; -и́, -о́в

dear 6A6 *(adj.)* дорог|о́й, -а́я, -о́е, -и́е

decide 19A3 *(impf.)* реша́|ть (-ю, -ешь, -ют)

decide 18C1 *(pf.)* реш|и́ть (-у́, -и́шь, -а́т)

decisively 18D3 *(adv.)* реши́тельно

defeat 13D3 *(n.)* пораже́ние, -я; -я, -й

degree (of temperature) 16A1 *(m.)* гра́дус, -а; -ы, -ов

delegation 2D3 *(f.)* делега́ци|я, -и; -и, -й

delicatessen 4A7 *(m.)* гастроно́м, -а; -ы, -ов

department (of educational institution) 9C5 *(m.)* факульте́т, -а; -ы, -ов

depend: it depends 16C1 *(phr.)* когда́ как

design 3D4 *(m.)* проéкт, -а; -ы, -ов

designer (of planes, rockets, etc.) 7C3 *(m.)* дизáйнер, -а; -ы, -ов

desk 2B3 *(m.)* стол, -á; -ы́, -óв

desk (for two) 2B3 *(f.)* пáрт|а, -ы; -ы, Ø

desk 17D2 *(adj.)* настóльный, -ая, -ое, -ые

diagram 19C7 *(f.)* схéм|а, -ы; -ы, Ø

diary 2B1 *(m.)* дневнѝк, -á; -ѝ, -óв

dictation 6C2 *(m.)* диктáнт, -а; -ы, -ов

dictionary 2B3 *(m.)* словáр|ь, -я́; -ѝ, -éй

different 13B1 *(adj.)* друг|óй, -áя, -óе, -ѝе

difficult 18B1 *(adj.)* трýдн|ый, -ая, -ое, -ые

difficult 8C1 *(adv.)* трýдно

difficulty 18D3 *(f.)* трýдность, -и; -и, -ей

dining-room 2B3 *(f.)* столóвая, -ой; -ые, -ых

diplomat 18A2 *(m.)* дипломáт, -а; -ы, -ов

direct 19C8 *(impf.)* руковод|ѝть (руковожý, -ѝшь, -я́т)

direct(ly) 9A2 *(adv.)* пря́мо

director PL *(m.)* дирéктор, -а; -á, -óв

discotheque 15/16 *(f.)* дискотéк|а, -и

divan 18D3 *(m.)* дивáн, -а; -ы, -ов

Dnestr PL *(m.)* Днестр, -á

Dnieper PL *(m.)* Днепр, -á

do 6A2 *(impf.)* дéла|ть (-ю, -ешь, -ют)

do 19A3 *(pf.)* сдéла|ть (-ю, -ешь, -ют)

doctor 3D2 *(m.)* врач, -á; -ѝ, -éй

doctor PL *(m.)* дóктор, -а; -á, óв

dog 2C5 *(f.)* собáк|а, -и; -и, Ø

dollar PL *(m.)* дóллар, -а; -ы, -ов

dolphin PL *(m.)* дельфѝн, -а; -ы, -ов

Don PL *(m.)* Дон, Дóна

door 12D1 *(f.)* двер|ь, -и; -и, -éй

downtown PL *(m.)* центр, -а; -ы, -ов

drama PL *(f.)* дрáм|а, -ы; -ы, Ø

draw 7C5 *(impf.)* рисовáть (рисý+ -ю, -ешь, -ют)

draw 9D2 *(pf.)* нарисовáть (нарисý+ -ю, -ешь, -ют)

draw (game score) 13A3 *(pron.)* ничья́

drawing (picture) 20/24 *(m.)* рисýн(о)к, -а; -и, -ов

drawing (school subject) 7A7 *(n.)* черчéни|е, -я

drawing (activity) 17A5 *(m.)* рисовáни|е, -я

dresser 18D3 *(m.)* шкаф, -а; -ы́, -óв

drive 12A4 *(det. impf.)* éхать (éд+ -у, -ешь, -ут)

drive 1D4 *(indet. impf.)* éзд|ить (éзжу, -ишь, -ят)

driver 11B6 *(m.)* водѝтел|ь, -я; -и, -ей

driver 18A9 *(m.)* шофёр, -а; -ы, -ов

driver 12D3 *(m.)* автомобилѝст, -а; -ы, -ов

drugstore 3B6 *(f.)* аптéк|а, -и; -и, Ø

duet PL *(m.)* дуэ́т, -а; -ы, -ов

Dushanbe PL *(indecl.)* Душанбé

Dvina PL *(f.)* Двинá, -ы́

E

each 15/4 *(adj.)* кáжд|ый, -ая, -ое, -ые

earlier 20/11 *(adv.)* рáньше

earn 18C1 *(impf.)* зарабáтыва|ть (-ю, -ешь, -ют)

eastern 16D1 *(adj.)* востóчн|ый, -ая, -ое, -ые

ecology PL *(f.)* экологи|я, -и

economic 9C5 *(adj.)* экономѝческ|ий, -ая, -ое, -ие

economics PL *(f.)* экономик|а, -и

economist 18A6 *(m.)* экономѝст, -а; -ы, -ов

edifice 9A2 *(n.)* здáние, -я; -я, -й

eight 13A4 *(card. no.)* вóсем|ь, восьмѝ

eighteen 13A4 *(card. no.)* восемнáдцат|ь, -и

eighteenth 18 *(ord. no.)* восемнáдцат|ый, -ая, -ое, -ые

eighth 8 *(ord. no.)* восьм|óй, -áя, -óе, -ы́е

eighty 13B5 *(card. no.)* во́семьдесят, восьми́десяти

electrical appliances 4D3 *(pl.)* электротова́ры, -ов

elevated 15/13 *(adj.)* надзе́мн|ый, -ая, -ое, -ые

eleven 13A4 *(card. no.)* оди́ннадцат|ь, -и

eleventh 11 *(ord. no.)* оди́ннадцат|ый, -ая, -ое, -ые

emigrant PL *(m.)* эмигра́нт, -а; -ы, -ов

end 12B8 *(m.)* кон(е́)ц, -а́; -ы́, -о́в

end 16C10 *(impf.)* конча́|ться (-ется, -ются)

engineer 3D2 *(m.)* инжене́р, -а; -ы, -ов

England PL *(f.)* Англи|я, -и

English 6C1 *(adj.)* англи́йск|ий, -ая, -ое, -ие
  in English 6B1 *(adv.)* по-англи́йски

English-Russian 9B3 *(adj.)* а́нгло-ру́сск|ий, -ая, -ое, -ие

Englishman PL *(m.)* англича́нин, -а; англича́н|е, Ø

Englishwoman PL *(f.)* англича́нк|а, -и; -и, англича́нок

enroll in 18B1 *(pf.)* поступ|и́ть (поступлю́, посту́пишь, -ят)

envelope 4B4 *(m.)* конве́рт, -а; -ы, -ов

equator PL *(m.)* эква́тор, -а

especially 19C8 *(adv.)* специа́льно

Estonia PL *(f.)* Эсто́ни|я, -и

eternal 16B8 *(adj.)* ве́чн|ый, -ая, -ое, -ые

Europe PL *(f.)* Евро́п|а, -ы

evening 1A5 *(m.)* ве́чер, -а; -а́, -о́в
  in (during) the evening 19C4 *(adv.)* ве́чером

every 15/4 *(adj.)* ка́жд|ый, -ая, -ое, -ые

everybody 18C1 *(pron.)* все

everything 11D4 *(pron.)* всё

exact(ly) 13C1 *(adv.)* то́чно

examination PL *(m.)* экза́мен, -а; -ы, -ов

example, for example 17A1 *(paren.)* наприме́р

excellent(ly) 2C8 *(adv.)* отли́чно

excursion 12B3 *(f.)* экску́рси|я, -и; -и, -й

excuse me 4A1 *(imper.)* извини́те

exercise 2C3 *(n.)* упражне́ни|е, -я; -я, -й

expensive 6A6 *(adj.)* дорог|о́й, -а́я, -о́е, -и́е

experiment PL *(m.)* экспериме́нт, -а; -ы, -ов

expert 3D2 *(m.)* ма́стер, -а; -а́, -о́в

expert PL *(m.)* экспе́рт, -а; -ы, -ов

export PL *(m.)* э́кспорт, -а; -ы, -ов

F

factory 3B6 *(f.)* фа́брик|а, -и; -и, Ø

factory 3B6 *(m.)* заво́д, -а; -ы, -ов

Fahrenheit 16A1 *(m.)* Фаренге́йт, -а

fall 16C2 *(f.)* о́сен|ь, -и
  in fall, in autumn 16C2 *(adv.)* о́сенью

falsehood 11C3 *(f.)* непра́вд|а, -ы; -ы, Ø

family 3A1 *(f.)* семь|я́, -и́; се́мьи, семе́й

family name 1A7 *(f.)* фами́ли|я, -и; -и, -й

fan, fanatic 13C2; 19C8 *(m.)* фана́т, -а; -ы, -ов; фана́тик, -а; -и, -ов

farmer 18A3 *(m.)* фе́рмер, -а; -ы, -ов

fashion PL *(f.)* мо́д|а, -ы

father 3A9 *(m.)* от(е́)ц, -а́; -ы́, -о́в

fellows 1A6 *(pl.)* ребя́т|а, Ø

female 13C1 *(adj.)* же́нск|ий, -ая, -ое, -ие

few 7B1 *(adv.)* ма́ло

fifteen 13A4 *(card. no.)* пятна́дцат|ь, -и

fifteenth 15 *(card. no.)* пятна́дцат|ый, -ая, -ое, -ые

fifth 5 *(card. no.)* пя́т|ый, -ая, -ое, -ые

fifty 13B4 *(card. no.)* пятьдеся́т, пяти́десяти

figure 17D2 *(adj.)* фигу́рн|ый, -ая, -ое, -ые

film 10/13 *(m.)* фильм, -а; -ы, -ов

find 18D3 *(pf.)* найти́ (найд+ -у́, -ёшь, -у́т)

    find out 18D3 *(pf.)* узна́|ть (-ю, -ешь, -ют)

fine fellow, fine girl 7B6 *(m.)* молод(е́)ц, -а́; -ы́, -о́в

finish 16C10 *(impf.)* конча́|ться (-ется, -ются)

finish 15/13 *(impf.)* финиши́ровать (финиши́ру+ -ю, -ешь, -ют)

firm 3B6 *(f.)* фи́рм|а, -ы; -ы, Ø

first 1 *(ord. no.)* пе́рв|ый, -ая, -ое, -ые

    at first 14C1 *(adv.)* снача́ла

fish 14B4 *(f.)* ры́б|а, -ы

fish 14B4 *(pf.)* лов|и́ть (ловлю́, -ишь, -ят)

five 9D3 *(card. no.)* пят|ь, -и́

five (grade) 9D3 *(f.)* пятёрк|а, -и

flame 6C2 *(m.)* огон(ё)к, огоньк|а́; огоньки́, огонько́в

Florida 20/8 *(f.)* Флори́д|а, -ы

flower 4B1 *(m.)* цвет(о́)к, -а́; цвет|ы́, -о́в

following 12D1 *(adj.)* сле́дующ|ий, -ая, -ее, -ие

food PL *(f.)* пи́щ|а, -и

food store 4A8 *(m.)* гастроно́м, -а; -ы, -ов

foodstuffs PL *(pl.)* проду́кт|ы, -ов

fool 2A9 *(m.)* дура́к, -а́; -и́, -о́в

for 13A3 *(prep.)* за (+ *acc.*)

for 19C8 *(prep.)* для (+ *gen.*)

for now, in the meantime 1A13 *(adv.)* пока́

foreman 3D2 *(m.)* ма́стер, -а; -а́, -о́в

forest 16C2 *(m.)* лес, -а; -а́, -о́в

forget 14A1 *(pf.)* забы́ть (забу́д+ -у, -ешь, -ут)

form PL *(f.)* фо́рм|а, -ы; -ы, Ø

fortunate 12A2 *(adj.)* счастли́в|ый, -ая, -ое, -ые

forty 13B5 *(card. no.)* со́рок, -а́

fountain PL *(m.)* фонта́н, -а; -ы, -ов

four 9D3 *(card. no.)* четы́ре

four (grade) 9D3 *(f.)* четвёрк|а, -и

fourteen 13A4 *(card. no.)* четы́рнадцат|ь, -и

fourteenth 14 *(ord. no.)* четы́рнадцат|ый, -ая, -ое, -ые

fourth 4 *(ord. no.)* четвёрт|ый, -ая, -ое, -ые

free 17C1 *(adj.)* свобо́дн|ый, -ая, -ое, -ые

freedom 18D2 *(f.)* свобо́д|а, -ы

freeze 16A2 *(m.)* моро́з, -а

French 7A8 *(adj.)* францу́зск|ий, -ая, -ое, -ие

    in French 7B5 *(adv.)* по-францу́зски

Friday 7A7 *(f.)* пя́тниц|а, -ы

friend 8A2 *(m.)* друг, -а; друзь|я́, друзе́й

friend (girl) 8A1 *(f.)* подру́г|а, -и; -и, Ø

friendship 5/12 *(f.)* дру́жб|а, -ы

frost 16A2 *(m.)* моро́з, -а

frost 16B8 *(f.)* мерзлот|а́, -ы́; -ы, Ø

fruit PL *(m.)* фру́кт, -а; -ы, -ов

furthermore 7B1 *(adv.)* ещё

G

GAI, traffic police 11A2 *(indecl. acronym)* ГАИ

game 10/33 *(f.)* игр|а́, -ы́; и́гры, Ø

game (set) 15/18 *(f.)* па́рти|я, -и; -и, -й

garage PL *(m.)* гара́ж, -а́; -и́, -е́й

garments 4D3 *(f.)* оде́жд|а, -ы

gas PL *(m.)* газ, -а

gather 7C2 *(impf.)* собира́|ть (-ю, -ешь, -ют)

general PL *(m.)* генера́л, -а; -ы, -ов

geography 7A7 *(f.)* геогра́фи|я, -и

geometry 7A4 *(f.)* геоме́три|я, -и

Georgia PL *(f.)* Гру́зи|я, -и

German 7A8 *(adj.)* неме́цк|ий, -ая, -ое, -ие

get (here) 20 *(pf.)* довести́ (довед+ -у́, -ёшь, -у́т)

get up 18D3 *(pf.)* встать (встáн+ -у, -ешь, -ут)

gift 4B1 *(m.)* подар(о)к, -а; -и, -ов

giraffe 9C5 *(m.)* жирáф, -а; -ы, -ов

girl (young) 13C1 *(f.)* де́вочк|а, -и; -и, де́вочек

girl (young lady) 9B5 *(f.)* де́вушк|а, -и; -и, де́вушек

give 2D3 *(pf.)* дать

give 9B1 *(imper. of* давáть*)* дáйте

give 11A8 *(imper. of* дать*)* дай

give 12D3 *(impf.)* да|вáть (-ю, -ёшь, -ю́т)

Glagolytic alphabet PL *(f.)* глаго́лиц|а, -ы

glass (drinking) 19D4 *(m.)* стакáн, -а; -ы, -ов

glass holder 19D4 *(m.)* подстакáнник, -а; -и, -ов

go (by vehicle) 11D4 *(indet. impf.)* е́зд|ить (е́зжу, -ишь, -ят)

go (by vehicle) 11D4 *(det. impf.)* е́хать (е́д+ -у, -ешь, -ут)

go (on foot) 18A1 *(pf.)* пойти́ (пойд+ -у́, -ёшь, -у́т)

go (on foot) 12A2 *(det. impf.)* ид|ти́ (-у́, -ёшь, -у́т)

the one who is going 18D2 *(v. adj.)* иду́щ|ий, -ая, -ее, -ие

goal PL *(m.)* гол, -а; -ы́, -о́в

gold(en) 15/20 *(adj.)* золот|о́й, -áя, -о́е, -ы́е

golf PL *(m.)* гольф, -а

good 2A9 *(adj.)* хоро́ш|ий, -ая, -ее, -ие

good (grade) 1A16; 2C8 *(adv.)* хорошо́

good 1A5 *(adj.)* до́бр|ый, -ая, -ое, -ые

goodbye 1A13 *(phr.)* до свидáния

grade of two (D) 2C8 *(adv.)* неудовлетвори́тельно, плóхо

grade of five (A) 2C8 *(adj.)* отли́чно

grade of five (A) 9D3 *(f.)* пятёрка

grade of three (C) 2C8 *(adv.)* удовлетвори́тельно

gram (measure of weight) PL *(m.)* грамм, -а; -ы, -ов (грамм)

grammar 7A2 *(f.)* граммáтик|а, -и

granddaughter 3A9 *(f.)* вну́чк|а, -и; -и, вну́чек

grandfather 3A1 *(m.)* де́душк|а, -и; -и, де́душек

grandmother 3A1 *(f.)* бáбушк|а, -и; -и, бáбушек

grandson 3A9 *(m.)* внук, -а; -и, -ов

green 11B1 *(adj.)* зелён|ый, -ая, -ое, -ые

green (light) 11B7 *(adj.)* салáтн|ый, -ая, -ое, -ые

greeting 1A16 *(m.)* приве́т, -а

grey 14B3 *(adj.)* се́р|ый, -ая, -ое, -ые

groceries PL *(pl.)* проду́кт|ы, -ов

guitar 8A8 *(f.)* гитáр|а, -ы; -ы, Ø

gym, gymnasium 2B3 *(m.)* спортзáл, -а; -ы, -ов

gymnast (female) 17B1 *(f.)* гимнáстк|а, -и; -и, гимнáсток

gymnastics 13C5 *(f.)* гимнáстик|а, -и

H

hairdresser 18C1 *(m.)* парикмáхер, -а; -ы, -ов

hall (auditorium) 10/25 *(m.)* зал, -а; -ы, -ов

hand 13C4 *(f.)* рук|á, -и́; ру́ки, Ø

handball PL *(m.)* гандбóл, -а

handsome 9A1 *(adj.)* краси́в|ый, -ая, -ое, -ые

happen 11D4 *(pf.)* случ|и́ться (-и́тся)

happy 12A2 *(adj.)* счастли́в|ый, -ая, -ое, -ые

hard PL *(adj.)* твёрд|ый, -ая, -ое, -ые

hard (difficult) 18B1 *(adj.)* тру́дн|ый, -ая, -ое, -ые

hard 8C1 *(adv.)* тру́дно

hare 2A7 *(m.)* зá(я)ц, зáйц|а; -ы, -ев

hat 4B4 *(f.)* ша́пк|а, -и; -и, ша́пок

he 2C1 *(pron.)* он

head 20/22 *(f.)* голов|а́, -ы́; го́ловы, голо́в

heavy 17D2 *(adj.)* тяжёл|ый, -ая, -ое, -ые

hedgehog 2C5 *(m.)* ёж, -а́; ежи́, ежей́

hello 3B1 *(interj.)* алло́

hello 1A1 *(greeting)* здра́вствуй (те)

help 11A6 *(pf.)* помо́чь (помогу́, помо́ж+ -ешь, помо́гут)

her 2A1 *(pron.)* её *(acc./gen.* of она́*)*

her 11A3 *(poss. adj.)* её

here 2C1 *(adv.)* вот

here 4A10 *(adv.)* здесь

here 12C1 *(adv.)* сюда́

Hey! 12C1 *(interj.)* Эй!

hi 1A16 *(m.)* приве́т, -а

hiker 4D2 *(m.)* тури́ст, -а; -ы, -ов

him 2A1 *(pron.)* его́

his 7B6 *(poss. adj.)* его́

historian 18A6 *(m.)* исто́рик, -а; -и, -ов

historical 9C5 *(adj.)* истори́ческ|ий, -ая, -ое, -ие

history 7A4 *(f.)* исто́ри|я, -и

hockey PL *(m.)* хокке́|й, -я

holiday 16C2 *(pl.)* кани́кулы, Ø

holiday 16C10 *(m.)* пра́здник, -а; -и, -ов

home 3A4 *(m.)* дом, -а; -а́, -о́в

at home 3B1 *(adv.)* до́ма

home 15/5 *(adj.)* дома́шн|ий, -яя, -ее, -ие

homeward 12A6 *(adv.)* домо́й

honey 16C10 *(m.)* мёд, -а

hooligan PL *(m.)* хулига́н, -а; -ы, -ов

horse 14C2 *(f.)* ло́шад|ь, -и; -и, -е́й

hospital 3B6 *(f.)* больни́ц|а, -ы; -ы, Ø

hot 16A3 *(s.f. adj.)* жа́рко

hotel 4B4 *(f.)* гости́ниц|а, -ы;, -ы, Ø

hour 11D4 *(m.)* час, -а; -ы́, -о́в

house 2C5 *(m.)* дом, -а; -а́, -о́в

house 9A2 *(n.)* зда́ни|е, -я; -я, -й

housetop 4C3 *(f.)* кры́ш|а, -и, -и, Ø

how 1A16; 8A2 *(adv.)* как

how many 14A1 *(interrog.)* ско́лько

how much 14A1 *(interrog.)* ско́лько

humor PL *(m.)* ю́мор, -а

hundred 13B5 *(card. no.)* сто

hunter 15/4 *(m.)* охо́тник, -а; -и, -ов

hurrah 7D2 *(interj.)* ура́

hurt 13A3 *(impf.)* боле́|ть (-ю, -ешь, -ют) за (+ *acc.*)

husband 3A9 *(m.)* муж, -а; мужья́, муже́й

I

I 2A2 *(pron.)* я

idea PL *(f.)* иде́|я, -и; -и, -й

impossible 11A1 *(pred.)* нельзя́

in 2D3 *(prep.)* в (+ *prepos.*)

in 2D3 *(prep.)* на (+ *prepos.*)

incorrect(ly) 13C6 *(adv.)* непра́вильно

independence 18D2 *(f.)* незави́симост|ь, -и

index 19B1 *(m.)* и́ндекс, -а

India PL *(f.)* Инди|я, -и

Indian (male) PL *(m.)* инди́ец, инди́йца; инди́йц|ы, -ев

Indian (female) PL *(f.)* индиа́нк|а, -и; -и, индиа́нок

Indian summer 16C2 *(phr.)* ба́бье ле́то

injection PL *(f.)* инъе́кци|я, -и; -и, -й

institute PL *(m.)* институ́т, -а; -ы, -ов

intelligent 13A12 *(adj.)* у́мн|ый, -ая, -ое, -ые

interest PL *(m.)* интере́с, -а; -ы, -ов

interesting 18A1 *(adj.)* интере́сн|ый, -ая, -ое, -ые

(it's) interesting 19B1 *(adv.)* интере́сно

international 17C3 *(adj.)* междунаро́дн|ый, -ая, -ое, -ые

into 2D3 *(prep.)* в (+ *acc.*)

into 12B2 *(prep.)* на (+ *acc.*)

Irkutsk 12D1 *(m.)* Ирку́тск, -а

is 4D4 *(impf.)* есть

issue 12D3 *(m.)* но́мер, -а; -а́, -о́в

it 2C1 *(pron.)* он

it 2C1 *(pron.)* она́
it 2C2 *(pron.)* оно́

J

Japanese 11C1 *(adj.)* япо́нск|ий, -ая,
-ое, -ие
jazz 7C5 *(m.)* джаз, -а
Jew 15/13 *(m.)* евре́|й, -я; -и, -ев
job 15/5 *(n.)* зада́ни|е, -я; -я, -й
job 3C8 *(f.)* рабо́т|а, -ы; -ы, Ø
journal PL *(m.)* журна́л, -а; -ы, -ов
journalism 9C5 *(f.)* журнали́стик|а, -и
juggler 14C1 *(m.)* жонглёр, -а; -ы, -ов
just 11A1 *(adv.)* то́лько

K

Kama PL *(f.)* Ка́м|а, -ы
karate 13C5 *(indecl.)* карате́
Kazakhstan PL *(m.)* Казахста́н, -а
kerchief 19B5 *(m.)* плат(о́)к, -а́; -и́, -о́в
key 10/23 *(m.)* ключ, -а́; -и́, -е́й
khaki-colored 11B7 *(indecl. adj.)* ха́ки
kids 1A6 *(pl.)* ребя́т|а, Ø
Kiev PL *(m.)* Ки́ев, -а
Kievan Rus PL Ки́евская Русь
kilometer 15/6 *(m.)* киломе́тр, -а; -ы,
-ов
kind 13A2 *(m.)* вид, -а; -ы, -ов
kind PL *(m.)* сорт, -а; -а́, -о́в
kind 1A5 *(adj.)* до́бр|ый, -ая, -ое, -ые
kindergarten 3A3 *(phr.)* де́тский сад
kiosk 18A9 *(m.)* кио́ск, -а; -и, -ов
Kirgizstan PL *(f.)* Кыргызста́н, -а
Kishinev PL *(m.)* Кишинёв, -а
know 3C1 *(impf.)* зна|ть (-ю, -ешь, -ют)
Korean 11C1 *(adj.)* коре́йск|ий, -ая,
-ое, -ие
kremlin, walled fortress 4D2 *(m.)*
кре́мл|ь, -я́

L

labor 7A7 *(m.)* труд, -а́; -ы́, -о́в
laboratory 2B3 *(f.)* лаборато́ри|я, -и; -и,
-й
lake PL *(n.)* о́зер|о, -а; озёр|а, Ø
Lake Baikal PL *(m.)* Байка́л, -а
lamp 2B3 *(f.)* ла́мп|а, -ы; -ы, Ø
language 6C1 *(m.)* язы́к, -а́; -и́, -о́в
larger 9C5 *(compar.)* бо́льше
lathe operator 18A4 *(m.)* то́кар|ь, -я; -и,
-е́й
Latin 15/17 *(adj.)* лати́нск|ий, -ая, -ое,
-ие
Latvia PL *(f.)* Ла́тви|я, -и
lawyer PL *(m.)* адвока́т, -а; -ы, -ов
lawyer PL *(m.)* юри́ст, -а; -ы, -ов
lead 19C8 *(impf.)* руковод|и́ть
(руковожу́, -и́шь, -я́т)
learn 7A1 *(impf.)* уч|и́ть (-у́, -ишь,
-ат)
learn 8C1 *(impf.)* уч|и́ться (-у́сь,
-ишься, -атся)
learn 19A3 *(pf.)* вы́уч|ить (-у, -ишь,
-ат)
learn (find out) 18D3 *(pf.)* узна́|ть (-ю,
-ешь, -ют)
left, on/to the left 9A1 *(adv.)* нале́во
legal 18B3 *(adj.)* юриди́ческ|ий, -ая,
-ое, -ие
Lena PL *(f.)* Ле́н|а, -ы
Lenin hills 9C5 Ле́нинские го́ры
Leningrad PL *(m.)* Ленингра́д, -а
lesson 1 *(m.)* уро́к, -а; -и, -ов
letter 2C2 *(n.)* письм|о́,-а́; пи́сьма,
пи́сем
letter (of alphabet) 6C2 *(f.)* бу́кв|а, -ы;
-ы, Ø
lettuce PL *(m.)* сала́т, -а; -ы, -ов
lettuce-colored 11B7 *(adj.)* сала́тн|ый,
-ая, -ое, -ые
library 4A7 *(f.)* библиоте́к|а, -и; -и, Ø
lie, be lying 16B8 *(impf.)* леж|а́ть (-у́,
-и́шь, -а́т)
life 17C1 *(f.)* жизн|ь, -и; -и, -ей

light   17D2 *(adj.)* лёгк|ий, -ая, -ое, -ие
light   12B8 *(m.)* свет, -а
like   1A16; 8A2 *(adv.)* как
like   7B4 *(impf.)* люб|и́ть (люблю́, -ишь, -ят)
like   9C1 *(impf.)* нра́в|иться (нра́влюсь, -ишься, -ятся)
lilac   11B8 *(adj.)* лило́в|ый, -ая, -ое, -ые
lily   16C9 *(f.)* ли́ли|я, -и; -и, -й
listen   6A1 *(impf.)* слу́ша|ть (-ю, -ешь, -ют)
literature   7A4 *(f.)* литерату́р|а, -ы
Lithuania   PL *(f.)* Литв|а́, -ы́
little   7B1 *(adv.)* ма́ло
little   9A1 *(adj.)* ма́леньк|ий, -ая, -ое, -ие
live   4C1 *(impf.)* жить (жив+ -у́, -ёшь, -у́т)
located   2D3 *(impf.)* нахо́д|ится (нахожу́сь, -ишься, -ятся)
locksmith   18A4 *(m.)* слеса́р|ь, -я; -я́, -е́й
look   7C2 *(impf.)* смотр|е́ть (-ю, -ишь, -ят)
look   9A1 *(pf.)* посмотр|е́ть (-ю, -ишь, -ят)
lot, a lot   2D3 *(indef. no.)* мно́го
love   7B4 *(impf.)* люб|и́ть (люблю́, -ишь, -ят)
lucky   12A2 *(adj.)* счастли́в|ый, -ая, -ое, -ые
luggage   PL *(m.)* бага́ж, -а́

M

machine   4B4 *(f.)* маши́н|а, -ы; -ы, Ø
machinist   18C2 *(m.)* машини́ст, -а; -ы, -ов
magazine   PL *(m.)* журна́л, -а; -ы, -ов
magic trick   15/18 *(m.)* фо́кус, -а; -ы, -ов
magician   14C2 *(m.)* фо́кусник, -а; -и, -ов
major   PL *(m.)* майо́р, -а; -ы, -ов

make   6A2 *(impf.)* де́ла|ть (-ю, -ешь, -ют)
make   19A3 *(pf.)* сде́ла|ть (-ю, -ешь, -ют)
male   13 *(adj.)* мужск|о́й, -а́я, -о́е, -и́с
male   13A12 *(m.)* мужчи́н|а, -ы; -ы, Ø
mama   PL *(f.)* ма́м|а, -ы; -ы, Ø
man   13A12 *(m.)* мужчи́н|а, -ы; -ы, Ø
(man's)   13C1 *(adj.)* мужск|о́й, -а́я, -о́е, -и́е
man   20/30; 11D4 *(m.)* челове́к, -а; лю́ди, -е́й
manager   3A12 *(m.)* ме́неджер, -а; -ы, -ов
manufactured goods   4D4 *(n.)* изде́ли|е, -я; -я, -й
many   2D3 *(indef. no.)* мно́го
map   4B4 *(f.)* ка́рт|а, -ы; -ы, Ø
March   16C10 *(m.)* март, -а
market   4A7 *(m.)* ры́н(о)к, -а; -и, -ов
Mars   PL *(m.)* Марс, -а
marvelous   16B1 *(adj.)* чуде́сн|ый, -ая, -ое, -ые
masculine   13 *(adj.)* мужск|о́й, -а́я, -о́е, -и́е
master   3D2 *(m.)* ма́стер, -а; -а́, -о́в
(master athlete)   17C2 *(phr.)* ма́стер спо́рта
match   13B1 *(m.)* матч, -а; -и, -ей
mathematical   9C5 *(adj.)* математи́ческ|ий, -ая, -ое, -ие
mathematics   7A2 *(f.)* матема́тик|а, -и
matryoshka (nested Russian doll)   9B3 *(f.)* матрёшк|а, -и; -и, матрёшек
mausoleum   4D2 мавзоле́|й, -я; -и, -ев
May   PL *(m.)* ма|й, -я
may, one may   11A1 *(pred.)* мо́жно
maybe   11C1 мо́жет быть
meat   2C5 *(n.)* мя́с|о, -а
mechanic   20/14 *(m.)* меха́ник, -а; -и, -ов
medical   18A6 *(adj.)* медици́нск|ий, -ая, -ое, -ие
metal   PL *(m.)* мета́лл, -а
metal craftsman   18A4 *(m.)* слеса́р|ь, -я; -я́, -е́й

MGU (Moscow State University) 6A8
(indecl. acronym) МГУ

mile 11D4 (f.) мил|я, -и; -и, -ей

militiaman 4D2 (m.) милиционе́р, -а; -ы, -ов

mill 3B6 (m.) заво́д, -а; -ы, -ов

million 2D3 (m.) миллио́н, -а; -ы, -ов

miner 18A4 (m.) шахтёр, -а; -ы, -ов

Minsk PL (m.) Минск, -а

minus 15/10 (m.) ми́нус, -а; -ы, -ов

minute 11A1 (f.) мину́т|а, -ы; -ы, Ø

mirage PL (m.) мира́ж, -а́; -и́, -е́й

Miss 4A3 (f.) госпож|а́, -и́; -и́, -е́й

mister, Mr. 4A3 (m.) господи́н, -а;
госпо́д|а́, госпо́д

mode PL (f.) мо́д|а, -ы

Moldova PL (f.) Молдо́в|а, -ы

momentary 16D2 (adj.)
кратковре́менн|ый, -ая, -ое, -ые

monastery 9A2 (m.) монасты́р|ь, -я; -й,
-е́й

Monday 7A7 (m.) понеде́льник, -а; -и,
-ов

money 18C1 (pl.) де́ньги, де́нег

Mongol-Tatar PL (adj.) монго́ло-
тата́рск|ий, -ая, -ое, -ие

more 9C5 (compar.) бо́льше

morning 1A5 (n.) у́тр|о, -а; -а, -Ø
in (during) the morning 19C4 (adv.)
у́тром

Moscovite (female) 4A1 (f.) москви́чк|а,
-и; -и, москви́чек

Moscovite (male) 4A2 (m.) москви́ч, -а́;
-й, -е́й

Moscow PL (f.) Москв|а́, -ы́

Moscow 9A2 (adj.) моско́вск|ий, -ая,
-ое, -ие

most, the most 9C5 (adj.) са́м|ый, -ая,
-ое, -ые

mother 3A9 (f.) мать, ма́тери; ма́тер|и,
-е́й

motor PL (m.) мото́р, -а; -ы, -ов

motorcycle 8A5 (m.) мотоци́кл, -а; -ы,
-ов

motorcycle club member 3A12 (m.)
ро́кер, -а; -ы, -ов

motorist 12D3 (m.) автомобили́ст, -а;
-ы, -ов

mountain 17D2 (adj.) го́рн|ый , -ая, -ое,
-ые

mountain-climbing 17D3 (m.)
альпини́зм, -а

movie theater 4A4 (m.) кинотеа́тр, -а;
-ы, -ов

movies 7C2 (indecl.) кино́

Mrs. 4A3 (f.) госпож|а́, -и́; -и́, -е́й

much 2D3 (indef. no.) мно́го

museum 4A7 (m.) музе́|й, -я; -и, -ев

mushroom 14B4 (m.) гриб, -а́; -ы́, -о́в

music 7C5 (f.) му́зык|а, -и

music 17B7 (adj.) музыка́льн|ый, -ая,
-ое, -ые

musician PL (m.) музыка́нт, -а; -ы,
-ов

my 3A1 (pron.) мо|й, -я́, -ё, -и́

N

name (first) 1A2 (n.) и́м|я, и́мени;
имена́, имён

name (last) 1A7 (f.) фами́ли|я, -и; -и,
-й

name 1B1 (impf.) звать (зов+ -у́, -ёшь,
-у́т)

name 19B1 (n.) назва́ни|е, -я; -я, -й

narrate 18B1 (pf.) рассказа́ть (расскаж+
-у́, расска́жешь, -ут)

narrate 18B7 (impf.) расска́зыва|ть (-ю,
-ешь, -ют)

native 7B4 (adj.) родн|о́й, -а́я, -о́е, -ы́е

nature 16C9 (f.) приро́д|а, -ы

near 8A1 (prep.) у (+ gen.)

near 19C1 (prep.) о́коло (+ gen.)

near (not far away) 20/10 (adv.)
недалеко́

nearly 11D4 (adv.) почти́

necessary, needed 18D3 (pred.) на́до

necktie 20/15 (m.) га́лстук, -а; -и, -ов

Neva PL (f.) Нев|а́, -ы́

never 20/14 (adv.) никогда́

new 9A2 *(adj.)* нóв|ый, -ая, -ое, -ые
newspaper 2B3 *(f.)* газéт|а, -ы; -ы, Ø
next 12D1 *(adj.)* слéдующ|ий, -ая, -ее, -ие
night 14A4 *(f.)* ноч|ь, -и; -и, -éй
    at (during) the night 19C4 *(adv.)* нóчью
nine 13A4 *(card. no.)* дéвят|ь, -й
nineteen 13A4 *(card. no.)* девятнáдцат|ь, -й
nineteenth 19 *(ord. no.)* девятнáдцат|ый, -ая, -ое, -ые
ninth 9 *(ord. no.)* девя́т|ый, -ая, -ое, -ые
ninety 13B5 *(card. no.)* девянóст|о, -а
no, not any 18D3 *(adj.)* никак|óй, -áя, -óе, -йе
no, there is no 1C1 *(neg.)* нет
none 16A2 *(m.)* нол|ь, -я́; -й, -éй
north, northern 16B8 *(adj.)* сéверн|ый, -ая, -ое, -ые
not 2B1 *(part.)* не
not bad 10/22 *(adj.)* неплох|óй, -ая, -ое, -ие
not bad, pretty good 12D3 *(adv.)* неплóхо
not beautiful 20/2 *(adj.)* некрасив|ый, -ая, -ое, -ые
not difficult, easy 9C3 *(adj.)* нетрýдн|ый, -ая, -ое, -ые
not interesting 20/11 *(adj.)* неинтерéсн|ый, -ая, -ое, -ые
not permitted 11A1 *(pred.)* нельзя́
notebook 2B1 *(f.)* тетрáд|ь, -и; -и, -ей
notes 4D3 *(pl.)* нóт|ы, Ø
nothing 3C4 *(adv./pred.)* ничегó
notion PL *(f.)* идé|я, -и; -и, -й
November 16C10 *(m.)* ноя́бр|ь, -я́
Novosibirsk 14A7 *(m.)* Новосибирск, -а
now (right away) 2D3 *(adv.)* сейчáс
now *(adv.)* тепéрь
number 12D3 *(m.)* нóмер, -а; -á, -óв
nurse 18A2 *(f.)* медсестр|á, -ы́; медсёстры, медсестёр
nursery school 3A3 *(pl.)* я́сл|и, -ей

O

object PL *(m.)* объéкт, -а; -ы, -ов
.occupation 17A1 *(pl.)* заня́ти|я, -й
occupy oneself 17A1 *(impf.)* занимá|ться (-юсь, -ешься, -ются)
occur 11D4 *(pf.)* случ|и́ться (-и́тся)
October 15/13 *(m.)* октя́бр|ь, -я́
Odessa PL *(f.)* Одéсс|а, -ы
office 3B6 *(m.)* óфис, -а; -ы, -ов
oh 19D3 *(interj.)* ох
Oka PL *(f.)* Ок|á, -й
old 9A2 *(adj.)* стáр|ый, -ая, -ое, -ые
olive-colored 11B7 *(adj.)* оли́вков|ый, -ая, -ое, -ые
Omsk 14A7 *(m.)* Омск, -а
on 2D3 *(prep.)* на (+ *prepos.*)
on 16A1 *(prep.)* по (+ *dat.*)
once 11D4 *(adv.)* раз, однáжды
one 11A1 *(card. no.)* один, однá, однó, одни́
one (grade) 2C8 *(f.)* едини́ц|а, -ы; -ы, Ø
only 11A1 *(adv.)* тóлько
onto 12B2 *(prep.)* на
open 9C5 *(impf.)* откры́ть (открó+ -ю, -ешь, -ет)
opera 19C8 *(f.)* óпер|а, -ы; -ы, Ø
optical illusion PL *(m.)* мирáж, -á; -й, -éй
or 5/11 *(conj.)* или
orange-colored 11B7 *(adj.)* орáнжев|ый, -ая, -ое, -ые
orchestra PL *(m.)* оркéстр, -а; -ы, -ов
order 13A1 *(f.)* комáнд|а, -ы; -ы, Ø
order 19B1 *(m.)* поря́д(о)к, -а; -и, -ов
Oryol 19B3 *(m.)* Орёл, Орлá
other 13B1 *(adj.)* друг|óй, -áя, -óе, -йе
our 3A1 *(pron.)* наш, -а, -е, -и
output PL *(f.)* продýкци|я, -и
outside 16A2 *(phr.)* на ýлице
over there 4A10 *(adv.)* вон (там)
own, one's own 19C8 *(adj.)* сво|й, -я́, -ё, -й

P

painting 4B4 *(f.)* карти́н|а, -ы; -ы, Ø
palace 19C1 *(m.)* двор(е́)ц, -а́; -ы́, -о́в
pancake 16C10 *(m.)* блин, -а́; -ы́, -о́в
papa 3A1 *(m.)* па́п|а, -ы; -ы, Ø
paper 18D2 *(f.)* бума́г|а, -и
Paris 8A1 *(m.)* Пари́ж, -а
park 4A7 *(m.)* парк, -а; -и, -ов
parrot 7D2 *(m.)* попуга́|й, -я; -и, -ев
partner PL *(m.)* партнёр, -а; -ы, -ов
pass 12C3 *(m.)* биле́т, -а; -ы, -ов
pass (time) 14B4 *(phr.)* проводи́ть
  вре́мя
pastry 4B4 *(m.)* пиро́г, -а́; -и́, -о́в
pastry cake 6D2 *(m.)* торт, -а; -ы, -ов
path 12A2 *(m.)* пут|ь, -и́; -и́, -е́й
patronymic 1B4 *(n.)* о́тчеств|о, -а; -а, Ø
peace 1D2 *(m.)* мир, -а
peak 12C3 *(m.)* пик, -а; -и, -ов
pedagogical 18B3 *(adj.)*
  педагоги́ческ|ий, -ая, -ое, -ие
pen 2B3 *(f.)* ру́чк|а, -и; -и, ру́чек
pencil 2B3 *(m.)* каранда́ш, -а́; -и́, -е́й
people 14B4 *(pl. of* челове́к*)* лю́ди
perform 14C1 *(impf.)* выступа́|ть (-ю,
  -ешь, -ют)
performance PL *(m.)* спекта́кл|ь, -я; -и,
  -ей
perfume 4D3 *(adj.)* парфюме́рн|ый, -ая,
  -ое, -ые
perhaps 11C1 мо́жет быть
periodic 16D1 *(adj.)* переме́нн|ый, -ая,
  -ое, -ые
person 20/30 *(m.)* челове́к, -а; 11D4
  (pl.) люд|и, -е́й
pharmacy 3B6 *(f.)* апте́к|а, -и; -и, Ø
pheasant 15/4 *(m.)* фаза́н, -а; -ы, -ов
philological 9C5 *(adj.)* филологи́ческ|ий,
  -ая, -ое, -ие
philologist 18A6 *(m.)* фило́лог, -а; -и,
  -ов
philosophy 5/10 *(f.)* филосо́фи|я, -и
photographer PL *(m.)* фото́граф, -а; -ы,
  -ов

photography PL *(f.)* фотогра́фи|я, -и;
  -и, -й
phrase PL *(f.)* фра́з|а, -ы; -ы, Ø
physical education 7A7 *(f.)*
  физкульту́р|а, -ы
physicist 18A6 *(m.)* фи́зик, -а; -и, -ов
physics 7A7 *(f.)* фи́зик|а, -и
physics 9C5 *(adj.)* физи́ческ|ий, -ая,
  -ое, -ие
piano 8B2 *(indecl.)* пиани́но
picnic 14B4 *(m.)* пикни́к, -а́; -и́, -о́в
picture 4B4 *(f.)* карти́н|а, -ы; -ы, Ø
pie 4B4 *(m.)* пиро́г, -а́; -и́, -о́в
piglet 9C3 *(m.)* поросён(о)к, -а;
  порося́та, Ø
pin 7C2 *(m.)* знач(о́)к,-а́; -и́, -о́в
ping pong PL *(m.)* пинг-по́нг, -а
pink 11B7 *(adj.)* ро́зов|ый, -ая, -ое, -ые
pioneer (children's organization member)
  19C1 *(m.)* пионе́р, -а; -ы, -ов
placard 4D3 *(m.)* плака́т, -а; -ы, -ов
place 16B8 *(n.)* ме́ст|о, -а; -а́, Ø
  in this place 4A10 *(adv.)* здесь
plan 18D3 *(m.)* план, -а; -ы, -ов
planned 12A6 *(adj.)* контро́льн|ый, -ая,
  -ое, -ые
plant 3B6 *(m.)* заво́д, -а; -ы, -ов
plate 19D4 *(f.)* таре́лк|а, -и; -и,
  таре́лок
play PL *(m.)* спекта́кл|ь, -я; -и, -ей
play 8B1 *(impf.)* игра́|ть (-ю, -ешь,
  -ют)
playbill 6C3 *(f.)* афи́ш|а, -и; -и, Ø
pleasant(ly) 2A2 *(s.f. adj.)* прия́тно
please 3B9 *(particle)* пожа́луйста
please, be pleasing 9C1 *(impf.)*
  нра́в|иться (нра́влюсь, -ишься,
  -ятся)
plus 15/10 *(m.)* плюс, -а; -ы, -ов
poem 16D1 *(n.)* стихотворе́ни|е, -я; -я,
  -й
poet 15/24 *(m.)* поэ́т, -а; -ы, -ов
poetry 18D2 *(pl.)* стих|и́, -о́в
point 13D3 *(n.)* очк|о́, -а́; -и́, -о́в
pole 16B8 *(m.)* по́люс, -а; -ы, -ов

police 11D4 *(adj.)* полице́йск|ий, -ая,
-ое, -ие

policeman 4D2 *(m.)* милиционе́р, -а; -ы,
-ов

politician 17A5 *(m.)* поли́тик, -а; -и,
-ов

politics PL *(f.)* поли́тик|а, -и

poor 7B6 *(adj.)* плох|о́й, -а́я, -о́е, -и́е

poor 2C8 *(adv.)* пло́хо

popular 13A2 *(adj.)* популя́рн|ый, -ая,
-ое, -ые

portrait PL *(m.)* портре́т, -а; -ы, -ов

possible, it is possible 11A1 *(pred.)*
мо́жно

post PL *(m.)* пост, -а́; -ы́, -о́в

post office 3B6 *(f.)* по́чт|а, -ы; -ы, Ø

postage, postal 4D3 *(adj.)* почто́в|ый,
-ая, -ое, -ые

postal code 19B1 *(m.)* и́ндекс, -а

postcard 4B4 *(f.)* откры́тк|а, -и; -и,
откры́ток

poster 4D3 *(m.)* плака́т, -а; -ы, -ов

poster 6C3 *(f.)* афи́ш|а, -и; -и, Ø

practice 7B6 *(f.)* пра́ктик|а, -и; -и, Ø

practice 17C2 *(f.)* трениро́вк|а, -и

precipitation 16D1 *(pl.)* оса́дк|и,
оса́дков

prepare 14C3 *(impf.)* гото́в|ить
(гото́влю, -ишь, -ят)

present 4B1 *(m.)* пода́р(о)к, -а; -и, -ов
for the present 1A16 *(adv.)* пока́

preserves 16C10 *(n.)* варе́нь|е, -я; -я,
варе́ний

president 11D4 *(n.)* президе́нт, -а; -ы,
-ов

principle 18D2 *(m.)* при́нцип, -а; -ы,
-ов

problem 18C5 *(f.)* зада́ч|а, -и; -и, Ø

problem 18C1 *(f.)* пробле́м|а, -ы; -ы, Ø

produce PL *(pl.)* проду́кт|ы, -ов

produce 19C8 *(impf.)* ста́в|ить (ста́влю,
-ишь, -ят)

producer 7C3 *(m.)* продю́сер, -а; -ы, -ов

production PL *(f.)* проду́кци|я, -и

profession 18A1 *(f.)* профе́сси|я, -и; -и,
-й

Professional Technical Institute 18C1
(indecl. acronym) ПТУ

professional-technical 18C2 *(adj.)*
профессиона́льно-техни́ческ|ий, -ая,
-ое, -ие

program 14C1 *(f.)* програ́мм|а, -ы; -ы,
Ø

project 3D4 *(m.)* прое́кт, -а; -ы, -ов

proposal 6C2 *(n.)* предложе́ни|е, -я; -я,
-й

prospect 1D2 *(m.)* проспе́кт, -а; -ы,
-ов

protest PL *(m.)* проте́ст, -а; -ы, -ов

public PL *(f.)* пу́блик|а, -и

pupil (male) 7B6 *(m.)* учени́к, -а́; -й,
-о́в

pupil (female) 7B6 *(f.)* учени́ц|а, -ы;
-ы, Ø

purchase 19A1 *(pf.)* куп|и́ть (куплю́,
-ишь, -ят)

purchase 3A12 *(impf.)* покупа́|ть (-ю,
-ешь, -ют)

pursuit 1A16 *(n.)* де́л|о, -а; -а́, Ø

Q

queen 18D2 *(f.)* короле́в|а, -ы; -ы, Ø

question 6B2 *(m.)* вопро́с, -а; -ы, -ов

quick(ly) 11D4 *(adv.)* бы́стро

R

racquet 15/5 *(f.)* раке́тк|а, -и; -и,
раке́ток

radio 6A7 *(indecl.)* ра́дио

railroad 15/13 *(phr.)* желе́зная доро́га

rain 16B2 *(m.)* дожд|ь, -я́; -й, -е́й

rainbow 16B2 *(f.)* ра́дуг|а, -и; -и, Ø

rank 17C3 *(m.)* разря́д, -а; -ы, -ов

read 6A1 *(impf.)* чита́|ть (-ю, -ешь,
-ют)

read 8C4 *(pf.)* прочита́|ть (-ю, -ешь,
-ют)

real 2A10 *(adj.)* ве́рн|ый, -ая, -ое, -ые

real 13 *(adj.)* настоя́щ|ий, -ая, -ее, -ие
really 13A3 *(particle)* ра́зве
record 19D4 *(f.)* пласти́нк|а, -и; -и, пласти́нок
record 18D3 *(m.)* реко́рд, -а; -ы, -ов
red 9A1 *(adj.)* кра́сн|ый, -ая, -ое, -ые
remonstrance PL *(m.)* проте́ст, -а; -ы, -ов
repetition 5 *(n.)* повторе́ни|е, -я
republic PL *(f.)* респу́блик|а, -и; -и, Ø
resolutely 18D3 *(adv.)* реши́тельно
restaurant 4A7 *(m.)* рестора́н, -а; -ы, -ов
result 18D3 *(m.)* результа́т, -а; -ы, -ов
reverse, in reverse 19B1 *(adv.)* наоборо́т
ride 11D4 *(det. impf.)* е́хать (е́д+ -у, -ешь, -ут)
ride 11D4 *(indet. impf.)* е́зд|ить (е́зжу, -ишь, -ят)
Riga PL *(f.)* Ри́г|а, -и
right, on/to the right 9A1 *(adv.)* напра́во
ring 2C5 *(n.)* кольц|о́, -а́; ко́льца, коле́ц
rise 18D2 *(pf.)* встать (вста́н+ -у, -ешь, -ут)
river 9C1 *(f.)* рек|а́, -и́; ре́ки, Ø
road 15/13 *(f.)* доро́г|а, -и; -и, Ø
robot 4B4 *(m.)* ро́бот, -а; -ы, -ов
rock and roll 6B6 *(m.)* рок-н-ро́л, -а
rock concert 15/14 *(m.)* рок-конце́рт, -а; -ы, -ов
rolling 17D2 *(n.)* ката́ни|е, -я; -я, -й
roof 4C3 *(f.)* кры́ш|а, -и; -и, Ø
room 2C5 *(f.)* ко́мнат|а, -ы; -ы, Ø
root for 13 „боле́ть" за
rose PLA3 *(f.)* ро́з|а, -ы; -ы, Ø
Rostov PL *(m.)* Росто́в, -а
ruffian PL *(m.)* хулига́н, -а; -ы, -ов
rugby PL *(indecl.)* ре́гби
rule 16A5 *(n.)* пра́вил|о, -а; -а, Ø
run, running 17A5 *(m.)* бег, -а
Rus PL *(f.)* Рус|ь, -й
rush hour 12C3 *(m.)* пик, -а; -и, -ов
Russia PL *(f.)* Росси́|я, -и

Russian PL *(adj.)* ру́сск|ий, -ая, -ое, -ие
Russian (female) PL *(f.)* ру́сск|ая, -ой; -ие, -их
Russian (male) PL *(m.)* ру́сск|ий, -ого; -ие, -их
    in Russian 6B1 *(adv.)* по-ру́сски
Russian-English 10/22 *(adj.)* ру́сско-англи́йск|ий, -ая, -ое, -ие

S

salad PL *(m.)* сала́т, -а; -ы, -ов
salesclerk, salesperson 18A4 *(m.)* продав(е́)ц, -а́; -ы́, -о́в
salute PL *(m.)* салю́т, -а; -ы, -ов
satisfactorily 2C8 *(adv.)* удовлетвори́тельно
satellite PL *(m.)* спу́тник, -а; -и, -ов
Saturday 7A7 *(f.)* суббо́т|а, -ы
say 3B1 *(pf.)* сказа́ть (скаж+ -у́, -ешь, -ут)
say 3B1 *(imper.)* скажи́, скажи́те
say 7B1 *(impf.)* говор|и́ть (-ю́, -и́шь, -я́т)
scat (to a dog) 2A9 *(interj.)* брысь, фу
schedule 7A7 *(n.)* расписа́ни|е, -я; -я, -й
scheduled 12A6 *(adj.)* контро́льн|ый, -ая, -ое, -ые
school 1C4 *(f.)* шко́л|а, -ы; -ы, Ø
    nursery school 3A3 *(pl.)* я́сл|и, -ей
    technical school 8C4 *(m.)* те́хникум, -а; -ы, -ов
school (for professional training) 13C3 *(n.)* учи́лищ|е, -а; -а, Ø
school 20/13 *(adj.)* шко́льн|ый, -ая, -ое, -ые
schoolchild 17A1 *(m.)* шко́льник, -а; -и, -ов
score 13A3 *(m.)* счёт, -а; -а́, -о́в
sea PL *(n.)* мо́р|е, -я; -я́, -е́й
seasons 16C2 *(phr.)* времена́ го́да
Seattle 17D4 *(m.)* Сиэ́тл, -а
second 2 *(ord. no.)* втор|о́й, -а́я, -о́е, -ы́е
secret PL *(m.)* секре́т, -а; -ы, -ов

secretary 18A3 *(m.)* секретáр|ь, -я́; -й,
-éй

see 11A1 *(impf.)* вúд|еть (вúжу, -ишь,
-ят)

see 19D2 *(pf.)* увúд|еть (увúжу, -ишь,
-ят)

seeing off 16C10 *(pl.)* прóвод|ы, -ов

select 18A1 *(pf.)* вы́брать (вы́бер+ -у,
-ешь, -ут)

send-off 16C10 *(pl.)* прóвод|ы, -ов

sentence 6C2 *(n.)* предложéни|е, -я; -я,
-й

service 11D2 *(m.)* сéрвис, -а

settee 18D2 *(m.)* дивáн, -а; -ы, -ов

seven 13A4 *(card. no.)* сем|ь, -й

seventeen 13A4 *(card. no.)* семнáдцат|ь,
-и

seventeenth 17 *(ord. no.)* семнáдцат|ый,
-ая, -ое, -ые

seventh 7 *(ord. no.)* седьм|óй, -áя, -óе,
-ы́е

seventy 13B5 *(card. no.)* сéмьдесят,
семúдесяти

several 18A8 *(indef. no.)* нéсколько

shawl 19B5 *(m.)* плат(ó)к, -á; -й, -óв

shape PL *(f.)* фóрм|а, -ы; -ы, Ø

shchi PL *(pl.)* щи, щей

she, it 2C1 *(pron.)* онá

sheet music 4D3 *(pl.)* нóт|ы, Ø

shirt 19D4 *(f.)* рубáшк|а, -и; -и,
рубáшек

shock PL *(m.)* шок, -а; -и, -ов

shop 3A12 *(impf.)* покупá|ть (-ю, -ешь,
-ют)

show 19B1 *(pf.)* показ|áть (покажу́,
-ешь, -ут)

Shrovetide 16C10 *(f.)* Мáслениц|а, -ы

Siberia PL *(f.)* Сибúр|ь, -и

sick, be sick 13A3 *(impf.)* болé|ть (-ю,
-ешь, -ют) за (+ *acc.*)

sight, catch sight of 19D2 *(pf.)* увúд|еть
(увúжу, -ишь, -ят)

sign 11A1 *(m.)* знак, -а; -и, -ов

signal 12D3 *(m.)* сигнáл, -а; -ы, -ов

sister PL *(f.)* сестр|á, -ы́; сёстры,
сестёр

sit, be sitting 15/4 *(impf.)* сид|éть
(сижу́, -úшь, -я́т)

sit down, be seated 12C1 *(imper.)*
садúсь

site 16B8 *(n.)* мéст|о, -а; -á, Ø

six 13A4 *(card. no.)* шест|ь, -й

sixteen 13A4 *(card. no.)* шестнáдцат|ь,
-и

sixteenth 16 *(ord. no.)* шестнáдцат|ый,
-ая, -ое, -ые

sixth 6 *(ord. no.)* шест|óй, -áя, -óе,
-ы́е

sixty 13B5 *(card. no.)* шестьдеся́т,
шестúдесяти

skates 17D2 *(pl.)* конькú|й, -óв

skating 17D2 *(n.)* катáни|е, -я; -я, -й

sketch 20/24 *(m.)* рисýн(о)к, -а; -и,
-ов

sketch 19C7 *(f.)* схéм|а, -ы; -ы, Ø

sketching 17A5 *(m.)* рисовáни|е, -я

skis 16C4 *(pl.)* лы́ж|и, Ø

slogan 6C3 *(m.)* лóзунг, -а; -и, -ов

slow, backwards 9D3 *(adj.)* отстаю́щ|ий,
-ая, -ее, -ие

slowly 12A6 *(adv.)* мéдленно

small 9A1 *(adj.)* мáленьк|ий, -ая, -ое,
-ие

snack bar 2B3 *(m.)* буфéт, -а; -ы, -ов

snow 16B2 *(m.)* снег, -а

snowdrop 16C8 *(m.)* подснéжник, -а; -и,
-ов

so 11B1 *(adv.)* так

soccer PL *(m.)* футбóл, -а

soccer 15/13 *(adj.)* футбóльн|ый, -ая,
-ое, -ые

soccer player 20/22 *(m.)* футболúст, -а;
-ы, -ов

socialist(ic) PL *(adj.)*
социалистúческ|ий, -ая, -ое, -ие

sofa 18D3 *(m.)* дивáн, -а; -ы, -ов

soft PL *(adj.)* мя́гк|ий, -ая, -ое, -ие

solve 19A3 *(impf.)* решá|ть (-ю, -ешь,
-ют)

solve 18C1 *(pf.)* реш|úть (-у́, -úшь,
-áт)

some 7B4 *(adv.)* немнóго

some 11A1 *(card. no.)* одни́

some 18A8 *(indef. no.)* не́сколько

son 3A9 *(m.)* сын, -а; сыновья́,
сынове́й

sort PL *(m.)* сорт, -а; -á, -óв

sour cream 16C10 *(f.)* смета́н|а, -ы

south, southern 16D1 *(adj.)* ю́жн|ый,
-ая, -ое, -ые

souvenir PL *(m.)* сувени́р, -а; -ы, -ов

Soviet PL *(adj.)* сове́тск|ий, -ая, -ое,
-ие

space PL *(m.)* ко́смос, -а

Spanish 19D2 *(adj.)* испа́нск|ий, -ая,
-ое, -ие

speak 7B1 *(impf.)* говор|и́ть (-ю, -и́шь,
-я́т)

speak 14C1 *(impf.)* выступа́|ть (-ю,
-ешь, -ют)

special 14C3 *(adj.)* специа́льн|ый, -ая,
-ое, -ые

specially 19C8 *(adv.)* специа́льно

spend time 14B4 *(phr.)* проводи́ть
вре́мя

spinet 8B2 *(indecl.)* пиани́но

sponsor 3A12 *(m.)* спо́нсор, -а; -ы, -ов

spot 16B8 *(n.)* ме́ст|о, -а; -á, Ø

sport(s) PL *(m.)* спорт, -а

sport(s) 4D3 *(adj.)* спорти́вн|ый, -ая,
-ое, -ые

sporting goods 4D3 *(pl.)* спорттова́р|ы,
-ов

sports loto 17D3 *(indecl.)* спортлото́

sports shoes 18D3 *(pl.)* ке́ды, Ø

sportsman 3A7 *(m.)* спортсме́н, -а; -ы,
-ов

spring 9B5 *(f.)* весн|á, -ы́; вёсн|ы,
вёсен

   in spring 16C2 *(adv.)* весно́й

sputnik PL *(m.)* спу́тник, -а; -и, -ов

square 2C5 *(f.)* пло́щад|ь, -и; -и, -е́й

stadium PL *(m.)* стадио́н, -а; -ы, -ов

stage (a play) 19C8 *(impf.)* ста́в|ить
(ста́влю, -ишь, -ят)

stamp 4D3 *(f.)* ма́рк|а, -и; -и, ма́рок

stand 11A1 *(impf.)* сто|я́ть (-ю, -и́шь,
-я́т)

stand 18A8 *(m.)* кио́ск, -а; -и, -ов

standard PL *(m.)* станда́рт, -а; -ы, -ов

stand up 18D3 *(pf.)* встать (вста́н+ -у,
-ешь, -ут)

star 9A1 *(f.)* звезд|á, -ы́; звёзд|ы, Ø

start 16C10 *(impf.)* начина́|ться (-ется,
-ются)

start 15/13 *(impf.)* стартова́ть (старту́+
-ю, -ет, -ют)

start PL *(m.)* старт, -а; -ы, -ов

state 13D5 *(m.)* штат, -а; -ы, -ов

State Department Store 4A8 *(m.
acronym)* ГУМ

station 12D1 *(f.)* ста́нци|я, -и; -и, -й

steel, steel-colored 11B7 *(adj.)*
стальн|о́й, -а́я, -о́е, -ы́е

still 7B1 *(adv.)* ещё

St. Louis 20/8 *(m.)* Сент-Лу́ис, -а

St. Petersburg PL *(m.)* Санкт-
Петербу́рг, -а

stop 11D4 *(pf.)* останов|и́ть (остановлю́,
остано́вишь, -ят)

store 3B6 *(m.)* магази́н, -а; -ы, -ов

   department store 4A7 *(m.)*
универма́г, -а; -и, -ов

   self-service grocery 4A7 *(m.)*
универса́м, -а; -ы, -ов

storm PL *(m.)* шторм, -а; -ы, -ов

street 3B6 *(f.)* у́лиц|а, -ы; -ы, Ø

streetcar 12C2 *(m.)* трамва́|й, -я; -и,
-ев

strengthen 18D3 *(impf.)* уси́лива|ть (-ю,
-ет, -ют)

stroll 12D3 *(impf.)* гуля́|ть (-ю, -ешь,
-ют)

strong 16D2 *(adj.)* си́льн|ый, -ая, -ое,
-ые

student (male) 7B6 *(m.)* учени́к, -á; -и́,
-о́в

   A student (male) 9D3 *(m.)*
отли́чник, -а; -и, -ов

   college student (male) PL *(m.)*
студе́нт, -а; -ы, -ов

student (female) 7B6 *(f.)* учени́ц|а, -ы;
-ы, Ø

   A student (female) 9D3 *(f.)*

отли́чниц|а, -ы; -ы, Ø
college student (female) 3D2 *(f.)* студе́нтк|а, -и; -и, студе́нток
study 7A1 *(impf.)* уч|и́ть (-у́, -ишь, -ат)
study 8C1 *(impf.)* уч|и́ться (-у́сь, -ишься, -атся)
study 16D2 *(pf.)* вы́уч|ить (-у, -ишь, -ат)
study 17A1 *(impf.)* занима́|ться (-юсь, -ешься, -ются)
style PL *(f.)* мо́д|а, -ы
subject PL *(m.)* субъе́кт, -а; -ы, -ов
subscriber 19D3 *(m.)* подпи́счик, -а; -и, -ов
subway PL *(indecl. n.)* метро́
such 16A1 *(adj.)* так|о́й, -а́я, -о́е, -и́е
suddenly 20/2 *(adv.)* вдруг
suggestion 6C2 *(n.)* предложе́ни|е, -я; -я, -й
suit 2C5 *(m.)* костю́м, -а; -ы, -ов
summer 16C1 *(n.)* ле́т|о, -а; -а, Ø
   in summer 16C1 *(adv.)* ле́том
sun 9B5 *(n.)* со́лнц|е, -а; -а, Ø
Sunday 14A1 *(n.)* воскресе́нь|е, -я
sure 18D2 *(adj.)* уве́ренн|ый, -ая, -ое, -ые
surname 1A7 *(f.)* фами́ли|я, -и; -и, -й
Sverdlovsk 14A7 *(m.)* Свердло́вск, -а
swimming 17A5 *(n.)* пла́вани|е, -я
swimming pool 10/16 *(m.)* бассе́йн, -а; -ы, -ов
symphony, symphonic 7C5 *(adj.)* симфони́ческ|ий, -ая, -ое, -ие
system PL *(f.)* систе́м|а, -ы; -ы, Ø

T

table 2B3 *(m.)* стол, -а́; -ы́, -ов
   list 17C4 *(f.)* табли́ц|а, -ы; -ы, Ø
table 17D2 *(adj.)* насто́льн|ый, -ая, -ое, -ые
table cloth 19D4 *(f.)* ска́терт|ь, -и; -и, -ей
table tennis PL *(m.)* пинг-по́нг, -а

Tadzhikistan PL *(m.)* Таджикиста́н, -а
take 18D3 *(pf.)* взять (возьм+ -у́, -ёшь, -у́т)
Tallinn PL *(m.)* Та́ллинн, -а
Tambov PL *(m.)* Тамбо́в, -а
taperecorder 8A8 *(m.)* магнитофо́н, -а; -ы, -ов
Tashkent PL *(m.)* Ташке́нт, -а
task 15/5 *(n.)* зада́ни|е, -я; -я, -й
task 18C5 *(f.)* зада́ч|а, -и; -и, Ø
tatar 15/13 *(m.)* тата́рин, -а; тата́ры, Ø
taxi 12Q *(indecl.)* такси́
Tbilisi PL *(indecl.)* Тбили́си
teacher (male) 6B5 *(m.)* учи́тел|ь, -я; -я́, -е́й
teacher (female) 3A7 *(f.)* учи́тельниц|а, -ы; -ы, Ø
teacher 18B6 *(adj.)* учи́тельск|ий, -ая, -ое, -ие
team 13A1 *(f.)* кома́нд|а, -ы; -ы, Ø
technical 20/11 *(adj.)* техни́ческ|ий, -ая, -ое, -ие
technical school 8C4 *(m.)* те́хникум, -а; -ы, -ов
techniques 18A5 *(f.)* те́хник|а, -и
technology 18A5 *(f.)* те́хник|а, -и
telegram PL *(f.)* телегра́мм|а, -ы; -ы, Ø
telephone 4A4 *(m.)* телефо́н, -а; -ы, -ов
television PL *(m.)* телеви́зор, -а; -ы, -ов
tell 3B1 *(pf.)* сказа́ть (скаж+ -у́, -ешь, -ут)
tell 3B1 *(imper.)* скажи́, скажи́те
tell 7B1 *(impf.)* говор|и́ть (-ю́, -и́шь, -я́т)
tell 18B7 *(impf.)* расска́зыва|ть (-ю, -ешь, -ют)
tell 20/15 *(pf.)* рассказа́ть (расскаж+ -у́, расска́жешь, -ут)
temperature 16A1 *(f.)* температу́р|а, -ы
temple 10/21 *(m.)* храм, -а; -ы, -ов
ten 13A4 *(card. no.)* де́сят|ь, -й
tennis PL *(m.)* те́ннис, -а
tenth 10 *(ord. no.)* деся́т|ый, -ая, -ое, -ые
territory 16A5 *(f.)* террито́ри|я, -и; -и, -й

text PL *(m.)* текст, -а; -ы, -ов

textbook 2B3 *(m.)* учéбник, -а; -и, -ов

thanks 1A16 *(particle)* спасúбо

that 7B6 *(conj.)* что

theater 3B6 *(m.)* теáтр, -а; -ы, -ов

movies 4A4 *(m.)* кинотеáтр, -а; -ы, -ов

movies 7C2 *(indecl.)* кинó

theater 20/11 *(adj.)* театрáльн|ый, -ая, -ое, -ые

their 11A3 *(pron.)* их

theme PL *(f.)* тéм|а, -ы; -ы, -∅

then 14C1 *(adv.)* потóм

there 4A10 *(adv.)* там

there 4A10 *(adv.)* вон

therefore 18B1 *(adv.)* поэ́тому

thermometer PL *(m.)* термóметр, -а; -ы, -ов

they 2C6 *(pron.)* онú

think 11C1 *(indet. impf.)* дýма|ть (-ю, -ешь, -ют)

third 3 *(ord. no.)* трéт|ий, -ья, -ье, -ьи

thirteen 13A4 *(card. no.)* тринáдцат|ь, -и

thirteenth 13 *(ord. n.)* тринáдцат|ый, -ая, -ое, -ые

thirty 13B5 *(card. no.)* трúдцат|ь, -й

this 1A1 *(pron.)* э́то

this 9B1 *(pron.)* э́тот, э́та, э́то, э́ти

three 9D3 *(card. no.)* три, трёх

Thursday 7A7 *(m.)* четвéрг, -á

ticket 12C3 *(m.)* билéт, -а; -ы, -ов

tie 20/15 *(m.)* гáлстук, -а; -и, -ов

tie score 13A3 *(pron.)* ничья́

tiger 14C2 *(m.)* тигр, -а; -ы, -ов

time 7B6 *(n.)* врéм|я, врéмени; времен|á, времён

from time to time 16D1 *(adv.)* временáми

at what time 14A7 *(adv.)* когдá

title 19B1 *(n.)* назвáни|е, -я; -я, -й

to 12B2 *(prep.)* на

toast PL *(m.)* тост, -а; -ы, -ов

tobacco 4D3 *(m.)* табáк, -á

today 12A6 *(adv.)* сегóдня

together 8C2 *(adv.)* вмéсте

toilet 2B3 *(m.)* туалéт, -а; -ы, -ов

Tolyatti (city) 11C5 *(indecl.)* Толья́тти

tomato PL *(m.)* томáт, -а; -ы, -ов

tomcat PL *(m.)* кот, -á; -ы́, -óв

tome PL *(m.)* том, -а; -á, -óв

tomorrow 13A1 *(adv.)* зáвтра

torte 6D2 *(m.)* торт, -а; -ы, -ов

tourist 4D2 *(m.)* турúст, -а; -ы, -ов

towel 19D4 *(n.)* полотéнц|е, -а; -а, полотéнец

Toyota 11B4 *(f.)* тойóт|а, -ы

traffic police 11A2 *(indecl. acronym)* ГАИ

trainer 17B1 *(m.)* трéнер, -а; -ы, -ов

training 17C2 *(f.)* тренирóвк|а, -и; -и, тренирóвок

transitory 16D2 *(adj.)* кратковрéменн|ый, -ая, -ое, -ые

tree 4C3 *(n.)* дéрев|о, -а; дерéвья, -ев

trick 15/18 *(m.)* фóкус, -а; -ы, -ов

trip 11D4 *(f.)* поéздк|а, -и; -и, поéздок

trolleybus 12C2 *(m.)* троллéйбус, -а; -ы, -ов

true 2A10 *(adj.)* вéрн|ый, -ая, -ое, -ые

true, truth 6D4 *(f.)* прáвд|а, -ы

tsar PL *(m.)* цар|ь, -я́; -й, -éй

Tuesday 7A7 *(m.)* втóрник, -а

Turkmenia PL *(f.)* Туркмéни|я, -и

turner 18A4 *(m.)* тóкар|ь, -я; -и, -ей

Tver 19B3 *(f.)* Твер|ь, Тверú

twelfth 12 *(ord. no.)* двенáдцат|ый, -ая, -ое, -ые

twelve 13A4 *(card. no.)* двенáдцат|ь, -и

twentieth 20 *(ord. no.)* двáдцат|ый, -ая, -ое, -ые

twenty 13A4 *(card. no.)* двáдцат|ь, -й

two 9D3 *(card. no.)* два, двух

typist 18A4 *(f.)* машинúстк|а, -и; -и, машинúсток

U

Ufa 14A7 Уф|á, -ы́

ugh 16A1 *(interj.)* уф

Ukraine PL Украúн|а, -ы

Ukrainian 15/13 *(m.)* украи́н(е)ц, -а; -ы, -ев

understand 5/17 *(impf.)* понима́|ть (-ю, -ешь, -ют)

understood 6C1 *(s.f. adj.)* поня́тно

uniform PL *(f.)* фо́рм|а, -ы; -ы, Ø

union PL *(m.)* сою́з, -а; -ы, -ов

unique 19C8 *(adj.)* уника́льн|ый, -ая, -ое, -ые

united 12C3 *(adj.)* еди́н|ый, -ая, -ое, -ые

university 5/22 *(m.)* университе́т, -а; -ы, -ов

unsatisfactory 2C8 *(adv.)* неудовлетвори́тельно

until 20 *(prep.)* до

untruth 11C3 *(f.)* непра́вд|а, -ы; -ы, Ø

Ural PL *(m.)* Ура́л, -а

U.S.A. PL *(indecl. acronym)* США

U.S.S.R. PL *(indecl. acronym)* СССР

Uzbekistan PL *(m.)* Узбекиста́н, -а

V

vacation 16C2 *(pl.)* кани́кулы, Ø

vase PL *(f.)* ва́з|а, -ы; -ы, Ø

vehicle 11D4 *(det. impf.)* е́хать (е́д+ -у, -ешь, -ут)

verse 16D1 *(n.)* стихотворе́ни|е, -я; -я, -й

verses 18D2 *(pl.)* стих|и́, -о́в

very 2A2 *(adv.)* о́чень
the very 9C5 *(adj.)* са́м|ый, -ая, -ое, -ые

videocamera 8A9 *(f.)* видеока́мер|а, -ы; -ы, Ø

videorecorder 10/16 *(m.)* видеомагнитофо́н, -а; -ы, -ов

Vilkovo 12A6 *(n.)* Ви́лков|о, -а

village 2C5 *(f.)* дере́вн|я, -и; -и, дереве́нь

Vilnius PL *(m.)* Ви́льнюс, -а

violet 11B7 *(adj.)* фиоле́тов|ый, -ая, -ое, -ые

violet 11B7 *(adj.)* лило́в|ый, -ая, -ое, -ые

violin 8B2 *(f.)* скри́пк|а, -и; -и, скри́пок

visa PL *(f.)* ви́з|а, -ы; -ы, Ø

visit PL *(m.)* визи́т, -а; -ы, -ов

visit 16C10 *(impf.)* быва́|ть (-ю, -ешь, -ют)

Vladivostok 14A7 *(m.)* Владивосто́к, -а

Volga PL *(f.)* Во́лг|а, -и

Volgograd 20/25 *(m.)* Волгогра́д, -а

volleyball PL *(m.)* волейбо́л, -а

volume PL *(m.)* том, -а; -а́, -о́в

W

wake up (oneself) 14A1 *(pf.)* просн|у́ться (-у́сь, -ёшься, -у́тся)

walk 12D3 *(impf.)* гуля́|ть (-ю, -ешь, -ют)

walkman 8A2 *(m.)* пле́ер, -а; -ы, -ов

wall 19D4 *(adj.)* насте́нн|ый -ая, -ое, -ые

walrus 16A8 *(m.)* морж, -а́; -и́, -е́й

want 16B1 *(impf.)* хот|е́ть (хочу́, хо́чешь, хо́чет; -и́м, -и́те, -я́т)

wares 4D3 *(n.)* изде́ли|е, -я; -я, -й

warm 16C2 *(adj.)* тёпл|ый, -ая, -ое, -ые

warm(ly) 16A2 *(pred.)* тепло́

warmth 16A3 *(n.)* тепло́

watch 14A6 *(pl.)* час|ы́, -о́в

water 12A6 *(f.)* вод|а́, -ы́; во́д|ы, Ø

waterpolo 17A6 *(indecl.)* во́дное по́ло

way 12A2 *(m.)* пут|ь, -и; -и, -е́й
which way 12A6 *(adv.)* куда́

we 4C1 *(pron.)* мы

weak 16D2 *(adj.)* сла́б|ый, -ая, -ое, -ые

weather 16A1 *(f.)* пого́д|а, -ы

Wednesday 7A7 *(f.)* сред|а́, -ы́

week 18D2 *(f.)* неде́л|я, -и; -и, Ø

welcome, you're welcome 3B8 *(particle)* пожа́луйста

well 8B1 *(part.)* ну
well 1A16; 2C8 *(adv.)* хорошо́
    very well 14C1 *(affirm. part.)* ла́дно
west, western 16D1 *(adj.)* за́падн│ый,
    -ая, -ое, -ые
what 2B10 *(pron.)* что
what 9A1 *(adj.)* как│о́й, -а́я, -о́е, -и́е
what kind of 9A1 *(adj.)* как│о́й, -а́я, -о́е,
    -и́е
when 14A7 *(adv.)* когда́
where (in what place) 2C1 *(adv.)* где
where (to) 12A6 *(adv.)* куда́
which 7D2 *(adj.)* как│о́й, -а́я, -о́е, -и́е
which 16A1 *(pron.)* кото́р│ый, -ая, -ое,
    -ые
white 11B1 *(adj.)* бе́л│ый, -ая, -ое, -ые
who 2A1 *(pron.)* кто
who 16A1 *(pron.)* кото́р│ый, -ая, -ое,
    -ые
whose 11A1 *(pron.)* чей, чья, чьё, чьи
why 12A6 *(adv.)* почему́
wife 3A9 *(f.)* жен│а́, -ы́; жён│ы, Ø
win 13B1 *(pf.)* побед│и́ть (-и́шь, -я́т)
win 15/18 *(pf.)* вы́игра│ть (-ю, -ешь,
    -ют)
wind 16B1 *(m.)* ве́т(е)р, -а; -ы, -о́в
window 2B3 *(n.)* окн│о́, а́; о́кна, о́кон
winner 18D1 *(f.)* победи́тельниц│а, -ы;
    -ы, Ø
winnings 13D3 *(m.)* вы́игрыш, -а; -и,
    -ей
winter 16C1 *(f.)* зим│а́, -ы́; зи́м│ы, Ø
winter 16B8 *(adj.)* зи́мн│ий, -яя, -ее, -ие
    in winter 16C2 *(adv.)* зимо́й
wish 15/4 *(impf.)* жела́│ть (-ю, -ешь,
    -ют)
with, along with 14B1 *(prep.)* с (+ *instr.*)
wolf 2A7 *(m.)* волк, -а; -и, -о́в
woman 3C8 *(f.)* же́нщин│а, -ы; -ы, Ø
womanly 13C1 *(adj.)* же́нск│ий, -ая, -ое,
    -ие
woods 16C2 *(m.)* лес, -а; -а́, -о́в
word 6B2 *(n.)* сло́в│о, -а; -а́, Ø

work 5/17 *(impf.)* рабо́та│ть (-ю, -ешь,
    -ют)
work 3C8 *(f.)* рабо́т│а, -ы; -ы, Ø
worker, factory worker 18A4 *(masc.
    noun/adj.)* рабо́ч│ий, -его; -ие, -их
world 1D2 *(m.)* мир, -а
world 12B8 *(m.)* свет, -а
write 6A1 *(impf.)* писа́ть (пиш+ -у́,
    -ешь, -ут)
write 16D3 *(pf.)* написа́ть (напишу́,
    напи́ш+ -ешь, -ут)
writer 16D2 *(m.)* писа́тел│ь, -я; -и,
    -ей
written selection PL *(m.)* текст, -а; -ы,
    -ов

Y

Yalta PL *(f.)* Ялт│а, -ы
year 9C5 *(m.)* год, -а; -ы, -о́в
yellow 11B1 *(adj.)* жёлт│ый, -ая, -ое,
    -ые
Yerevan PL *(m.)* Ерева́н, -а
yes 1C1 *(adv.)* да
yesterday 13B1 *(adv.)* вчера́
yesterday's 14B6 *(adj.)* вчера́шн│ий,
    -яя, -ее, -ие
you (plural/polite) 3C5 *(pron.)* вы
you (singular/familiar) 3C1 *(pron.)* ты
your (plural/polite) 3A7 *(adj.)* ваш,
    ва́ша, ва́ше, ва́ши
your (singular/familiar) 1B5 *(pron.)*
    твой, твоя́, твоё, твой

Z

zero 16A2 *(m.)* нол│ь, -я́; -й, -е́й
zone 16B8 *(f.)* зо́н│а, -ы; -ы, Ø
zoology 7A7 *(f.)* зооло́ги│я, -и